庫 NF

〉

〈数理を愉しむ〉シリーズ

偶然の科学

ダンカン・ワッツ

青木　創訳

HAYAKAWA NONFICTION

早川書房

7316

EVERYTHING IS OBVIOUS

Once You Know the Answer

by

Duncan J. Watts

Translated by
Hajime Aoki
Published 2014 in Japan by
HAYAKAWA PUBLISHING, INC.
This book is published in Japan by
arrangement with
WILLIAM MORRIS ENDEAVOR ENTERTAINMENT LLC.
through TUTTLE-MORI AGENCY, INC., TOKYO.

ジャックとリリーに

目次

偶然の科学

まえがき　ある社会学者の謝罪

一九九〇年代末から、数千とはいかないまでも数百の物理学者、コンピューター科学者、数学者などの科学者たちが、これまで社会科学が扱ってきた問題に大きな関心を寄せるようになっている。社会的ネットワークの構造、集団形成のダイナミクス、情報と影響の伝播、都市や市場の発展といった問題である。

この一〇年のあいだに、「ネットワーク科学」や「経済物理学」のような野心に満ちた名前の分野がいくつも誕生している。「計量社会科学」のようなテーマを扱う会議は、学問の古い垣根を越えて科学者たちが討論する場を提供するようになっている。そしてもちろん、新しい仕事も生まれ、かつてなら軽んじられていた問題に若い物理学者が取り組む機会を作っている。

では、こうした新しい分野から、われわれは何を学んだのだろうか。

実際のところ、ハイチやニューオーリンズを襲ったような大災害に救援当局がもっと有効に対応するとか、法執行機関がテロ攻撃を阻止するとか、金融規制当局がウォール・ストリートに目を光らせてシステミックリスクを抑えるといった現実の問題に、こうした新しい科学は新しい解決策を示しているのだろうか（システミックリスクとは、一部の金融機関の破綻がほかの金融機関にも波及するなどして、システム全体が麻痺するリスクを指す）。過去一〇年間で物理学者たちは数千本の論文を発表したが、国家の経済発展や、経済のグローバル化や、移民と不平等と不寛容の関係などといった社会科学のきわめて大きな問いへの答に、われわれはどれだけ近づけたのだろうか。新聞を広げてご自分で判断していただきたいが、わたしに言わせるなら、たいして近づけていない。

社会科学の有用性に疑いの目を向けている人は、少なくない。わたしも物理学者から社会学者に転身してからというもの、聡明な人物が頭を働かせても解明できなかった世界の問題について社会学は何を語ってくれるのかと、好奇心あふれる部外者から何度も尋ねられた。

これはもっともな疑問ではあるけれども、六〇年近く前に社会学者のポール・ラザーズフェルドが指摘したように、社会科学の本質に対するよくある誤解も表している。ラザーズフェルドはそのころ発表されたアメリカの兵士についての大がかりな研究報告書を分析していた。これは第二次世界大戦の最中と直後に軍当局が六〇万人に対しておこなった調査研究である。みずからの主張の足がかりとして、ラザーズフェルドは六つの結論を挙げ、それがこの報告書の柱になっていると述べた。

たとえば、この報告書の第二の結論は「軍隊生活では、一般に地方出身者のほうが都市出身者よりも士気が高い」である。これを読んだ人はつぎのように言うだろうとラザーズフェルドは推測する。「ああ、それはそうだろう。一九四〇年代の地方の人間は都市の人間よりも厳しい生活水準と肉体労働に慣れていたから、順応しやすかったのも当然だ。それにしても、頭を働かせればだれだって理解できるようなことをたしかめるために、どうしてわざわざこんな大がかりで金もかかる研究をするのだろう」

たしかにそうだ……が、そこでラザーズフェルドは、報告書の六つの「結論」のすべてが、この研究から実際に読みとれる事実と正反対であることを示した。つまり、軍隊生活に満足度が高かったのは地方の人間ではなく都市の人間だったのだ。

もちろん、最初から正しい答を与えられていれば、同じくらいたやすくもとからの知識と折り合いをつけることができる。「都市の人間はおおぜいの人々と協力したり、命令系統にしたがったり、厳しい服装規定や礼儀を守ったりしながら働くのに慣れている。自明のことだ！」というように。

しかし、これこそがラザーズフェルドの強調したかったことなのである。すべての答かつそれと正反対の答がどちらも自明に思えるならば、ラザーズフェルドが言うように「『自明』についての議論全体におかしなところがあることになる」[2]。

ラザーズフェルドが論じたのは社会科学だが、本書でわたしが言いたいのは、人々の行動を理解、予測し、変化させ、またそれにかかわるすべての活動——政治だろうとビジネスだろうとマーケティングだろうと慈善活動だろうと——にラザーズフェルドの主張があてはまるということだ。

ふつう、こうした活動に取り組む人々は、一度に万事が解決できるとは期待していない。しかし、自分たちが頭を絞っている問題のほとんどは解決能力が及ぶ範囲内にあると思っている。言うなれば「ロケット科学ではない」と思っている。[3]

だが悲しむべきことに、われわれは経済を運営したりふたつの企業を合併させたり本の売れ行きを予測したりするよりも、惑星間ロケットの航路を計画するほうがはるかにうまい。それならどうして、ロケット科学はむずかしいように見え、それよりずっとむずかしいと言ってもいい、人間にかかわる問題は単なる常識の問題であるかのように見えるのだろうか。

本書でわたしが論じるのは、この矛盾の鍵は「常識」そのものにあるということだ。

ここで言っておかなければならないが、常識はほぼ例外なく好ましいものだと見なされているだけに、それを批判するのはなかなかやりにくい。だがこの本でわたしはたびたびこう言うつもりでいる——「常識を用いるな」と。

企業や文化、市場、国民国家、世界規模の組織がからむ「状況」は、日々の状況とはまったくちがう複雑性を呈《てい》する。このとき常識は数々の誤りを犯し、われわれは否応《いやおう》なく惑わされる。だが、常識に基づく推論の欠陥にはめったに気づかない。むしろ、「そのときは知らなかったが、あとから考えれば自明のこと」であるかのようにわれわれの目には映る。

このように、常識の矛盾とは、世界に意味づけをするのに役立つにもかかわらず、世界を理解する力を弱めてしまうことだ。読者のみなさんがこの話にあまり納得できなくても問題ない。その意味を説明するのが本書の役目だからだ。

だがその前に、関係のあることを言っておきたい。本書について友人や同僚と話したとき、興味深いパターンが見られるのにわたしは気づいた。論旨を抽象的に説明したときは、みなうなずいて盛んに同意してくれる。「そのとおり」。そしてこんなふうに言う。「ぼくも前から思っていたんだが、実は何ひとつわかっていないのにわかっている気分になるために、人々はありとあらゆるばかげたことを信じている」

しかし、まったく同じ論旨で相手の特定の信念に疑いを挟むと、決まって態度が変わる。「常識や直観の落とし穴についてきみの言っていることは、まあ正しいのかもしれないけど……」。だいたいこんな調子の答が返ってくる。「ぼくの信念に対する自信がそれで揺らぐことはないよ」。まるで常識に基づく推論の失敗が、自分にかぎっては起こらないかのような口ぶりだ。

むろん、だれしもこの手の誤りをしょっちゅう犯している。アメリカ人のおよそ九〇パーセントは自分が平均より車の運転がうまいと思っているし、平均より幸福で、人気者で、成功の見こみがあると主張する人も同じようにありえない数字に達する。ある調査によれば、驚いたことに二五パーセントもの人が、自分はリーダーシップ能力で上位一パーセントにはいると回答している。[4]

この「錯覚された優秀性」という現象は非常によく見られる。だから、世界についてまちがった信念を持っているのは自分ではなく他人だと人々が信じたがるのも不思議ではないのだろう。

にもかかわらず、不快な現実として、「全員」にあてはまることは自分にも当然あてはまる。つまり、あとで詳しく論じるが、われわれの日常の思考や説明に埋めこまれている誤謬《ごびゅう》は、われわれの根強い信念の多くにも、必ずあてはまるのである。

だからといって、あらゆる信念を捨てるべきだと言っているわけではない。そうではなくて、スポットライトの前に持ってきて、疑いの目で見てみるべきだと言っているだけだ。

たとえば、わたしは自分が平均より車の運転がうまいとたしかに思っている。統計学的に考えれば、わたしと同じように思っている人の半分近くがまちがっているのだと知っていてもだ。これはもう仕方がない。けれども、こういうことを知っていれば、少なくとも自分が思いちがいをしている可能性を考慮に入れ、他人の落ち度ばかりではなく自分の落ち度にも注意を払うことができる。少なくとも、いまよりましな運転はできる。

同じように、世界についての想定に異議を唱えるときでも――あるいは、こちらのほうがずっと重要なのだが、想定しているのを自覚せずに想定しているのだと悟ったときでも――われわれが自分の考えを改めるかどうかはわからない。だが改めなくても、異議を唱えるという行為は少なくとも自分の頑迷さに気づかせてくれるはずだし、それが今度は立ち止まって考える時間をもたらしてくれるはずだ。

社会学者の考え方を学ぶのは、物事の仕組みについてのおのれの直観そのものを疑い、場合によってはそれらを完全に捨ててしまうことを学ぶに等しい。だから、この本を読んでも、みなさんが世界についてもう知っていることを再確認する役にしか立たなかったのなら、お詫びする。社会学者として、わたしは自分のつとめを果たせなかったのだから。

第一部

常識《コモン・センス》

1　常識という神話

ニューヨーク市では日々五〇〇万人が地下鉄に乗る。この日ごとの儀式に参加した人ならだれでも証言できるとおり、ニューヨークの地下鉄網は奇跡と悪夢のはざまにあり、機械とコンクリートと人間でできた複雑きわまるからくりをなしている。とりわけ混雑時は市全体がロックコンサートのステージ前に等しくなる。くたびれたサラリーマン、疲れた母親、傍若無人のティーンエイジャーたちが、かぎられた空間と時間と酸素を奪い合う。マクベス夫人の台詞ではないが、そこは人間の心のやさしさを求めて向かうような場所ではない。どう見ても健康そのものの若者が、ほかの乗客に歩み寄って席を譲ってくれと頼むような場所でもない。

しかし、一九七〇年代はじめのある日に見られたのはまさにそういう光景だった。心理学専攻の学生たちが、教わっていた社会心理学者のスタンリー・ミルグラムにうながされて地下鉄に乗りこんだときの話だ。

ミルグラムはその数年前にイェール大学でおこなって物議を醸した「服従」の研究で、すでにその名をとどろかせていた。この研究が示したのは、学習についての実験をおこなうと言われてラボに連れてこられたふつうの人々が、白衣の研究者にただ指示されたというだけで、被験者に致命的な電気ショックを与えてしまうことだった（被験者の正体は俳優で、電気ショックを与えられているかのような演技をしていた）。ふだんはまっとうな市民が、さほど異常な状況でもないのに、道徳の面から見て理解に苦しむような行動に出るという発見は、多くの人々を困惑させた。それ以来、「権威への服従」ということばは否定的な意味合いを持つようになる。[1]

けれども、人々にあまり理解されなかったのは、一般論として、権威ある人物の指示にしたがうのは社会が適切に機能するために不可欠だということだ。もちろん、権威に反抗すべきときもある。ミルグラムがラボで作り出した状況はそれにふさわしいときだとほとんどの人が認めるだろう。だが同時にこの実験は、日常生活で当然のように受け止められている社会秩序には隠れたルールによって維持されている部分があり、いざ破ろうとしないかぎりそのルールの存在にすらわれわれが気づいていないことも明らかにした。

やがてニューヨークへ移ったミルグラムは、自分の実験に基づき、地下鉄で席を譲ってもらうよう頼むことについても同じような「ルール」があるのではないかと考えはじめた。

権威ある人物に服従するときのルールと同様に、このルールもけっしてはっきりした形をとっておらず、ふつうの乗客に地下鉄乗車のルールを教えてくれるよう頼んでも、たぶん答えられないだろう。

しかし、ミルグラムの教え子たちがこのささやかな現場実験で学んだように、ルールはたしかに存在する。声をかけられた乗客の半数以上は最終的に席を明けわたしたが、その多くは怒るか、説明を求めた。だが、乗客の反応よりも興味深かったのは実験者たち自身の反応だった。学生たちはそもそも実験をおこなうことに対して激しい抵抗を感じたからだ。

学生からそれを聞いたミルグラムは鼻で笑った。ところが、いざ自分でやってみようとすると、赤の他人に歩み寄って席を譲ってくれるよう頼むだけで、文字どおり吐き気をもよおした。言い換えれば、地下鉄のルールなど取るに足らないもののように思えるが、権威への服従の「ルール」に比べて、破りやすいわけではなかった。[2]

つまるところ、ニューヨークのような大都市はこうしたルールに満ちている。たとえば、エレベーターに乗り合わせた相手が、ずっとこちらに顔を向けつづけたらどれほど気まずいかを想像していただきたい。地下鉄のような閉鎖空間では、人々はしょっちゅう顔を突き合わせているし、だれもそれに二の足を踏んだりしない。けれども、エレベーター内でそうされたら心底不気味に思い、まるで相手がなんらかのルールを破っているかのように感じる。そのときになるまでは、そんなルールがあるとは考えもしなかったにせよ。

どこで暮らしていようと、われわれの生活は書かれざるルールに導かれ、決められている。実のところ、ルールはあまりに多いので、書き留めようと思ってもすべてを書き留めるのは無理だ。にもかかわらず、われわれは分別のある人間ならルールを知り尽くしていると思いこんでいる。なおもややこしいことに、われわれは分別のある人間なら書き留められた多くのルールのうち、無視してかまわないものを知っているとも思いこんでいる。

たとえば、わたしは高校を卒業すると海軍にはいり、それからの四年間、オーストラリア国防大学で士官教育を受けて過ごした。当時の国防大学は過酷なところで、もちろんルールも山ほどあった。最初、この新しい生活は異様なほど複雑で混乱を誘うものに思えた。けれども士官候補生たちは、重要で無視すると危険なルールもあるにせよ、多くはウィンクやうなずきのようなもので実施されていることをじきに学んだ。厳しい罰が科されなかったわけではない。だが、士官候補生が理解しなければならないのは（むろんそう理解したと認めてはならないのだが）、国防大学での生活は現実の生活というよりゲームに近いことだった。勝つときもあれば負けるときもあり、何があっても根に持ってはならない。事実、およそ六カ月ほどで慣れてしまうと、入学時は恐ろしかった状況もごく当たり前に感じられた。今度は外の世界が異常に思えたのだ。

われわれのだれしもこのような経験がある。軍の士官学校ほど極端ではないかもしれない。しかし、新しい学校に慣れるときであれ、新しい仕事に慣れるときであれ、外国での生活に慣れるときであれ、われわれはみな新しい環境への処し方を学ばなければならない。新しい環境ははじめは奇妙で恐ろしく思えるし、理解できないルールに満ちているが、いずれはそれにもなじむ。

公式のルール、つまり書き留められているルールが非公式のルールより重要でない場合は実に多い。地下鉄の座席についてのルールが、それを破るまではっきりしないのとちょうど同じである。逆に、われわれのよく知っているルールが実施されない場合もあるし、われわれの知らないほかのルールに左右されてときどきしか実施されない場合もある。

こうした生活というゲームの複雑さを考えると、とにもかくにもわれわれがそれをプレイできていることは驚きに値する。もっとも、幼い子供が新しい言語を傍目にはひとりでに覚えていくのと同じように、われわれもまったく未知の社会環境であっても、たいていは自覚なしに舵のとり方を学ぶ。

常識とは何か

こうしたことを可能にしている人間の知性の驚くべき一片は、「常識」と呼ばれている。常識はあまりにもありふれているので、われわれはそれが失われているときしか気づきにくいが、日常生活の活動には絶対に欠かせない。どういうときにルールにしたがい、どういうときにひそかに無視し、どういうときに立ちあがってルールそのものに異議を唱えるかも、常識が教えてくれる。常識は社会的知性の核心であり、法制度や政治思想や専門教育にも深く埋めこまれている。

　とはいえ、しょっちゅう引き合いに出されるわりには、常識とは何かを明確にするのは驚くほどむずかしい。[3] おおざっぱに言えば、それはわれわれひとりひとりが日々の状況に直面し、対処し、学習しながら、生涯をかけて蓄積した事実や観察や経験や洞察や定説のゆるやかな集合体である。ただし、これ以上の簡単な定義はむずかしい。

　非常に広くあてはまる性質の常識もある。アメリカの文化人類学者クリフォード・ギアツはこれを「一般に受け入れられている慣習や容認された信念や習慣化された判断や生まれながらの感情が古来よりからみ合ったもの」と呼んだ。[4] だが常識は、もっと専門化された知識にもあてはまる。医師、弁護士、エンジニアといった長年の訓練と経験によって培われる専門職の日常業務の知識などがそうだ。

　科学や数学といった人間のほかの知識には見られない、常識の顕著な特徴はふたつある。ひとつめは、基本が理論的な正規の知識体系と異なり、常識はきわめて実践的であることだ。つまり、どうすれば答が得られるのかと悩むよりも、問いに答を与えることに重きを置いている。常識の観点からすれば、何それは正しいとか、物事とはそういうものだと知るだけでじゅうぶんなのである。要するに、理論的知識とは裏腹に、常識は世界を考察しないが、そのかわり「あるがままに」世界に対処しようとする。[5]

常識を正規の知識と分けるふたつめの特徴として、正規の知識体系の強みが、一般原則から論理的に導かれる分野に特定の発見を組み入れる力にあるのに対して、常識の強みは、それの命ずるままに個々の具体的な状況に対処できる力にある。

たとえば、上司の前での服装やふるまいと、友人や親の前での態度がちがってくるのは、常識がかかわっている。だが、正規の知識体系は唯一普遍の「法則」からこうした状況での適切な行動を引き出そうとするが、常識は理由を知ることなしに、ある特定の状況での適切なふるまいをただ「知っている」[6]。

実際、常識をコンピューターで再現するのが非常にむずかしいのは、もっぱらこれが理由である。理論的知識と異なり、常識はかぎられた特定の例に対処する場合でもかなり多くのルールを必要とするからだ。たとえば、地下鉄に乗るプログラムをロボットに組みこむとしてみよう。わりに簡単な作業に思えるが、乗客に席を譲ってもらおうとしてはならないという「ルール」のような単純な部分でさえ、ほかの複雑多様なルールに依存していることに気づかされるだろうし、それらは一見するともともとのルールとほとんど関係がないように思える。

常識に基づく知識をはっきりした形にする試みは、決まってこのたぐいの問題に突きあたっている。ロボットに模倣させるのが人間のごくかぎられた行動でも、ある意味では世界のすべてを教えなければならない。そこに不備があると、最も精巧なロボットでも必ず失敗する。プログラムされていた状況とほんの少しでもちがった状況に出くわしたとたん、どう行動すればいいのかわからなくなるのだ。[7]

けっして「常」識ではない

常識をうんぬんする際に忘れてはならないことのひとつは、それが時代や文化によって大きく変わってくることである。

数年前に経済学者と文化人類学者の一団が、文化によってあるゲームのやり方にちがいがあるのかどうかを検証した。それは最後通牒ゲームと呼ばれるもので、こんなふうに進められる。

まず、ふたりを選び出してそのうちのひとりに一〇〇ドルを与える。金を受けとった人物は、その一〇〇ドルを自分と分け合うことを、もうひとりの相手に提案しなければならない。ただし全額を与えても、まったく与えなくてもかまわない。相手は取引に応じるか拒むかを選ぶ。相手が取引に応じれば、ふたりとも申し出どおりの金を受けとることができて、幸せになれる。しかし、相手が申し出を拒んだら、どちらも一ドルも得られない。

研究者たちは工業化社会でこの実験を何百回となくおこない、ほとんどの人は折半を提案するし、三〇ドル未満の申し出はだいたい拒否されるということをすでに実証していた。

この行動は経済的合理性という経済学の標準概念に反しているため、経済学者は不思議に思っている。理詰めで考えれば、たとえ一ドルでも何ももらえないよりましなのだから、相手はゼロより大きな額ならどんな申し出でも受けるはずである。合理的な「提案者」はこれを知っているので、取引が成立する最低額を申し出てしかるべきだ——すなわち一ドルである。

もちろん、少し考えれば実際に人々がとる行動の理由はすぐに思いつく。つまり、それが可能だからといって状況につけこむのは公正でないように思えるのだ。そのため、三分の一未満の申し出をされた相手は食い物にされていると思い、みじめな提案者に灸《きゅう》を据えるべく、それなりの額を前にしてもあえて席を蹴る。そして提案者もこの反応を見越しているので、相手に公正な分け方だと思ってもらえそうな申し出をする傾向にある。

この画期的な洞察を知って、経済学者はもう少し世の中を知るべきだと思うなら、それはもっともな意見だ。常識らしいものがあるとき、人々は金並みにその公正さを重んじる——金よりずっと重んじる場合さえある。ところが、実験者たちが五大陸にまたがる一五の小規模な前工業化社会でこのゲームを追試したところ、社会がちがえば何をもって公正とするかという人々の考え方も大きくちがってくることがわかった。

極端な例として、ペルーのマチゲンガ族は全額のわずか四分の一程度しか申し出ない場合が多かったが、この申し出はほとんど拒否されなかった。別の極端な例として、パプアニューギニアのアウ族とグナウ族は折半よりも大きな額を申し出る場合が多かったのに、意外にもこの「公正すぎる」申し出は不公正な申し出と同じくらい拒否されがちだった。[8]

なぜこのようなちがいがあるのだろうか。

実は、アウ族とグナウ族には贈り物を交換する古くからのしきたりがあり、そのため贈り物を受けとったら将来いつか返礼する義務を負う。だから、欧米の実験協力者なら自由に使える金であるはずのものが、アウ族とグナウ族の実験協力者には余計な義務のように見えたのだ。

ひるがえってマチゲンガ族は、忠誠をいくらかでも期待できる関係の絆が肉親だけ、という社会で暮らしている。したがって、見知らぬ者と最後通牒ゲームをするときも、マチゲンガ族の実験協力者は公正な申し出をする義務をほとんど見いださなかったし、欧米の実験協力者ならどう考えても不公正な分け前を示されたときにこみあげてくるような憤りも、まったくと言っていいほど感じなかった。マチゲンガ族には、少ない額の申し出も好条件の取引に思えたのである。

彼らのこうした傾向を理解すれば、一見不可解なその行動もまったく理にかなっているように思えてくる――常識にすら思える。ちょうどわれわれが公正さと助け合いを、自分たちの世界における常識だと無意識に見なすように、一五の前工業化社会の人々も世界のあるべき仕組みについて自分たちなりの暗黙の理解を持っている。

彼らの理解はわれわれの理解と異なっているかもしれない。だが、いったんそれが広く受け入れられると、その論理はわれわれの場合とまったく同じように働く。そこの文化で育った人間なら当たり前の行動になるのである。

　こうした結果が示すのは、常識《コモン・センス》が「共通《コモン》」となるのは、ふたりの人間がじゅうぶんに似た社会的、文化的経験を共有している場合にかぎられるということだ。だから機械に教えるのは非常にむずかしいのである。だが同時にこれは、たとえ人間同士でも、一方には理にかなっていると思える事柄が、他方には奇妙で、不快にすら感じられる場合もあることを意味している。

　たとえばギアッによれば、両性具有の子供の扱い方は時代と文化によって劇的に異なる。ローマ人は両性具有の子供を忌み嫌い、殺害した。ギリシャ人は受け入れた。ナヴァホ族は崇拝した。東アフリカのポコット族はそういう子供を単に「まちがい」として扱い、ひびのはいった壺と同じように、とっておいても捨ててもかまわないものと考えた。[9]

　常識が社会に埋めこまれていることの重要な帰結はもうひとつあり、常識にかかわる対立は驚くほど解決がむずかしくなる。たとえば、ニューヨークは犯罪のはびこる掃き溜めであり、信頼できない人ばかりの冷たい街だという印象を持って育った人々にしてみれば、自宅に鍵をかけない住民の一団がマンハッタンにいるとの最近のニュース記事は、信じがたいものだろう。この記事によると、マンハッタンの人々の大部分は「無施錠派」がクレイジーだと思っている。[10] 人々がそれは常識の問題だと信じているかぎり、そこには絶対の確信が置かれる。そして相手が同意しないという事実に対してのみ、困惑する。[11]

いくつかのためらい

ある人にとっては当たり前のことが、ほかの人にはばかげて見えるのなら、世界を理解する土台として常識は頼りにならないのではないか。自分が正しいと信じていることを、ほかのだれかがそれはまちがっていると同じくらい強く信じているとき、どうすれば自分は正しいという自信を持てるのだろうか。とりわけ、そもそも自分が正しい理由をはっきりことばにできないときには。

実際、いざ自分の信念を吟味してみると、ある場合に自分のさまざまな信念がどのように組み合わさっているのかもますます不確かになってくる。たとえば、たいていの人々は自分の政治観がたったひとつの明確な世界観から生じていると思っている。「自分はリベラル穏健派だ」とか「保守強硬派だ」といった具合に。

しかし、これが事実なら、リベラル派を自任する人々はほとんどの問題に対して「リベラルな」見方を支持するはずだし、保守派は一貫してそれと異なった意見を支持するはずだ。だが、リベラル派を自任しようと保守派を自任しようと、たとえば妊娠中絶のような問題に対する考え方と、死刑制度や不法移民といったほかの問題に対する考え方には、ほぼ関連のないことが研究によって明らかにされている。

つまり、われわれは自分の特定の信念がすべてなんらかの根本思想から生じているという印象を持っているが、現実にはかなり自由に、しばしばでたらめに、そこへ至っている。[12]要するに、常識は世界観というより、つじつまの合わないしばしば矛盾した信念の寄せ集めであり、いまは正しく思えても別のときにまで正しいとはかぎらない。

常識の濫用

常識は統一性と一貫性に欠けるし、自己矛盾する面さえあるが、これはわれわれの日常生活ではまず問題にならない。なぜなら日常生活はいくつもの小さな問題に分かれていて、それぞれ個別に対処できる非常に具体的な場面が基盤となっているからだ。こういう状況下では、思考過程を論理的に結びつけられるかどうかはさほど重要ではない。状況に応じてわれわれは自分の主張したい内容や擁護したい決定を知っており、そこに適切な常識をあてはめる。

けれども、これが大きな意味を持ってくるのは、常識を用いて、目の前にあるいまこの場の日常生活に根ざしていない問題に対処するときである。時間的にも空間的にもかけ離れた、多数の人々の行動を予想、管理するといった問題だ。

そんなことはしていないように思えるかもしれないが、現実にはしょっちゅうしている。

新聞を広げ、どこかの外国で起こっている出来事――イスラエルとパレスチナの衝突や、イラクで繰り広げられている内乱や、いつ終わるとも知れないアフガニスタンの紛争――を理解しようとするとき、われわれは常識に基づいて暗黙のうちに、その出来事の原因や解釈を推論する。政治、経済、法律のどれを論じるときも同様にして、議論されている政策なり提案なりが社会に及ぼす影響について結論をくだす。

言うまでもなく、一般市民が自宅というプライベートな場で、新聞記事や友人との議論に基づき、世界の情勢に対してどういった結論に至ろうと、さほど重要ではない。だから、世界の問題についての推論が問題の本質からずれていても、やはりさほど重要ではないだろう。しかし、常識に基づく推論を社会問題にあてはめているのは一般市民だけではない。

たとえば、政策立案者が貧困の改善計画を考えるときも、必ずみずからの常識に基づいて、なぜ貧しい人々は貧しく、それゆえどうするのが最善の支援策かと思案する。人々が貧しいのは勤労や倹約といった価値観を欠いているからだと信じる人もいれば、遺伝的に劣っているのだと考える人もいれば、機会の欠如や社会支援の不備といった環境要因に原因を求める人もいる。それぞれの信念によって解決案は異なるし、そのどれもが正しいとはかぎらない。だが、数千数万の人々に影響が出る計画を定めるだけの権力が与えられている政策立案者なら、新聞を読む一般市民に比べて、貧困の原因について直観を信じる誘惑に駆られにくいとは言えない。

歴史を少し振り返れば、日常生活以上の目的に常識を用いると、大々的に失敗しかねないことがわかる。政治学者のジェームズ・スコットは著書『国家のように見る』（未訳）で、一九世紀末から二〇世紀はじめにかけて世の中を覆っていたムードは、エンジニア、建築家、科学者、政府のテクノクラートなどに浸透していた楽観主義だと述べている。科学や工学の問題が啓蒙と産業革命の時代に解決されたのと同じように、社会の諸問題も解決されるだろうとこの人たちは考えていた。こうした「極端な近代主義者《ハイ・モダニスト》」に言わせるなら、都市計画も、天然資源の管理も、経済全体の運営でさえも、すべては「科学的」計画の領分だった。

近代主義《モダニズム》の明白な指導者のひとりである建築家のル・コルビュジエも、一九二三年にこう書いている。

「計画は発電機である。これがなければ、貧困、無秩序、我意が君臨する」[13]

だがスコットが指摘しているとおり、科学がまとっていたこのオーラは幻だった。現実には、計画に科学性などなかった。個々の計画者の意見にすぎず、計画が現実世界でどうなるかを予想するときは、直観が頼りだったのである。

ハイ・モダニストたちの計画は、ソ連の集産化やル・コルビュジエのブラジリアがそうなったように、しばしば悲惨な結果をもたらした。そのなかには、ナチスの社会工学や南アフリカのアパルトヘイトのように、現在では二〇世紀最大の悪行に数えられているものもある。そのうえ、こうした計画が成功したときも、それは現場の人々が知恵を絞ったからであって、計画とはかかわりのない場合が多かった。[14]

もっと身近な例でも、ほぼ同じ時期にアメリカの都市計画者たちが都市部の貧困問題を「解決」しようと繰り返し試みたが、繰り返し失敗した。ジャーナリストで都市活動家のジェーン・ジェイコブズも五〇年前にこう表現している。

「じゅうぶんな資金――一般にその額は数千億ドルと見積もられている――さえあれば一〇年でスラムを一掃できるとする物欲しげな神話がある……だが、最初の数十億ドルでわれわれが築いたものを見ていただきたい。低所得者向けの公営住宅は、それがとってかわるはずのスラムにも劣る、非行と破壊と社会に蔓延する絶望の中心地になっている」[15]

皮肉なのは、われわれは政治家や計画者の過ちに気づいていても、常識を批判しようとせず、むしろいっそうそれを求めることだ。

たとえば、世界が金融危機に見舞われていた二〇〇九年はじめにダボスで開かれた世界経済フォーラムの会議で、憤慨した聴衆のひとりは場内の人々にこう宣言した。

「いま、われわれに必要なのは常識に立ち返ることだ！」

心に訴えかける意見であり、そのときも大喝采を呼んだが、わたしはいったいこの人は何が言いたいのかと思わずにいられなかった。何せ、二年前の二〇〇七年のダボス会議では、だいたい同じ顔ぶれの実業家、政治家、経済学者たちが、金融をかつてないほど安定させたとしてたたえ合っていたのだから。あのとき、参加者たちはなんらかの形で常識を失っていると思った人がいるだろうか。失っていないのなら、どうすれば常識に立ち返れるというのか。

悪いことが起こるのはわれわれが常識の用い方を忘れたときでなく、常識が日常生活の問題を解決するのに恐ろしく有効だからといって、それに過大な信頼を置いてしまうときである。

多すぎる直観

それにしても、常識が政治的な対立や医療経済やマーケティングキャンペーンのような複雑な社会現象への対応を著しく不得手としているのなら、なぜその欠陥はもっと目立たないのだろうか。なんと言っても、人間世界では、何物にも頼らない直観がはるかに有用だからだ。そのため、科学的方法を用いる必要をわれわれはめったに感じない。

たとえば、人種の点でも、教育水準の点でも、さらには性別の点でも同じグループが、なぜいちばん仲よしなのか。何かが人気を集めたり集めなかったりするのはどうしてなのか。メディアは社会にどれくらいの影響を与えているのか。選択肢が多いのは好ましいのか、好ましくないのか。税金は経済を刺激しているのか。社会科学者たちはこうした疑問にずっと頭を悩ませているが、多くの人々はまるで完璧に満足できる説明そのものを見つけ出せているかのように感じている。

たいていの人には友人がおり、ほとんどは働いていて、商品を買ったり投票したりテレビを観たりする。われわれは市場、政治、文化に深く足を突っこんでいるので、その仕組みに精通している――と自分では思っている。だから、物理学や生物学などの問題とちがい、こと人間や社会の行動に関するかぎり、すでに知っていると自信のあることを理解するために、わざわざ金も時間もかかる「科学的」研究をおこなうのは無駄だと考えがちだ。

常識が裏切る仕組み

実社会に加わればその社会が理解しやすくなるのはまちがいない。他者の言動や解釈を数え切れないほど観察しつつ――じかに体験するときも、何かを介して学ぶときもあるが――自分自身の思考過程を深く知らなければ、きわめて複雑な人間の行動は理解できないだろう。にもかかわらず、われわれが実社会を常識によって解釈するときに頼っている直観と経験、そして一般に受け入れられた知恵の組み合わせには、いくつかの推論の誤りがひそんでいる。本書の第一部ではこうした誤りを考察しよう。それは広く三つの分野に分けられる。

ひとつめの誤りは、われわれは人々の行動の理由を考えるとき、決まって自分の知っているインセンティブや動機や信念といった要因に注目することだ。この見方は一見正しいように思えるが、心理学と認知科学の数十年にわたる研究によって、氷山のほんの一角しかとらえていないことが明らかになっている。

たとえばわれわれは、酒屋で流されている音楽がワインの選び方に影響を与えたり、書体によって文書の信憑性が変わってきたりするとは思いもしない。本書で論じるように、ある状況に関係していそうなすべての事柄を前もって考慮するのは、現実にはまず不可能である。その結果、どれほど人の身になって考えようと、目の前のいまこの場から離れたとたん、他人がそこでどう行動するかを予測するのは大きなまちがいにつながりやすい。

ひとつめの常識の誤りが、個人の行動についてのわれわれの思考パターンには根本的な欠陥があるということなら、ふたつめの誤りは、集団の行動についての思考パターンはもっとひどいということだ。その根幹にある問題として、人間は互いに感化する生き物だという事実がある。人間は情報を共有したり、噂を広めたり、アドバイスを与えたり、自分と友人を比較したり、各自の行動に報酬や処罰を与えたり、他人の経験から学んだり、善悪や価格や正邪についての考え方に広く影響を与え合ったりする。昔から社会学者が論じているとおり、こうした影響は思いも寄らない形で積み重なり、それは個々の要素に分解するだけでは理解できなくなるという意味で、「創発的」な集団行動を生む。

だが、このような複雑性に直面しても、常識に基づく解釈は無意識のうちに、個人の行動の論理に頼る。ときにわれわれは「一般大衆」や「市場」や「労働者」や「有権者」のような架空の「代表者」を引き合いに出し、その行動に多数の人々の行動やかかわり合いを代弁させる。そしてときには、指導者や理想家や「有力者」のような「特別な人々」に組織全体を象徴させる。けれども、どんな手を使おうと、集団の行動に対するわれわれの解釈は実態のほとんどを覆い隠してしまう。

最後に、常識に基づく推論の三つめの問題は、われわれは自分で思っているほどには歴史から学んでおらず、この勘ちがいのために未来への見方がゆがめられることだ。興味深いことや、劇的なことや、悲惨なことが起こるたびに、われわれは無意識のうちに説明を探す。だが、出来事があってはじめて説明を求めるせいで、「起こってもおかしくはなかったが起こらなかったこと」よりも、「実際に起こったこと」の説明に偏りすぎる。そのうえ、われわれが説明しようとする出来事は興味を引かれるものにかぎられる。そのため、実際に起こったことでもそのごくわずかしか説明されない。その結果、冷静な説明に思えるものも、現実にはただの物語になる。実際に起こったことを述べているだけで、どんな仕組みが働いたかはまったくと言っていいほど語ってない。

にもかかわらず、こうした物語は冷静な説明の形をとっているため、われわれはそれに予測の力があるかのように扱う。このようにして、われわれは自分自身を欺《あざむ》き、不可能なはずの予測ができるかのように信じこむ。

したがって、常識に基づく推論はただひとつの決定的な限界ではなく、複数の限界が組み合わさったものに悩まされている。そしてそれらはすべて補完関係にあり、さらには互いを覆い隠している。その結果、常識に基づく推論は世界に意味づけをするのは得意だが、世界を理解するのは必ずしも得意ではない。

しかし、われわれは常識がまさに神話のような働きをするとは思っていない。常識に基づく解釈は、人々が置かれた状況に対して都合のいい説明を与えることで、日々の営みをつづけていくための自信を与え、自分が知っていると思っていることは果たしてほんとうに真実なのか、それともただの思いこみなのかと逐一悩むことから解放してくれる。だがその代償として、われわれは物事を理解していると自分では思いながらも、実際はもっともらしい物語でごまかしているだけだ。そしてこの錯覚のせいでわれわれは、医学や工学や科学の問題を扱うように社会の問題も扱おうとは考えず、結果として、常識が実は世界の理解を妨げてしまっている。

この課題について、本書の第二部ではビジネスや政策や科学の世界ですでに試みられているアプローチを例に出し、いくつかの提案をしたいと思う。もっとも、何より重要なのは、実社会を真に解釈するためには、実態以上に物事を知っているとわれわれに思いこませる常識の仕組みを吟味しなければならないことである。[16]

2　考えるということを考える

今日多くの国では、政府が国民に臓器提供の意思を尋ねている。いまや臓器提供は多くの人々にとって、感情を揺さぶる問題のひとつだ。

臓器提供はひとりの人間の死を別の人間の救いに変える機会である。だが他方では、自分の知らないところで自分の臓器の使い道が決められるというのは、少なからぬ動揺がともなう。だから人によって決断がちがってくるのは当然だし、臓器提供率が国によって大きく異なっているのも驚くにはあたらない。しかしながら、国によってどれほどの差があるかを知ったら驚く人もいるかもしれない。

数年前に心理学者のエリック・ジョンソンとダン・ゴールドスタインがおこなった研究によれば、ヨーロッパで臓器提供に同意している国民の割合は、下は四・二五パーセントから上は九九・九八パーセントまでの開きがあった。この差で印象深いのは、数字がまんべんなく分布しているのではなく、ふたつの群にはっきり固まっていて（一方は同意率がひと桁から一〇パーセント台で、他方は九〇パーセント台後半だった）、中間がほぼ存在しないことだった。[1]

なぜこれほどの非常に大きなちがいがあるのか。この研究結果が発表されてからまもなく、わたしはコロンビア大学での講義で、学生たちにそう訊いてみた。

実際には、国名を伏せてAとBという二国について考えるよう言った。A国では臓器提供に同意している国民の割合はおよそ一二パーセントだが、B国では九九・九パーセントに達する。二国のどんなちがいが、国民の選択のちがいをもたらしているのだろうか。

頭の切れる学生たちは、さまざまな可能性を思いついた。B国は世俗的だが、A国はきわめて宗教的なのかもしれない。B国のほうが医療が発達していて、臓器移植の成功率が高いのかもしれない。B国のほうが事故死の発生率が高く、そのせいで臓器が入手しやすいのかもしれない。B国の文化は社会主義色が非常に強くて、共同体の重要性を強調しているが、A国は個人の権利を尊重しているのかもしれない……。どれも筋の通った説明だった。

だがそこでわたしは変化球を投げた。実はA国とはドイツで、B国とは……オーストリアなのだと。

学生たちは途方に暮れた。ドイツとオーストリアにいったいどれほどのちがいがあるというんだ？

学生たちはまだあきらめなかった。法制度や教育制度に、何か自分たちの知らないちがいがあるのでは？　オーストリアでは臓器提供への支持を勢いづかせるような大事件なりメディアのキャンペーンなりがあったのかもしれない。第二次世界大戦と関係があるのでは？　あるいは、オーストリア人とドイツ人は見かけよりも異なっているのでは？

学生たちはちがいの理由を知らなかったが、それは何か重大なものであると確信していた。これほどの極端なちがいが偶然であるはずがない。

残念ながらはずれだ。答は実のところ、ばかばかしいほど単純だ。オーストリアでは、臓器提供者になるのがデフォルト（標準）の選択肢だが、ドイツでは臓器提供者にならないのがデフォルトだからである。この政策のちがいは些細なものに見えるが（簡単な用紙に記入して郵送する必要があるかないかのちがいでしかない）、同意率を一二パーセントから九九・九パーセントに押しあげるのにはそれでじゅうぶんなのである。

そしてオーストリアとドイツにあてはまっていたことは、ヨーロッパ全体にあてはまっていた。同意率が非常に高い国はみな提供しないことを選ばせる政策をとっており、同意率が低い国は提供することを選ばせていた。

決断、また決断

デフォルトの設定がわれわれの選択に及ぼす影響を理解するのは重要である。人々が何を、そしてなぜそれを選ぶのかについてのわれわれの信念は、社会や経済や政治の結果に対するあらゆる解釈を左右すると言ってもいいからだ。

新聞の特集記事を読んだり、テレビで専門家を見たり、ラジオの深夜番組を聞いたりするたびに、われわれは自分たちがAではなくBを選ぶ理由についての理論をつぎからつぎへと浴びせられる。われわれはよくこうした専門家をけなすが、政治家でも、官僚でも、新聞のコラムニストでも、企業の取締役でも、一般市民でも、みな人間の選択についての自分自身の理論を擁護したがる。実際のところ、政治、経済政策、税、教育、医療、自由市場、地球温暖化、エネルギー政策、外交政策、移民政策、性行動、死刑、妊娠中絶の権利、消費者の需要のどれであれ、社会的な結果に関するほぼあらゆる主張は、人々がその選択をする理由について陰に陽に論じている。もちろん、どうすればほかの選択をするようながし、教育し、法制化し、強制できるかも。世界には選択の機会が無数にあり、それが生活のほとんどすべての面――日々の決断から歴史上の大事件まで――にかかわってくることを考えれば、人々の選択に関する理論が大部分の社会科学で核となっているのは不思議ではない。

経済学者のジェームズ・デューゼンベリーは、ノーベル経済学賞を受賞したゲイリー・ベッカーの初期の論文を批評し、有名な皮肉を言った。

「経済学は選択がすべてだが、社会学は人々に選択肢がない理由を扱う」[2]

だが実際には、社会学者も経済学者に負けず劣らず、人々が選択する理由に関心を持っている。政治学者、文化人類学者、心理学者、法学者、商学者、経営学者は言うまでもない。

しかしながら、デューゼンベリーの皮肉にも納得できるところはある。前世紀の大部分にわたり、選択という問題に対する社会科学者や行動科学者の考え方には、学派によって驚くほど異なる傾向があったからだ。とりわけ、ときに激しく対立するほどに食いちがっていたのは、人間の合理性の本質とその重要性をめぐってだった。

常識と合理性

「合理的選択」ということばを聞くと、社会学者はよく、わが身ばかりを考えて自分の経済的幸福を最大化しようとする、計算高い人間を連想する。こういう反応が出るのも無理もない。市場行動を研究する経済学者は長年にわたって、この合理性の概念に近いもの――ときに「経済人《ホモ・エコノミクス》」と呼ばれるもの――を引き合いに出してきた。そのおもな理由はもちろん、書き出したり解いたりできるほど単純な数理モデルに利用できるからだ。

だが、前章の最後通牒ゲームなどの無数の例が示しているとおり、現実の人間は経済的なものだろうとそのほかのものだろうと、おのれの幸福だけを気にかけるのではなく、他人の幸福も気にかけ、しばしば他人のためにかなりの犠牲を払う。また、社会の規範や慣例を守ることも気にかけ、それに背いた者をたびたび罰する。たとえ代償が大きくてもだ。[3] 加えて、みずからの評判や集団への帰属や「正しいことをする」といった無形の利益も非常に気にかけるし、富や快適さや財産以上にそれらを重んじるときもある。

ホモ・エコノミクスの批判者は昔からこうした異論を唱えており、反対意見はほかにもまだたくさんある。これに対していわゆる合理的選択理論の支持者は、合理的行動として扱うものの範囲を大胆に広げ、利己的な経済行動のみならず、もっと現実に即した社会行動や政治行動にもあてはめている。[4] 実のところ、今日の合理的な選択理論はけっして単一の理論ではなく、いくつもの理論の寄せ集めになっており、それぞれの適用範囲によって前提はかなりちがっている場合がままある。

しかしながら、細かな差異こそあれ、どの理論もふたつの洞察を土台として取り入れている。ひとつめは、人々にはほかの結果よりある結果を好む「選好《プレファランス》」というものがあること。ふたつめは、この選好に応じて、人々は自分の好む結果を実現するためにそのときとりうる最善の手段を選ぶということである。

簡単な例を挙げると、もしわたしのアイスクリームへの選好が手持ちの金への選好に勝っていて、金とアイスクリームを交換する行動がとれるのであれば、わたしはそのとおりにするはずだ。しかし、たとえば寒い日だったり、アイスクリームの値段が高かったりしたら、わたしはもっと天気のいい日まで金をとっておくだろう。同じように、もしアイスクリームを買うためにずいぶん遠まわりをしなければならなかったら、アイスクリームはまたの機会にするだろう。最後に何を選ぶにせよ――金、アイスクリーム、遠まわり、そのほかの選択肢のどれだろうと――わたしは決断をくだすときの選好に応じて、自分にとって「最善」の行動をつねにとる。

この考え方で魅力的なのは、人間のどんな行動も、個人がみずからの選好を満足させようとする試みだと理解できる点だ。わたしはほかのことをするよりも楽しく時間を過ごせるからテレビ番組を観る。政治に参加するのは大切だと思っているから投票し、投票の際は最も自分の利益になりそうな候補者を選ぶ。合格できそうな大学を受験し、受かったら格と学資援助と学生生活を勘案して最善の大学に入学する。大学へ入ったら最も興味のあることを学び、卒業したら内定をとれたなかでいちばんいい会社に就職する。好感の持てる人を友人にして、いっしょにいて楽しい友人と付き合いつづける。安定と安心の利点がデートの刺激をうわまわったときに結婚する。家族の利点（無条件に愛せる子供を持つという喜びと、年をとっても面倒を見てもらえるという喜び）が責任の増大や自由の制限や扶養者の増加といった代償をうわまわったときに子供をもうける。

スティーヴン・レヴィットとスティーヴン・ダブナーは『ヤバい経済学』（望月衛訳、東洋経済新報社）で、一見すると不可解な行動もよく調べれば完全に理にかなっているとわかる例をとりあげ、合理的選択理論の持つ説明の力を示している。

たとえば、不動産業者は仲介手数料を得るわけだから、顧客の家をなるべく高く売ろうとするはずだ。だが現実には、不動産業者が自分の家を売るときは顧客の家を売るときよりも長いあいだ市場に出し、高値がつくまで待つ。なぜか。顧客の家を高く売っても懐にはいるのはわずかだが、自分の家ならまったくちがってくるからだ。後者は売れるのを待つだけの金になるが、前者はならないので、早く取引をまとめてしまったほうがいい。不動産業者の目の前にあるインセンティブ、すなわち真の選好を理解すれば、その行動も納得がいく。

こんな例もある。イスラエルで保育園に子供を迎えに行くのが遅れたら罰金を科すことにしたところ、以前よりも遅れる親が増えた。だがこれも、保育園の職員に迷惑をかけているという罪悪感が罰金のおかげで和らいだのだとわかれば、完全に筋が通る。要するに、親は遅刻する権利を金で買ったつもりになっていたということだ。

ギャングの構成員の大部分は母親と暮らしているという報告も最初は意外に感じるが、やはり同じだ。ちょっと計算してみれば、ギャングの稼ぎは世間が思っているほどたいしたことはないとわかる。だから、実家で暮らすのは経済的な意味で完全に筋が通っている。

同様に、ブッシュ政権が二〇〇二年にいわゆる「落ちこぼれ防止法」を定めた結果、高校教師が生徒の答案を改竄《かいざん》する事件が相次いだのも説明できる。不正行為をすれば教師は職を失いかねないが、発覚する危険は少ないから、不正行為で罰される恐れよりも成績の低いクラスのせいで苦労する代償のほうが大きいと思えたのである。[6]

要するに、レヴィットとダブナーが繰り返し述べているのは、人物や状況に関係なく――どんな性別、政治、宗教、家族、犯罪、不正行為、商売、あるいはウィキペディアの記事の編集でも――人々の行動の理由を理解したければ、人々の目の前にあるインセンティブ、すなわち一方ではなく他方の結果を好む選好を理解しなければならないということだ。だれかが一見奇妙で不可解なことをしていても、頭がおかしいとか理に合わないと言って片づけるのではなく、合理的なインセンティブを見つけるために相手の状況を分析しようとすべきだ。

前章の最後通牒ゲームの実験でおこなったのが、まさにそのような考え方の実践にあたる。贈り物を交換するアウ族とグナウ族の伝統が、われわれの目には自由に使える金に思えるものを両部族の目には歓迎されざる将来の義務に似たものへと変えてしまったことを知れば、それまで不可解だった行動も、とたんに自分の行動と同じくらい理にかなっているように思える。われわれがなじんでいたのと異なる前提のもとでは、それはまったく合理的なのである。『ヤバい経済学』の主眼は、どれほど奇怪で不思議な行動でも、ほぼつねにこの考え方が適用できることにある。

レヴィットとダブナーの説明は議論を巻き起こしているが、大筋では社会科学による説明の大部分と変わらない。つまり、細かい点をめぐってどれほど議論を戦わせようと、動機やインセンティブや認識や機会をなんらかの形で組み合わせてその行動を説明——ひとことで言えば、合理化——できないかぎり、社会学者や経済学者はほんとうにそれを理解したと思わない。[7]

そして、このように感じるのは社会科学者だけではない。われわれも、なぜイラクのふつうの市民がある朝みずから人間爆弾になると決意したのかを理解しようとするとき、その人の行動を暗黙のうちに合理化している。先の金融危機の原因を解釈しようとするときも、われわれは事実上、銀行員がリスクの高い商品を作って売り出すに至った合理的な金融関係のインセンティブを探している。医療費の高騰を医療ミス関連の法律や診療報酬制度のせいにするときも、われわれは医師の行動を理解するために合理的な行動モデルを本能的に持ち出す。

言い換えれば、なぜそう考えるのかと考えるとき、われわれは無意識のうちに合理的な行動の枠組みをあてはめるのである。[8]

考えるということは考えるだけにとどまらない

人々は合理的だとする暗黙の前提は、そうでないと証明されないかぎり有用である。賢明な考え方ですらあり、おおむね推奨できる。しかしながら行動の合理化は、われわれが人間の行動を「理解」すると言うときと、電子やタンパク質や惑星を理解すると言うときとでは、重要な意味のちがいがあることを見えなくしてしまう。たとえば電子の動きを理解しようとする物理学者は、電子に身を置き換えて考えるところからはじめない。電子の理論に関する直観をあらかじめ持っているだろうし、それは電子の動きを理解する助けになる。けれども、自分が電子になることで電子を理解しようとはまったく思わない。むしろそんな直観を持つこと自体が滑稽である。

　だが人間の行動の合理化は、自分がその理解しようとしている行動の主だったらと心のなかでシミュレートする行為にほかならない。対象の人物に合わせてシミュレートした自分を想像することによってはじめて、われわれはその行動を理解したと実感する。

　この「シミュレーションによる理解」は労せず実践できるので、その信頼性を疑う気はめったに起こらない。しかし、先ほどの臓器提供の例が明らかにしているとおり、われわれの脳内シミュレーションは、実は重要な要因を無視しがちだ。理由は、なぜそう考えるのかと考えるとき、われわれは自分の理解しやすい費用《コスト》と便益《ベネフィット》を本能的に重視するからであり、この費用と便益は動機や選好や信念、つまり社会科学者の合理性のモデルで大きな位置を占める要因にかかわっている。

　これに対してデフォルトは意思決定者を取り巻く環境の一部であるために、たいてい意識されないまま行動に影響し、それゆえ常識に基づいて行動を解釈するときもたいてい抜け落ちてしまう。[9] そして、デフォルトは氷山の一角にすぎない。

近年では行動経済学者も加わっているが、心理学者たちは数十年前から人間の意思決定について研究を進めている。その発見によって、合理性の最も基本的な前提が揺らいでいるだけでなく、人間の行動についてのまったく新しい考え方が必要になっている。[10]

一例を挙げよう。心理学者たちは数え切れないほどの実験により、個人の選択や行動が特定のことばや音楽などの「事前刺激《プライミング》」に影響されることを明らかにした。「年老いた」とか「ひ弱な」とかの語を読まされた被験者は、ラボを離れるときに前よりゆっくり廊下を歩く。ワイン店の客は、店内にドイツの音楽が流れているときはドイツのワインを、フランスの音楽が流れているときはフランスのワインを買いやすい。調査票に記入するために緑のペンをわたされた被験者は、スポーツドリンクについて尋ねられたときにゲーターレードの名前を挙げやすい。インターネットでソファーを買おうとしている客は、ウェブサイトの背景が白い綿雲のときは高価ですわり心地のよさそうなソファーを選びやすく、背景が一ドル硬貨で描かれているときは硬くて安いソファーを買いやすい。[11]

われわれの反応は無関係な数字の情報でもゆがめられる。たとえば、ある実験で、ワインの競売の参加者は入札の前に自分の社会保障番号の最後のふた桁を書くよう指示された。この数字はランダムで、入札参加者がワインにつける額とはなんの関係もなかったにもかかわらず、数字が大きいほど入札に積極的になることがわかった。

心理学者が「係留《アンカリング》」と呼ぶこの効果は、アフリカ連合の加盟国数を考えることからチップや寄付の適正な額を考えることまで、あらゆる種類の見積もりに影響を与えている。実際、寄付額の「提案」が記された寄付依頼書を慈善団体から受けとったり、あらかじめチップの割合が計算された勘定書を受けとったりしたときは、アンカリングのバイアスが利用されているのだと疑ったほうがいい。高めの額を提案することで、相手はどれくらいが適正かというこちらの最初の見積もりをアンカリングしているからだ。たとえあとから見積もりを低く修正しても（たとえば二五パーセントのチップは多すぎると思っても）おそらく最初の提案がなければ出したはずの額よりも高い額を払わされる羽目になる。[12]

　個人の選好もまた、状況の示し方を変えるだけで劇的な影響を受ける。これまた例を挙げると、まったく同じ賭け事であっても、金を失う可能性を強調すると人々はリスクを避けるようになり、勝つ可能性を強調すると正反対の効果が出る。

　なおさら不思議なのは、ふたつの品のどちらかを選ぶ場合も、三つめの選択肢を持ちこむと選好が効果的に逆転されることだ。たとえば、選択肢Ａは高品質で高価格のカメラだが、Ｂは品質も価格もずっと低いとする。このふたつだけなら比較はむずかしいだろう。だがここで、五三ページ上の図に示すように、第三の選択肢としてＣ１を持ちこむ。この品はＡより明らかに高価だが品質はほぼ同じなので、ＡとＣ１のどちらを選ぶかは決まっている。こういう状況だと三つのうちＡが選ばれやすく、これはまったく理にかなっているように思えるが、ここでC1のかわりに第三の選択肢としてC2を持ちこんだらどうなるだろうか。この品はBと同じ価格だが品質はかなり低い。するとBとC2のどちらを選ぶかは明らかなので、三つのうちでBが選ばれやすくなる。つまり、どんな第三の選択肢を持ちこむかによって、意思決定者の選好は効果的に逆転され、どちらも何かが変わったわけでもないのにAになったりBになったりする。

さらに奇妙なことに、第三の選択肢そのものは――選好の切り替えを引き起こすのに――けっして選ばれない。[13]

こうした不合理の例をまだしつこくつづけると、異なった種類の情報のうち、どれが入手しやすく、また思い出しやすいかによって人間の判断にしばしば影響が出ることも心理学者は明らかにしている。

飛行機に乗っているとき、テロに遭って死ぬ可能性は何か別の理由で死ぬ可能性よりも確実に小さいのに、テロ攻撃は強烈な印象を与えるという理由だけで、人々は一般に後者より前者の可能性のほうをかなり大きく見積もる。

逆説的な話だが、自分が独断的にふるまった例を思い出すよう言われた人々は、自分はそれほど独断的ではないと見なす。思い出した情報が信念を否定するからではなく、思い出すのに骨が折れるからである。また、人々は一貫して過去の行動や信念を実際よりも現在の行動や信念に似せて覚えている。さらに文書についても、読みやすい書体だったりそ

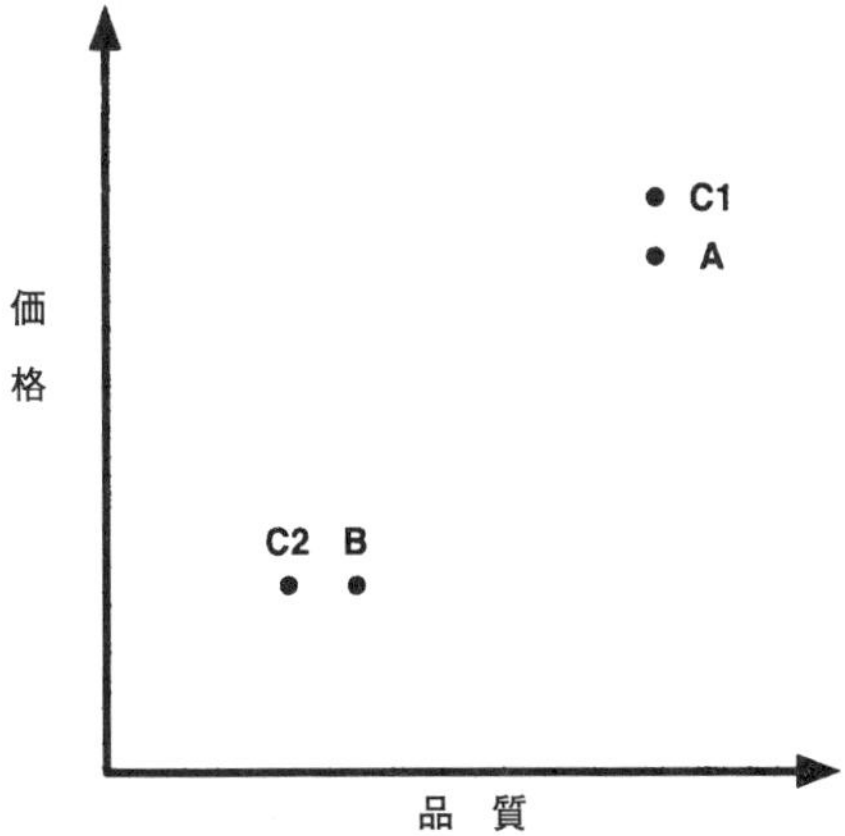

選好が逆転する例

れまでに読んだことがあったりすれば――たとえこの前読んだときは偽の文書だと明示されていても――本物だと信じやすい。[14]

最後に、人々は自分のすでに知っていることを補強しやすい形で新しい情報を消化する。つまり、自分の信念に一致する情報にばかり注目し、一致しない情報には疑いの目を向けたがる。

密接に関係しているこのふたつの傾向（それぞれ「確認バイアス」と「動機づけされた推論」と呼ばれている）が組み合わさり家事をめぐるちょっとしたいさかいから北アイルランドやパレスチナで見られるような積年の政治的対立まで、論争を解決するわれわれの能力を大きく妨げている。立場がちがうゆえに、同じ「事実」を見てもまったく異なる印象を持ってしまうからである。

科学においても、確認バイアスと動機づけされた推論は有害な役割を果たしている。つまり、科学者はみずからの信念に反する証拠も重んじなければならないのに、そういう証拠を疑うことがあまりに多い。結果は、マックス・プランクの有名なことばが示しているとおりだ。

「新しい科学的真実が勝利をおさめるのは反対者を説き伏せて認めさせたときではなく、反対者がようやく死んでくれたときである[15]」

何が関係しているのか

これらの心理学の実験が明証していることを一言でまとめるとこうなる――われわれの行動にきわめて現実的、具体的な影響を与えるにもかかわらず、もっぱらわれわれの意識しないところで働く関係要因は実に数多くある。

残念ながら、心理学者はこうした効果をたいへん多く確認しているので――事前刺激、フレーミング、アンカリング、可用性、動機づけされた推論、損失回避など――それらのすべてがどう組み合わさっているのかはとらえがたい。実験では効果を特定するためにひとつの関係要因がわざと強調される。しかしながら、現実の生活では、どういう状況でもこうした数多くの要因がさまざまな程度で存在する。したがって、それらが互いにどう作用しているのかを理解するのが肝要になる。言い換えれば、緑のペンを持っているとたしかにゲーターレードを連想しやすいのかもしれないし、ドイツの音楽を聞くとたしかにドイツのワインを買いたくなるのかもしれないし、社会保障番号を思い浮かべるとたしかに入札額に影響が出るのかもしれない。しかし、相反《あいはん》している可能性もある多数の影響に潜在意識下で同時にさらされているとき、われわれは何を買い、いくらまでなら金を出すのだろうか。

これはけっして簡単な問題ではない。無意識の心理バイアスがおびただしくあることだけが原因ではない。

先ほどのアイスクリームの例をまた持ち出すと、わたしは総じてアイスクリーム好きなのかもしれないが、時刻や天候や空腹度や買おうとしているアイスクリームのおいしさなどによって、特定のある時点でアイスクリームがどれほどほしいかはかなりちがってくる。そのうえ、わたしの決断を左右するのは、どれほどアイスクリームがほしいかや、値段との兼ね合いがどうかだけではない。最寄りのアイスクリーム屋の場所を知っているのかどうか、以前そこに行ったことがあるのかどうか、どれくらい急いでいるのか、だれといっしょにいて相手は何を求めているのか、銀行に金をおろしに行く必要があるのかどうか、最寄りの銀行はどこにあるのか、アイスクリームを食べている人をちょうど見かけたのかどうか、アイスクリームを食べた楽しいひとときが思い出される曲をちょうど聞いたかどうか、そういったことにも左右される。

ごく単純な状況でさえ、関係のありうる要因のリストは瞬く間にたいへんな長さになる。そして、顧みなければならない要因が非常にたくさんあるために、きわめてよく似た状況でも微妙なちがいが重要になってくる場合もある。人の決断を理解——あわよくば予測——しようとするとき、多数の要因のうち注意すべきものと無視してもかまわないものをどうすれば見分けられるのだろうか。

言うまでもなく、ある状況に何が関係しているのかを見分ける能力は、前章で述べた常識に基づく知識の特徴になっている。現実には、われわれはたやすく決断をくだすので、さまざまな複雑性が覆い隠されているのだとは思いもしない。哲学者のダニエル・デネットが指摘するとおり、真夜中に目を覚まして夜食を作ろうと思った人は、冷蔵庫にパンとハムとマヨネーズとビールがあるのを知ってさえいればよく、あとの流れはほぼ自動的に決まってくる。もちろんこの人は、「ナイフはマヨネーズに触れても溶けないし、パンひと切れはエヴェレスト山よりも小さいし、冷蔵庫をあけても核爆発は起こらない」ことも知っており、そのほかの無数にある無関係の要因や論理的な関連も知っている。だがどういうわけか、何を無視しているのか自覚することさえなく、こうした事柄をすべて無視して、かぎられた重要な事柄に注目することができる。[16]

しかし、デネットが論じるように、実際に何が関係しているかを知っていることと、そう知っている理由を説明できることとは、大きくちがう。そもそも、ある状況に関係がある事柄は、ほかの似た状況にも共通する特徴であるはずなのは明らかだ。たとえば、価格が購入の決断に関係のあることをわれわれは知っているが、それはたいていの場合、何かを買うときに価格は重要だからだ。

しかし、いまの状況と似ている状況をどうすれば見分けられるのだろうか。これも明らかに思える。似た状況とは、同じ特徴を備えた状況のことだ。意思決定者が価格や品質や入手しやすさなどの数々の選択肢をよく考えなければならないという意味で、どんな「購入」の決断も似ている。けれども、ここで問題に突きあたる。ある状況の特徴を判断するためには、似た状況と結びつけて考える必要がある。だが、どの状況が似ているかを判断するためは、関係のある特徴を知っていなければならない。

この特有の堂々めぐりは、哲学者や認知科学者が「枠《フレーム》問題」と呼ぶものをもたらしており、学者たちは何十年もそれに頭を悩ませつづけている。

フレーム問題がはじめて注目されたのは人工知能《AI》の分野だ。研究者たちはコンピューターやロボットにプログラムを組みこみ、散らかった部屋を片づけるといったわりあい単純な日常の仕事をやらせようと試みた。当初、こうした状況に関係のあるものをすべて書き出すのはそれほどむずかしくないはずだと考えられた。何せ、人々はたいてい何も考えずに毎日部屋を片づけているのだから。ロボットに教えこむのだって、それほどむずかしくはないはずだ。

実際には、きわめてむずかしかった。前章で論じたように、地下鉄を乗りこなすという比較的単純な行動でさえ、世界についての驚くほどたくさんの知識を必要とする。つまり、地下鉄のドアやプラットフォームの知識だけでなく、人と距離を保つとか、視線を合わさないとか、厚かましいニューヨーカーの邪魔にならないようにするといった知識も求められるのである。

AI研究者は、同様の理由で日常のほぼどんな仕事も困難に満ちていることを即座に悟った。関係のありうる要因とルールのリストは気が遠くなるほどの長さになる。多くの場合、リストの大部分は無視しても問題ないのだが、それは助けにならない。どれが無視できてどれが無視できないかを前もって知るのはまず不可能だからだ。そのため現実には、みずからの被造物にごくありふれた仕事をさせるときでさえ、恐ろしく長いプログラムが必要になることを研究者は知った。[17]

われわれが用いるのとおおむね同じ形で人間の知能を再現しようとした最初のAIは、フレーム問題の困難ゆえに挫折したと言っていい。しかし、この失敗にも希望の光はあった。AI研究者は被造物にすべての事実やルールや学習過程をゼロからプログラムしなければならず、被造物はどう見ても期待どおりの行動をしなかった（崖から転げ落ちるとか壁を通り抜けようとするとかのみじめな失敗をする場合もよくあった）ために、フレーム問題はいやでも目についた。

そこで、この問題を解決しようとするかわりに、ＡＩ研究者はまったく異なるアプローチをとった。思考過程よりもデータの統計モデルを重んじるアプローチである。このアプローチは現在では機械学習と呼ばれ、当初の認知的アプローチに比べると直観からずっと離れているものの、はるかに有用であることがわかっており、さまざまなめざましい飛躍をもたらしている。オートコンプリート機能という検索エンジンの魔法じみた能力、自律的に動くロボットカー、クイズ番組の〈ジェパディ！〉で人間と対戦したコンピューターなどである。[18]

われわれは自分がこう考えると考えるようには考えていない

もっとも、フレーム問題は人工知能だけの問題にとどまらない。それは人間の知能の問題でもある。

心理学者のダニエル・ギルバートが『明日の幸せを科学する』（熊谷淳子訳、早川書房）で述べるとおり、ある状況に直面した自分やほかの人を想像するとき、われわれの脳は関係がありそうなあらゆる細部についての問いが連なった長いリストを作ったりしない。そのかわり、ちょうど熱心なアシスタントが資料映像を用いて単調なパワーポイントのプレゼンテーションに肉づけをするように、出来事や人物に対するわれわれの「脳内シミュレーション」も、記憶やイメージや経験や文化的規範や想像される結果の膨大なデータベースをさっそく調べ、全体像を完成させるのに必要な細部を継ぎ目なく挿入する。

たとえば、レストランから出てきた人を対象にした調査によれば、たとえ接客係が全員女性の場合でも、客はウェイターの服装をよどみなく答えた。教室の黒板の色を尋ねられた学生は、実際は青だったにもかかわらず、緑だったと――通常の色を――答えた。

一般に人々は、損失が予想されるときはそれによってこうむる痛みを大げさに見積もり、利益が予想されるときはそれによって得られる喜びも大げさに見積もるのがつねだ。デートできそうな相手をインターネットで見つけたときは、相手の情報が少ないほど好意を持ちやすい。いずれの例でも、慎重な人間なら「もっと情報がなければ正確に答えられない」と言うはずだ。しかし、「穴埋め」の過程はなんの努力も要さずに即座に生じるため、それが働いているとは気づかないのがふつうだし、だから何か足りないものがあるとは思いもしない。[19]

こんなことをしていたら誤りを犯すに決まっているとフレーム問題は警告しているはずだが、われわれはしょっちゅうこんなことをしている。しかし、AI研究者の被造物と異なり、なぜそう考えるのかという脳内モデル全体を書きなおさざるをえなくなっても、それはわれわれにとってたいした手間ではない。

ちょうどラザーズフェルドの話で、アメリカの兵士をめぐる研究報告の架空の読者がすべての結果とその正反対の結果を同じくらい自明であると考えたように、われわれもひとたび結果を知れば、以前は見落としていたがいまは関係がありそうなその状況の一面をほぼ決まって見いだせる。

われわれは宝くじにあたったら幸せになれると思っているかもしれないが、実際は憂鬱になる。このときわれわれは明らかにまちがった予測を立てている。だが誤りに気づいたころには、たとえば金をせびりにすり寄ってくる親戚が何人もにわかに出てきたというような新しい情報を得ている。するとわれわれは、こうした情報を前もって知ってさえいれば、将来の幸せを正しく予想でき、宝くじなどたぶん買わなかったのにと思う。

その結果、将来の幸せを予測する自分の能力に疑いを持つのではなく、何か重要なものを見落としていたのだと――この誤りは繰り返さないと――単純に結論する。だがわれわれは誤りを繰り返す。現実には、だれかの行動の正しい予測に何度失敗しようとも、誤りをそのとき知らなかったことのせいにして片づける。このようにして、われわれはフレーム問題を見えないところに追いやる。まちがえるということの意味を学習せずに、次からはまちがえないといつも自分を納得させるのである。

金銭的な報酬と意欲の関係ほど、このパターンがあからさまに現れ、また抜きがたいものはない。たとえば、従業員の仕事ぶりを金銭的なインセンティブの導入によって改善できるのは自明に思える。

近年、仕事ぶりに基づいた報酬体系は経済界で急増しており、その最たる例は株価と連動させた役員報酬である。[20] むろん、従業員が金ばかりを気にかけるとはかぎらないのも自明だ。仕事本来の楽しさ、注目度、キャリアを積んでいる実感なども仕事ぶりに影響してくる。とはいえ、ほかの条件を変えなくても、金銭的な報酬を的確に用いれば、仕事ぶりを改善できるのは当然に思える。だが、昔から数多くの研究が示してきたとおり、報酬と仕事ぶりの関係は驚くほど複雑である。

　例を挙げると、近ごろわたしは、ヤフー・リサーチの同僚のウィンター・メイソンと組み、ウェブ上で報酬額を変えながら被験者に単純な反復作業をしてもらうという実験をおこなった。交通状況の写真を時間順に並べるとか、四角く並べた文字列のなかに隠された単語を見つけるといった作業だ。

　全被験者はアマゾンメカニカルタークと呼ばれるウェブサイトを通じて採用された。これはアマゾンが商品説明ページの重複を見つけるために二〇〇五年に開発した機能である。現在ではいろいろな作業を「クラウドソーシング」したい数百の企業が利用しており、一枚の画像中の物体を分類する、新聞記事の論調を見定める、ふたつの説明のうちわかりやすいほうを選ぶといった作業がある（クラウドソーシングとは、インターネットなどを通じて不特定多数の人々に業務を委託することを指す）。だが、メカニカルタークは心理学の実験の被験者を採用するときもきわめて有用だ。同じことをするために心理学者たちは長年にわたって、大学のキャンパス周辺でチラシを投函してまわってきた。おまけに、作業の担当者（「ターカー」とも呼ばれる）の報酬は一作業につきだいたい数セントなので、通常の費用に比べてわずかな額しかかからない。[21]

実験にはのべ数百人が参加し、何万もの作業をこなした。報酬は一作業（数枚の画像を整理するとか、単語ひとつを見つけるといった作業）につきわずか一セントのときもあれば、同じ作業でも五セントさらには一〇セントのときもあった。

報酬が一〇倍になるというのはかなり大きなちがいなので（比較例を出すと、アメリカのコンピューター・エンジニアの平均時給は連邦最低賃金の六倍にすぎない）、人々の行動に相当大きな影響をもたらすはずだと考えるのが自然だ。そしてたしかにそのとおりだった。報酬を増やすほど、人々が実験中にこなす作業の数は増えた。また、報酬額にかかわらず、たとえば二枚の画像を整理するといった「やさしい」作業を割りあてられた担当者は、中程度かむずかしい作業（画像の数はそれぞれ三枚と四枚になる）を割りあてられた担当者よりも多くの作業をこなした。

言い換えれば、どれも常識にかなった行動だ。しかしここでどんでん返しがある。こうした差を設け、しかも正しく作業をこなせたときにしか報酬を払わなかったにもかかわらず、作業の質、つまり画像を正しく整理できたかどうかは報酬額によってまったく変わらなかったのである。[22]

どうしてこんな結果になったのだろうか。完全には解明できていないが、われわれは作業を終えた被験者に対していくつか質問をおこない、いまの作業の適正な報酬はいくらだと思うかも尋ねた。興味深いことに、被験者の回答は作業の難易度よりも現に受けとった報酬額によって決まっている部分が大きかった。平均すると、一作業につき一セントを受けとった被験者は五セントが適正な報酬だと考えていて、五セント受けとった被験者は八セントが、一〇セント受けとった被験者は一三セントが適正な報酬だと考えていた。つまり、実際の報酬がいくらだろうと――繰り返すが、被験者の一部はほかの被験者の一〇倍もの報酬を受けとったのに――じゅうぶんな報酬を受けとっていないと全員が考えていた。金銭的なインセンティブが増えれば仕事への意欲も増すはずだとわれわれは直観的に考えるが、ごく簡単な作業であっても権利意識が増すことで意欲は大きく殺がれる。この発見が示唆していたのはこういうことだった。

　同じ効果を実験環境の外で検証するのはむずかしい。現実の環境で働いている人はほとんどの場合、適正な報酬に対してすでに期待を持っていて、それを操作するのは困難だからだ。しかし、つぎの例を考えていただきたい。

　アメリカの女性は男性とまったく同じ仕事をしていても、平均して男性の九〇パーセントの報酬しかもらえていない。また、ヨーロッパの最高経営責任者《CEO》はアメリカのCEOに比べて報酬がかなり少ない。[23]どちらの例でも、報酬の低いほうが報酬の高いほうより怠け者で仕事が下手だと言えるだろうか。あるいは、あなたの上司があなたの来年の年俸をいきなり倍にしたと想像していただきたい。あなたは今年よりどれくらい勤勉に働くだろうか。あるいは、銀行員の報酬がわれわれの世界の半分しかない別の世界があったとする。きっと転職を選ぶ者も出てくるだろうが、銀行に残った者が怠け者で仕事も下手だということになるだろうか。

われわれの実験の結果は、そうならないと示している。だがそれが事実なら、果たして雇用主は金銭的インセンティブを変えるだけで従業員の仕事ぶりにどれくらいの影響を与えられるのだろうか。

実のところ、数々の研究が金銭的インセンティブは仕事ぶりをむしろ悪化させると示している。たとえば仕事が多岐にわたったり評価しにくかったりするとき、従業員は評価される部分のみに注力し、ほかの重要な部分に目をつぶる――総合的な学習を犠牲にしてでも共通テストに出てくる内容を重視する教師のように。金銭的な報酬は「窒息」効果ももたらし、報酬の生む心理的圧力が達成欲の高まりを打ち消してしまう。最後に、個人の貢献がチームの貢献と切り離しにくい状況だと、従業員は金銭的な報酬を目あてに他人の努力に便乗したり、リスクを避けたりして、イノベーションを妨げる。

こうした発見は混乱を誘うし、互いに相反《あいはん》している場合もあるが、結論として言えるのはこういうことだ――人々がなんらかの形で金銭的な報酬に反応することにはほぼ異論の余地がないものの、望ましい結果を引き出すために実際にそれをどう用いるべきなのかはわかっていない。数十年にわたる研究のすえ、金銭的インセンティブは仕事ぶりにほとんど関係ないと結論した経営学者もいる。[24]

しかしながら、この教訓を何度指摘しようとも、経営者や経済学者や政治家はインセンティブを利用すれば人間の行動を左右できるかのような顔をしつづけている。レヴィットとダブナーもこう書いている。

「典型的な経済学者は、正しいインセンティブの仕組みを作る自由があれば、この世に解決できない問題など何ひとつないと信じている……インセンティブは弾丸であり、梃子であり、鍵である。たいていはとても小さなものだが、状況を変えてしまえる驚くべき力がある」[25]

そうだとしても、われわれの作るインセンティブが狙いどおりの変化をもたらすとはかぎらない。事実レヴィットとダブナーがとりあげている、高校教師が生徒の答案を改竄したエピソードも、政策立案者が仕事ぶりに基づく明確なインセンティブを導入して教育を改善しようとした結果である。それが裏目に出て、まぎれもない不正行為や「テストのために教える」というような本末転倒を生み、少し頑張らせれば及第者を増やせる境界線上の生徒ばかりが重視されたことを考えると、望ましい行動を引き出すためにインセンティブの仕組みを作るのは可能だと言われても、疑念を感じてしまう。[26]

だが常識は疑念を持たない。われわれはあるインセンティブの仕組みがうまく働いていないとわかれば、インセンティブがまちがっていたのだと単純に結論する。言い換えると、ひとたび答がわかれば、政策立案者は正しいインセンティブの仕組みさえ作ればいいと決まって自分を納得させることができる。言うまでもなく、この前もまさにそのとおりのことをしていたはずなのに、それを見落としている。

こういった見落としに陥りやすいのは政策立案者だけではない。われわれのだれもがそうだ。たとえば、政治家が財政に長期的な責任を負おうとしないというおなじみの問題を論じた最近のニュース記事は、分別に欠ける結論をまじめに述べていた。

「銀行員と同じく、政治家もインセンティブに反応する」

記事の結論？

「国の利益と国を導く政治家の利益を連動させることだ」

実に簡単なことに聞こえる。だが記事そのものが認めているとおり、政治を「解決」しようとする過去の試みは失望の歴史だ。[27]

要するに、常識も合理的選択理論と同じで、人々の行動には理由があると主張する。これは正しい主張なのかもしれない。しかし、だからといって、われわれが人々の行動やその理由を前もって予測できるとはかぎらない。[28]

もちろん、いったん人々が行動してしまえばその理由は自明に思え、重要であるとわかったなんらかの要因を知ってさえいたら結果を予測できたのにと結論する。事が起こったあとなら、正しいインセンティブのシステムがあれば望ましい結果を得られたかのようにいつも思える。

だがこういう見せかけの事後予測能力は大きな偽りだ。理由はふたつある。第一に、フレーム問題が教えるように、ある状況に関係のありうるすべてを知ることは不可能だからである。第二に、心理学の膨大な文献が教えるところによれば、関係がありうることの多くはわれわれの意識が及ばないところにあるからだ。

人間というものはまったく予想できないと言っているのではない。8章で論じるように、人間の行動は予測可能な規則性をさまざまな形で示しており、それが役立つことも多い。また、意思決定の際に人が反応するインセンティブを突き止めようとすべきでないと言っているのでもない。少なくとも、他人の行動を合理化しようとする傾向は、良好な人間関係を保つのにおそらく役立つし、誤りから学ぶのにも役立つだろう。

しかしながら、われわれには観察した行動に意味づけをする感嘆すべき能力があるからといって、行動を予測する能力までがあるわけではないし、むしろ信頼できる予測にいちばんたどり着きやすいのは直観と経験のみに基づいたときである。行動の意味づけと予測のあいだにあるこのちがいは、常識に基づく推論が失敗する大きな原因になっている。そしてもしこのちがいゆえに個人の行動を扱うのがむずかしいのであれば、集団の行動を扱うときはなおさら問題が際立つことになる。

3　群衆の知恵（と狂気）

イタリアの芸術家にして科学者、発明家でもあったレオナルド・ダ・ヴィンチは、死が迫った一五一九年に、フィレンツェの若き婦人リザ・ゲラルディーニ・デル・ジョコンドの肖像画に最後の筆を入れた。この肖像画は、婦人の夫である裕福な絹商人が、息子の誕生を祝って一六年前に注文したものだった。絵が完成するころには、レオナルドはフランソワ一世の招きでフランスに移住しており、結局はこの王が絵を買いあげた。そのため、ミズ・デル・ジョコンドもその夫もレオナルドの手並みを見る機会はついに得られなかったようだ。五〇〇年後に絵のおかげで婦人の顔が古今を通じて最も有名な顔になったことを考えれば、実に気の毒な話である。

言うまでもなくこの絵とは〈モナ・リザ〉であり、現在では温度と湿度を管理できる防弾仕様のケースに入れられ、パリのルーヴル美術館の壁にほかの作品から離して掛けられている。六〇〇万人に及ぶ年間来館者の八〇パーセントはもっぱら〈モナ・リザ〉が目あてだとルーヴルの職員は推測している。現在の推定保険価額は七億ドル弱。これはいままでに売却されたどの絵画も軽くうわまわるが、そもそもまともに値段をつけられるのかどうかも怪しい。

〈モナ・リザ〉は単なる絵にとどまらないと言って差しつかえないだろう。それは西洋文化の根本をなしている。どんな芸術作品よりも模写され、風刺され、賞賛され、揶揄され、吸収され、分析され、考察されてきた。何世紀も謎に包まれてきた来歴は学者たちを魅了し、画題はオペラや映画や曲や人や船の名前、さらには金星のクレーターの名前にまで使われている。[1]

こういうことを知りつつルーヴルを訪れた無邪気な人は、世界で最も有名な絵をはじめて目にしたとたん、一種の失望感が湧くのを禁じえない。

まず何より、〈モナ・リザ〉は意外なほど小さい。そしてくだんの防弾ケースにしまわれ、写真を撮りまくる観光客にいつも囲まれているために、苛々させられるほど見にくい。だからようやく近くまで行けたときは、何か特別なものを心底から期待する――美術評論家のケネス・クラークが「完全無欠の至高の例」と呼び、見る者は「すべての疑念を忘れて完璧な匠の技を賞賛する」と述べたものを。[2]

もちろん、わたしは美術評論家ではない。けれども、何年か前にはじめてルーヴルを訪れ、完璧な匠の技の輝きに浴する機会をようやく得たとき、わたしの頭には前の部屋にあったダ・ヴィンチのほかの三枚の絵が浮かび、だれもそちらには毛ほどの注意も払っていないことが気になって仕方なかった。わたしの目にも〈モナ・リザ〉は芸術的才能のすばらしい結実であるように見えたが、正直なところほかの三枚と似たり寄ったりに感じた。それどころか、どれがそうなのかを前もって知らなかったら、一連の絵のなかからこれが有名な絵だと見分けられたとは思えない。もっと言えば、ルーヴルに展示されているほかの傑作のなかにまぎれていたら、〈モナ・リザ〉が「最も有名な絵画賞」の有力候補だとは思いもしなかったにちがいない。

ケネス・クラークなら、それこそ美術評論家である自分とそうでないわたしのちがいなのだと答えるかもしれない。訓練した目にしかわからない傑作の傑作たる特質というものがあり、わたしのような素人は教えられたことをひたすら受け入れればいいのだと。

たしかにもっともな理屈だ。だがそれが事実なら、クラークにとって疑いなく完璧な作品は、古今のほかの美術専門家にとっても疑いなく完璧な作品でないとおかしい。しかし、歴史家のドナルド・サスーンが〈モナ・リザ〉の来歴を明らかにした著作で述べているとおり、これは真実からはほど遠い。[3] 数世紀にわたり、〈モナ・リザ〉は国王の私邸に放置されたあまり目立たない絵だった。たしかに傑作ではあったが、群を抜いているわけではなかった。フランス革命後にルーヴルに移されたときでさえ、エステバン・ムリーリョやアントニオ・デ・コレッジョやパオロ・ヴェロネーゼやジャン－バティスト・グルーズやピエール－ポール・プリュードンら、今日では美術史の授業以外ではまず名前を聞かない芸術家たちの作品に比べても、注目を集めなかった。ダ・ヴィンチは賞賛されてこそいたものの、一八五〇年代まではティツィアーノやラファエロのような絵画の真の巨匠には及ばないと見なされており、このふたりの作品の一部は〈モナ・リザ〉の一〇倍近い価値があった。

実のところ、〈モナ・リザ〉が急激に人気を博して世界に名を知られるようになったのは二〇世紀になってからである。それも美術評論家たちが長いこと目の前にいた天才をにわかに評価しはじめた結果ではなく、美術館の学芸員や社交界の名士や裕福なパトロンや政治家や国王の尽力によるものでもなかった。すべてのきっかけは、一件の盗難事件だった。

一九一一年八月二一日、ルーヴルの職員ヴィンチェンツォ・ペルッジャは、閉館時刻まで物置に隠れてから、〈モナ・リザ〉を上着の下に忍ばせて美術館を出た。誇り高きイタリア人であるペルッジャは、〈モナ・リザ〉はフランスではなくイタリアで展示されるべきだと考えていたらしく、長く失われていた宝を自分の手で本国にもどすことを決意した。しかしながら、あまたの美術品泥棒の例に漏れず、ペルッジャも有名な作品は盗むより処分するほうがずっとむずかしいことを知る。二年のあいだ自分のアパルトマンに隠したのち、フィレンツェのウフィツイ美術館に売り払おうとしたところでペルッジャは逮捕された。

だが、使命には失敗したものの、ペルッジャは〈モナ・リザ〉を新たな形で世に知らしめることに成功した。フランスの人々は大胆な窃盗に心を奪われ、思いがけず絵を取り返せたことに感動した。イタリア人もまた、同胞の愛国心に興奮し、ペルッジャを英雄として扱った。フランスの持ち主に返還される前に、〈モナ・リザ〉はイタリア各地で公開された。

それからはずっとのぼり調子だった。さらに二度、〈モナ・リザ〉は犯罪行為の対象になった。一度めは暴漢に酸をかけられ、二度めはウーゴ・ウンガーサ・ビリェガスという名のボリビア人青年に石を投げつけられた。

だがもっぱらこの絵は、ほかの芸術家のいわば足がかりになった。最も有名なところでは、一九一九年にダダイストのマルセル・デュシャンが、販売用の複製品に口ひげと顎ひげと卑猥な題辞を描きこんで絵を風刺し、作者をからかった。サルバドール・ダリやアンディ・ウォーホルら、多くの芸術家もこれにならい、独自の解釈をほどこした。〈モナ・リザ〉はのべ数百回も模写され、数千の広告に使われた。

窃盗犯、暴漢、芸術家、広告主、あるいは音楽家、映画製作者、さらにはNASA（金星のクレーターの件を覚えているだろうか）。サスーンが指摘するとおり、こうした人々はみな、〈モナ・リザ〉を自分の目的のために利用していた。要するに、みずからの名声を高めたり、単に意味ありげな目印にしたりするために使っていた。しかし、〈モナ・リザ〉は利用されるたびに、西洋文化の骨組みと何十億もの人々の意識に深く浸透していった。いまでは〈モナ・リザ〉抜きの西洋美術史などありえないし、そういう意味ではこの絵はまさしく絵画の最高傑作である。だが、その比類なき地位を、絵そのものが持つ何かに帰することも不可能である。

この最後の点は厄介だ。なぜなら、〈モナ・リザ〉の成功を説明しようとするとき、われわれが注目するのは絵に備わった特質にほかならないからである。

もしあなたがクラークなら、〈モナ・リザ〉が名声を博した理由を知るために、前後の状況を知る必要はまったくない。知るべきことはすべて目の前にあるのだから。やや単純化してしまうと、〈モナ・リザ〉が世界で最も有名な絵であるのは世界で最高の絵だから、ということになる。

だからこそ、〈モナ・リザ〉をはじめてその目で見たときに非常に多くの人々がとまどうのである。この絵に固有の美点がはっきりと示されるのを期待するのに、そうしたものは見てとれない。もちろん、われわれの大部分はこの見こみちがいの瞬間を迎えてもただ肩をすくめ、頭のいい人間なら自分の見えないものも見えるのだろうと決めつける。

しかし、サスーンの的確だが容赦のない説明にあるとおり、専門家が証拠としてどのような特質——淡くぼかした仕上がりを出すためにレオナルドが用いた斬新な絵画技法や、謎めいたモデルや、神秘の微笑や、さらにはダ・ヴィンチ自身の名声など——を引き合いに出そうとも、それ以上にすぐれた芸術作品はほかにいくらでもある。

むろん、〈モナ・リザ〉が並はずれているのは何かひとつの特質ゆえではなく、微笑と、光の使い方と幻想的な背景といったすべての特質が組み合わさった結果だと指摘して、言い抜けることもできる。この主張を論破するのは現実には不可能だ。というのも、〈モナ・リザ〉はたしかにほかの絵とちがうからである。疑り深い人間が歴史のごみ箱から似たような肖像画や絵画をどれほど引っ張り出してこようとも、われわれはそれらとしかるべき勝者とのあいだになんらかのちがいをつねに見いだせる。

だがあいにく、この主張はみずからを骨抜きにすることでしか勝利をおさめられない。われわれは芸術作品をその特質に基づいて評価しているように思えるが、実は反対のことをしている。つまり、まずどの絵が最高かを決めたうえで、その特質から評価基準を導き出している。こうすれば、すでに知っている結果を一見すると合理的かつ客観的な形で正当化するのに、この評価基準を引き合いに出せる。しかし、これがもたらすのは循環論法である。われわれは〈モナ・リザ〉が世界で最も有名であるのはXとかYとかZとかの特質を備えているからだと言い張る。だがほんとうのところは、〈モナ・リザ〉が有名なのはそれがほかの何よりも〈モナ・リザ〉的だからだと言っているにすぎない。

循環論法

だれもがこの結論を支持してくれるわけではない。以前パーティーで英文学の教授に説明したときは、怒鳴られたと言ってもいいくらいだった。

「シェイクスピアもただの歴史の気まぐれだと言うんですか？」

実はそう言ったつもりだったのだが。

誤解しないでいただきたいのだが、わたしだってふつうの人と同じくらいにはシェイクスピアを堪能している。しかしわたしは、どこからも影響を受けずに自分なりの評価を持つに至ったのではないことも知っている。西洋世界のだれもがそうであるように、わたしも高校生時代にシェイクスピアの戯曲やソネットを学んだ。そしてたぶん多くの人も同じだろうが、なぜそんなに騒がれるのかがすぐにはわからなかった。

天才の作品であることをしばし忘れて『夏の夜の夢』を読んでいただきたい。妖精の女王タイターニアがロバ頭の男をちやほやする場面のあたりに来たら、いったいシェイクスピアは何を考えていたのかと思いたくなるのでは？

話がそれたが、要するにわたしは、自分の高校生時代の脳みそが内容をどう思ったにせよ、教師が天才だと請け合うのなら高く評価しようと決めた。そしてもし高く評価しなかったら、それはシェイクスピアではなくわたしが悪いということになっていただろう。ダ

・ヴィンチと同じく、シェイクスピアも天才の定義だからだ。

〈モナ・リザ〉のときのように、こういう論理には反論のしようがないのかもしれない。それでも、シェイクスピアが天才たるゆえんを作品のなんらかの特質に求めようとすれば、堂々めぐりに陥ってしまうという問題は残る。シェイクスピアが天才であるのは、ほかのだれよりもシェイクスピア的だからである。

このような見解はめったに出されない。だが、いま述べたような循環論法、つまりXが成功したのはXがXという特質を持っていたからだとする論法は、何かが成功したり失敗したりする理由を常識に基づいて説明するときに広く見受けられる。

たとえば、「ハリー・ポッター」シリーズの成功について、ある記事はこう説明している。

「愉快な人々が暮らす奇抜な寄宿学校を舞台にしたシンデレラ的プロットというのは、それだけで魅力的だ。卑劣、貪欲、嫉妬、邪悪などのわかりやすい型どおりのイメージを組みこんで緊張を高め、勇気と友情の価値や愛の力についての道徳に沿った健全で確固とした主張で仕上げがなされており、勝利の方程式に欠かせない要素をはじめから備えている」要するに、「ハリー・ポッター」が成功したのはまさに「ハリー・ポッター」の特質を備えていたからであり、それ以外の何物でもない、と言っているわけだ。

同様に、フェイスブックがはじめて人気を博したときも、その成功は大学生専用にしたからだというのが世間一般の通念だった。だが、フェイスブックがあらゆる人に開放されてからずいぶんたった二〇〇九年、マーケティングリサーチ会社のニールセンは、フェイスブックの成功は「シンプルなサイトデザイン」と「結びつきの重視」によって広く支持を受けたからだと報告した。つまり、フェイスブックが成功したのも、たとえその特質は一変したにもかかわらず、まさしくフェイスブックの特質のおかげにされている。

あるいは、〈ハングオーバー！ 消えた花ムコと史上最悪の二日酔い〉が大ヒットしたのを受けて二〇〇九年の映画を批評したニュース記事は、「感情移入しやすく、何も考えずに観られるコメディーは……不景気のときには申しぶんのない慰めになる」と推測している。これも〈ハングオーバー！〉が成功した理由は映画館に行った人が〈ハングオーバー！〉のような映画を観たかったからであって、それ以外の何物でもないと言っているに等しい。

どの例でも、われわれはXが成功したのはしかるべき特質を備えていたからだと思いたがるが、われわれの知っている特質はXの持つ特質にかぎられる。だから、そうした特質がXの成功の理由にちがいないと結論する。[4]

またわれわれは、ある出来事が起こる理由を解釈するときも循環論法に頼っている。たとえば、景気後退後の消費行動の低迷傾向を論じた最近のニュース記事で、ある専門家は都合のいい観察に基づいて変化を説明した。

「ハマーをこれ見よがしに乗りまわすのは以前より楽しくなくなっただけです。基準が変わったんですよ」

つまり、人々がXという行動をするのはXが基準だからであり、基準にしたがうのがふつうだというわけだ。なるほど、ごもっともな話だが、何かが基準だとどうしてわかる？人々がしたがうからだ。そしてこれは特異な例ではない。

注意して見れば、こういう堂々めぐりを含んだ説明は驚くほどたくさんある。婦人参政権であれ、同性婚であれ、黒人の大統領就任であれ、われわれは決まって社会の動向を説明し、社会に「受け入れる下地ができた」という言い方をする。しかし、何かに対して社会に下地ができたとわかるのは、その何かが起こったときだけである。だから事実上、われわれはこう言っているにすぎない。「Xが起こったのは人々がそれを望んだからだ。人々がXを望んだとなぜわかるのかというと、Xが起こったからだ」[5]

ミクロ‐マクロ問題

常識に基づく説明でよく見られる堂々めぐりは、社会学の根幹にあると言っていい知の問題から生じているために、重要な課題になっている。社会学者はこれをミクロ‐マクロ問題と呼ぶ。かいつまんで言うと、社会学者が説明しようとするさまざまな物事の結果は、本質は「マクロ」なものだと言ってよい。つまりそこには多数の人々がかかわっているということだ。

絵や本や有名人の人気を左右するのは多数の人々の注目度にほかならない。企業、市場、政府など、どんな政治や経済の組織も、何かを実現するためには多数の人々にルールを守ってもらわなければならない。結婚、社会的規範、さらには法原理のような文化制度も、多数の人々が妥当だと考えるときのみ妥当になる。だが同時に、こうした結果がみな、個々の人間の「ミクロ」な行動によってもたらされるのも否定しようがない事実であり、その個々の人間は前章で論じたような選択をする。

それなら、個人のミクロな選択から実社会のマクロな現象をどう導けばいいのだろうか。言い換えれば、家族や企業や市場や文化や社会はどこから来ていて、なぜ、いま示しているような特徴を示しているのだろうか。これがミクロ-マクロ問題である。

ミクロ-マクロ問題に似たものは科学のどの分野でも起こっており、「創発」と呼ばれることが多い。たとえば、原子を集めればどうにかして分子にたどり着けるのか。分子を集めればどうにかしてアミノ酸にたどり着けるのか。アミノ酸やほかの化学物質を集めればどうにかして生きた細胞にたどり着けるのか。生きた細胞を集めればどうにかして脳のような複雑な器官にたどり着けるのか。器官を集めれば永遠の生に思いをめぐらす知的生物にどうにかしてたどり着けるのか。こういう観点からすると、社会学は原子未満の粒子からはじまり地球社会で終わる複雑性のピラミッドの一角を占めるにすぎない。そしてこのピラミッドのどの層にも、本質は同じ問題がある。現実のひとつの「階層《スケール》」からつぎの階層をどう導けばいいのだろうか。

科学は歴史を通じてこの疑問から逃れることに全力を尽くし、階層によって分業することを選んできた。だから物理学は独自の事実と法則と規則性に基づく独自の学問だが、化学はまったく別の事実と法則と規則性に基づくまったく別の学問であり、生物学もやはりまったくの別物だ。階層がちがってもある程度は同じ法則があてはまらなければならないが（物理学の法則に反する化学などありえない）、下の階層を支配する法則から、上の階層にあてはまる法則を引き出すのはまず不可能である。たとえば、素粒子物理学に精通していても、シナプスの化学作用を説明する役にはほとんど立たない。それと同じで、個々の神経細胞の働きを知り尽くしていても、人間の心理を理解する役にはほとんど立たない。[6]

とはいえ、しだいに科学者は、自分たちが興味を引かれてやまない疑問――ゲノム革命や生態系の維持や電力系統の連鎖障害《カスケード》など――のために一度に複数の階層を考え、創発の問題に真っ向から立ち向かわざるをえなくなっている。個々の遺伝子は活性化と抑制の複雑な網のなかで互いに作用し、形質を表現するが、これは何かひとつの遺伝子の特性に還元されない。個々の動植物は捕食 - 被食関係や共生や競争や協力などの形で複雑に作用し合い、生態系レベルの特性を作っているが、これは種単位では理解できない。そして個々の発電所と変電所は高圧送電線を通じて互いに作用し、システムレベルのダイナミクスを作っているが、これは部分単位では理解できない。

社会のシステムも相互作用に満ちている。個人と個人間、個人と企業間、企業と企業間、個人と企業と市場間、万人と政府間の関係などだ。個々の人々はほかの人々の言動や服装に影響される。企業は個々の消費者の需要や競争相手の製品や債権者の要求に影響を受ける。市場は政府の規制や個々の企業の行動やときには個々の人々（ウォーレン・バフェットやベン・バーナンキを思い浮かべていただきたい）から影響を受ける。そして政府は、企業のロビイストから世論調査、株価指数まで、あらゆる影響に左右される。実際のところ、社会学者が研究するたぐいのシステムでは、相互作用がおびただしい数の形をとり、それに劣らぬ数の結果をともなうので、社会学における創発——ミクロ－マクロ問題——はほかのどんな分野よりも複雑で扱いにくいと言っていい。

けれども、常識はこの複雑性を覆い隠すのに驚くほど長けている。繰り返すが、全体の行動が部分の行動にたやすく結びつけられないからこそ、創発は困難な問題なのである。自然科学ではわれわれはこの困難を暗黙のうちに認めている。たとえばわれわれは、一遺伝子のように働くものとしてゲノムを論じないし、個々の神経細胞のように働くものとして脳を論じないし、個々の生物のように行動するものとして生態系を論じない。そんなふうに論じるのはばかげている。

にもかかわらず、社会現象に関しては、われわれはたしかに家族、企業、市場、政党、人口階層、国民国家などの「社会的アクター」が、それを構成する個人のように行動するものとして論じる。つまり、家族が休暇中の行き先を「決める」とか、企業がビジネス戦略を「選ぶ」とか、政党が議案の成立を「推し進める」といった言い方をする。同じように、広告主は「ターゲット層」への訴求力を語り、ウォール・ストリートの証券会社は「市場」の心理を分析し、政治家は「人々の意思」を語り、歴史家は「社会をとらえた熱病」として革命を述べる。

もちろん、企業や政党、さらには家族が、個々の人々のように文字どおりの意味で感情を持ったり、信念を作りあげたり、将来を想像したりするわけではないことは、だれもが承知している。それに、企業や政党や家族が、前章で述べたのと同じ心理的な癖やバイアスの影響を受けるわけでもない。社会的アクターの「行動」とは多数の個人の集団行動を間に合わせで表現する便法にすぎないことを、われわれは知っている。それでもやはり、こうした説明の仕方は一見きわめて自然なので、物事を説明する際に欠かせなくなっている。

連合国やナチスの行動を語らずに、第二次世界大戦の歴史を詳しく述べることになったときを想像していただきたい。マイクロソフトやヤフーやグーグルなどの大きなインターネット企業の行動を語らずに、インターネットを理解することになったときはどうだろうか。あるいは、民主党や共和党や「利権団体」の利益を語らずに、アメリカの医療改革についての議論を分析することになったときは？　マーガレット・サッチャーには「社会などというものは存在しない。男と女、それに家族があるだけだ」という有名なことばがある。[7] しかし、サッチャーの信条を世界の説明に応用しようとしたところで、出発点すらもわからなくなってしまう。

社会科学では、サッチャーのこのような見解は方法論的個人主義と呼ばれる。この主張のもとでは、〈モナ・リザ〉の人気や、利率と経済成長の関係といった社会現象は、個々の人々の思考と行動と意図の面からのみ説明できないかぎり、完全に説明したことにはならない。個人の心理的動機を企業や市場や政府のような集合体に結びつける説明は便利だが、哲学者のジョン・ワトキンスが述べるとおり、それは「根本中の根本」の説明ではない。[8]

方法論的個人主義の主張者は、この根本中の根本の説明ができると考えていたが、あいにくそれを打ち立てようとする試みは、ことごとくミクロ－マクロ問題に正面から阻まれてきた。そのため実際のところ社会科学者は、代表的個人と呼ばれるものを引き合いに出し、この架空の個人の決断に集団の行動を代弁させている。

単純だが重要な例を挙げると、経済は何を売り買いしてどこに投資するかを決める何千もの企業と何百万もの個人によって構成されている。こうした活動の最終結果が、経済学者のいう景気循環である。これは時間軸に沿った経済活動の集合体の流れだと言ってよく、浮き沈みの周期があるように見える。景気循環のダイナミクスを理解するのはマクロ経済学の中心課題のひとつであり、その大きな理由は、政策立案者が不況のような出来事にどう対応するかにかかわってくるからである。

しかし、経済学者が頼る数理モデルは、経済の途方もないほどの複雑さをまったく体現しようとしない。むしろ、数理モデルは「代表的企業」を指定し、その企業が資源を経済全体の情報に基づいてどう合理的に割り振るかを問う。おおざっぱに言うと、その企業の対応が経済全体の対応として解釈されるわけだ。[9]

代表的個人は何千何万もの個々のアクターの相互作用を黙殺し、景気循環の分析をとてつもなく単純化する。それは個人の行動の適切なモデルがあるかぎり、経済学者は経済の動向の適切なモデルも事実上作れるのだと想定しているに等しい。しかし、代表的個人アプローチは複雑性を排除することで、現実にはミクロ‐マクロ問題の最も重要な点――そもそもマクロ経済学の現象を「マクロ」たらしめている核心――を無視している。事実、しばしば方法論的個人主義の父と見なされている経済学者のヨーゼフ・シュンペーターが、代表的個人アプローチは欠陥があって誤解を招きかねないと酷評したのも、それが理由にほかならなかった。[10]

しかし実際には、方法論的個人主義は敗北を喫したし、それは経済の分野だけにとどまらない。階級、人種、ビジネス、戦争、富、イノベーション、政治、法、政府といった

「マクロ」な現象を扱う歴史や社会学や政治学のどんな研究を見ても、代表的個人だらけの世界に出くわす。それどころか、社会科学で代表的個人の利用はあまりにありふれているので、現実には集団であるものを架空の個人に代表させる行為は、たいていは自覚すらなしにおこなわれている。観客がよそ見をしているうちに帽子にウサギを入れる手品師と同じだ。

だが、どのような形だろうと、代表的個人はいつだって便利な作り事にすぎない。常識に基づく説明は、個々の人々について述べるのと変わらない言い方で企業や市場や社会を論じたがるが、これは誤りを生みやすい。代表的個人を持ち出す説明もそれと同じで、数学やそのほかの飾りでいかに見栄えよくしようと、同じ誤りを生みやすい。[11]

グラノヴェッターの暴動モデル

社会学者のマーク・グラノヴェッターは、暴動の一歩手前の状態にある群衆のきわめて単純な数理モデルを用い、この問題に光をあてた。

一〇〇人の学生が町の広場に集まり、政府の授業料引きあげ案に抗議していたとする。学生は新しい政策に憤り、政治プロセスに参加できないことを不満に思っている。状況が手に負えなくなる可能性はある。しかし、学生は教育を受けたまっとうな人々なので、暴力よりも理性と対話のほうが望ましいことも理解している。単純に言ってしまうと、群衆のひとりひとりはふたつの本能の板挟みになっている——ひとつは暴れだして物を壊そうとする本能であり、もうひとつは冷静さを保って平和的に抗議しようとする本能だ。意識していようといまいと、だれもがこのふたつの行動からひとつを選ばなければならない。しかし、学生は暴力か平和的な抗議かを自分の意思だけで決めるわけではない。少なくともある程度は、ほかの人々の行動に応じて決める。

暴動に加わる人数が増えるほど、政治家は注意を払わざるをえなくなり、逮捕されて処罰される恐れも少なくなる。また、暴動そのものにも根源的なエネルギーがあり、たとえわれわれの心理的なリスク評価をゆがめてでも、破壊行為を戒める社会の抑止力を弱めてしまう。暴動が起これば、分別のある人々でさえ狂乱しかねない。こうした理由から、冷静さを保つかそれとも暴力に訴えるかの決断は、暴動に出る人々が増えるほどに自分も加わりやすくなるという一般原則に左右される。

とはいえ、この群衆もほかと同じで、暴力性向はひとりひとり異なる。裕福だったり新しい政策から金銭的な影響をあまり受けなかったりする学生は、投獄される危険を冒してまで主張を通したいとはそれほど思わないだろう。暴力は政治の道具として残念ながら有効だと思いこんでいる学生もいる。警察や政治家や社会にとにかく不満を持っている学生もいるかもしれないし、彼らにとってはこれは鬱憤を晴らす口実になる。ほかの人よりも単にクレイジーなだけの人間もいるだろう。

理由はどうであれ、そしてこの理由はご想像のとおり複雑多様になりうるのだが、群衆のひとりひとりには「閾値」があると考えられる。この場合それは、じゅうぶんな人数が暴動に加われば自分も加わるが、それに満たないときは自制するという値になる。一部の人々、いわゆる「煽動家」は閾値が非常に低いが、学生会の会長のようなほかの人々は閾値が非常に高い。だが、だれもが社会的影響の閾値を持っており、現実がそれを超えると冷静な行動は暴力へと「傾斜」する。

これは個人の行動を表すには奇妙な方法に思えるかもしれない。しかし、群衆を閾値という視点から見ることには利点がある。クレイジーな者（ほかの全員が暴動を起こさなくても自分はやる）からガンディー（ほかの全員が暴動を起こしても自分はやらない）まで、群衆全体で閾値は分布しているが、これは群衆の行動についての興味深く意外な教訓を引き出してくれる。[12]

何が起こりうるかを具体的に示すために、グラノヴェッターは非常に単純な分布を仮定し、一〇〇人の閾値がみな異なっていることにした。つまりひとりめの閾値は〇人で、ふたりめは一人、三人めは二人といった具合に割り振っていき、最後の最も用心深い人物はほかの九九人がみな加わってはじめて自分も加わることにした。

何が起こるか？　最初のミスター・クレイジー、つまり閾値が〇人の人物が出し抜けに物を投げはじめる。つぎに閾値が一人の相棒（ひとりさえ暴動を起こせば自分も加わる人物）が加わる。このふたりの厄介者にうながされて三人め――閾値が二人の人物――も加わり、それは閾値が三人の人物を動かすのにじゅうぶんな力になり、さらにそれは……もうおわかりのはずだ。この閾値の分布だと、結局は群衆全体がつぎつぎに暴動に加わることになる。混乱が支配する。

だがここで、隣町でもまったく同じ人数の学生がまったく同じ理由で集まり、別の群衆を作っていたと想像していただきたい。現実にはありえないように思えるだろうが、この群衆も最初の群衆と閾値の分布がほぼ同じであることにしよう。ふたつの群衆はたいへんよく似ているが、ひとりの人物だけがちがう。最初の群衆では閾値がみな異なっていたが、こちらでは閾値が三人の人物がおらず、閾値が四人の人物がふたりいるとする。

外から観察するかぎり、このちがいは見過ごしてしまうほど取るに足らないものだ。われわれはここで神の役を演じているので両者がちがうことを知っているが、適切な心理テストや統計モデルをどう用いても、ふたつの群衆が別物だとは判断できないだろう。

さて、今度の群衆の行動はどうなるだろうか。はじめは同じだ。ミスター・クレイジーが前とちょうど同じように口火を切り、その相棒と閾値が二人の人物が機械的に加わる。だがそこで壁にぶつかる。閾値が三人の人物がいないからである。つぎに動かされやすいのは閾値が四人のふたりだが、暴動を起こしているのは三人しかいない。そのため暴動の火種は燃え広がる前に消えてしまう。

最後に、この隣り合うふたつの町を観察している者がいたとして、その目に何が映るかを考えてみよう。A町では、完全な暴動が起こり、店の窓が割られたり車がひっくり返されたりしている。B町では、何人かの粗野な者が群衆を煽っているが、それ以外は秩序が保たれている。

もしこの観察者がメモをあとで見比べたら、人々や状況に何かちがいがあったはずだと考え、そのちがいを突き止めようとするだろう。A町の学生はB町の学生に比べて怒りが激しく、向こう見ずになっていたのかもしれない。店の守りが手薄だったり、警察が居丈高だったり、煽動に長けた人物が一席ぶったりしたのかもしれない。常識はこうした種類の説明を提示する。当然、何かちがいがあったはずだ。そうでなければ、これほど劇的に結果が分かれたのをどう説明できる？

だが実際には、たったひとりの閾値を除けば、人々にも状況にも何ひとつちがいなどなかったのをわれわれは知っている。この最後の点はきわめて重要だ。代表的個人モデルがA町とB町で観察された結果のちがいを説明できるのは、ふたつの集団の平均した特性になんらかの決定的なちがいがある場合にかぎられるのに、それはどう見ても同じだからだ。

この問題は、オーストリアとドイツで臓器提供の同意率に差があることを説明しようとしたときに学生が突きあたった問題と似ているように思えるが、実は大きく異なる。繰り返すが、臓器提供の例では、学生は両国の差を合理的なインセンティブの面から理解しようとしたが、現実にはそれはデフォルトの設定に左右されていた。つまり学生は、個人の行動のまちがったモデルを考えていたわけだ。だが少なくとも臓器提供の例では、デフォルトのバイアスの影響力を理解すれば、同意率にこれほど大きな開きがある理由はすぐに納得できる。

これに対してグラノヴェッターの暴動モデルでは、個人の行動のいかなるモデルを考えようと関係がない。どこから見ても、ふたつの集団は合理的に区別できないからである。結果がちがった理由を理解したければ、個人間の相互作用を考慮しなければならないし、そのためには個人の決断がつぎつぎに連鎖していく流れをすべてたどる必要がある。このときミクロ－マクロ問題は一挙に顕在化する。そして、たとえば代表的個人に集団の行動を代表させるなどしてこれを無視したら、どういう個人を想定したところで、起こっていることの本質をことごとく見落としてしまうだろう。

累積的優位

グラノヴェッターの「暴動モデル」は、個人の行動のみを考えて集団の行動を理解しようとするときの限界について、深い意味を伝えている。とはいえ、このモデルは極端に単純で、あらゆる点でまちがっているように思える。

たとえば、現実世界の選択はほとんどの場合、グラノヴェッターのモデルのような二者択一――暴動を起こすか起こさないか――ではなく、多数の選択肢がある。加えて、現実世界でわれわれは影響を与え合っているが、その仕組みはグラノヴェッターが提示した閾値のルールほど単純なものではないだろう。

よくある日々の状況で、たとえばはじめての曲を聴くときや、はじめての本を読むときや、はじめてのレストランを訪れるときなどに、ほかの人々に意見を求めたり、あるいは単にほかの人々の選択に注目したりするのは、たいてい理にかなっている。ほかの人々が好きなら自分も好きになれそうだからだ。それに、聴く曲や読む本を友人から影響されるのは、友人がさまざまな選択肢をフィルターにかけるという作業をすでにこなしてくれたと見なせるからだけでなく、その曲や本の話をして同じ文化的事項を共有するのが楽しいからでもある。[13]

こういった広い意味での社会的影響は、至るところで見られる。しかし、グラノヴェッターの思考実験における単純な閾値とちがって、それがもたらす決断は二者択一の形をとるわけでも、決定論の形をとるわけでもない。だれかが好むものをほかの人々も好みやすいという状況では、人気の差は累積的優位と呼ばれるもので決まってくる。要するに、ある曲なり本なりがほかよりも人気になると、なおさらそれは人気を集めやすくなるということだ。

長年にわたってさまざまな累積的優位のモデルが数多く研究されているが、どのモデルでもごく小さいランダムな変動がしだいに大きくなり、長い目で見るときわめて大きな相違をもたらしうるという傾向が見られる。この現象は、中国で一匹の蝶が羽ばたいたためにひと月後にはるか海の彼方でハリケーンが発生するという、カオス理論の有名な「バタフライ効果」に通じるものがある。[14]

グラノヴェッターのモデルと同じく、累積的優位のモデルにも、われわれが文化市場での成功や失敗を説明するときに、それを覆しかねない力がある。繰り返すが、常識に基づく説明は対象そのもの、つまり曲や本や企業に注目し、それ自体に固有の特質のみに基づいて成功を説明する。したがって、なんらかの形で歴史が何度も「繰り返す」としたら、固有の特質のみを重視する説明は、いつも同じ結果になると予測する。

これに対して累積的優位は、たとえ同じ世界で同じ人々と対象と価値観が出発点になっていようとも、文化や市場における勝者はちがってくると予測する。〈モナ・リザ〉はこの世界では人気があるが、ほかの歴史ではよくある傑作のひとつにすぎず、われわれが聞いたこともないような別の絵が〈モナ・リザ〉の座を占めていることになる。同様に、「ハリー・ポッター」シリーズやフェイスブックや〈ハングオーバー！〉の成功も、固有の特質以上に運とタイミングの産物になる。

しかしながら、現実の生活では、世界はわれわれが生活しているこの世界ひとつしかないので、このモデルがうながしているような「世界同士」の比較など不可能だ。だから、だれかがシミュレーションモデルの結果を用いて「ハリー・ポッター」シリーズはみなが思っているほど特別ではないと主張したところで、「ハリー・ポッター」シリーズのファンが納得しなくても不思議ではあるまい。

常識は、「ハリー・ポッター」シリーズは三億五〇〇〇万人以上が買ったくらいなのだから、特別にちがいないと教えている。たとえ、出版を見送った半ダースばかりの児童書の出版社が、当時はそう思わなかったにせよ。そしてどんなモデルも、あらゆる形で単純化した仮定をせざるをえないので、常識を疑うかモデルを疑うかの選択を迫られたとき、われわれはいつも後者を選ぶ傾向がある。

数年前にわたしが共同研究者のマシュー・サルガニックとピーター・ドッズとともに、新しいアプローチを試してみることにしたのも、つまりはそういう理由からだった。われわれはコンピューターモデルを使うかわりに、ラボスタイルのコントロールされた実験をおこない、現実の人々が現実の世界でするのとおおむね同じような形で選択ができるようにした。この場合は曲を選んでもらった。さまざまな人々をさまざまな実験条件に無作為に割り振れば、コンピューターモデルが想定する「多世界」の状況を事実上作り出せる。ある条件下では、人々は他人の行動についての情報を示されるが、それを参考にするかどうかは本人に任される。これに対して別の条件下では、被験者はまったく同じ選択肢を与えられるが、ほかの被験者の決断についての情報は教えられないので、自己判断で行動しなければならない。「社会的影響あり」のグループと「自己判断のみ」のグループの結果を比較すれば、社会的影響が集団の結果に及ぼす効果をじかに観察できる。さらに、こうした複数の並行世界を同時に作れば、曲の成功がその曲固有の特質にどれくらい左右されるのか、また累積的優位にどれくらい左右されるのかも測定できる。

残念ながら、こういう実験をするのは、言うほどやさしくない。前章で紹介したような心理学の実験では、実験のひとつの「回」にたずさわるのはせいぜい数人にすぎない。だから、実験全体で必要な被験者数は多くても数百人といったところで、参加するのはたいてい小金や単位目あての大学生だ。

しかし、われわれが考えていたような実験では、個人レベルのあらゆる「後押し《ナッジ》」がどのように積み重なって集団レベルのちがいがもたらされるかを観察する必要があった。われわれはミクロ－マクロ問題をラボで研究したかったのだと言ってもいい。だが、こうした効果を観察したければ実験の各回につき数百人を募集しなければならず、実験を実行するためには別個の回を多数おこなわなければならない。だから、一度きりの実験でも数千人の被験者が必要だし、条件を変えて何度も実験したければ数万人が必要になってくる。

一九六九年、社会学者のモーリス・ゼルディッチは、「ラボで軍隊をほんとうに研究できるのか？」という挑発的な題名の論文で、まさにこの問題を考察した。このときの結論は、不可能だというものだった——少なくとも、文字どおりの意味では。だから社会学者は小さな集団の仕組みを研究し、その発見を理論に基づいて大きな集団に広く適用すべきだとゼルディッチは主張した。言い換えれば、マクロ社会学はマクロ経済学と同じで、実験に基づく学問たりえない。理由は簡単で、適切な実験ができないからである。ところが偶然にも、一九六九年はインターネット誕生の年でもあった。それからというもの、世界はゼルディッチには想像しがたかったほどに変わった。何億もの人々の社会活動や経済活動がオンラインに場を移しているいま、ゼルディッチの問いをふたたびとりあげるときが来たのではないか？　われわれはそう考えた。もしかしたら、ラボで軍隊を研究するのは可能かもしれない――ただしこのラボは仮想《バーチャル》ラボになるが。[15]

実験社会学

というわけで、われわれはそれを実行に移した。ハンガリー人の青年で専属コンピュータープログラマーのピーター・ハウゼルと、ティーンエイジャー向けの初期のソーシャルネットワーキング・サイトであるボルトの助けを借り、音楽「市場」の再現を目的に、ウェブ上での実験を計画した。ボルトはミュージックラボと名づけたわれわれの実験を自社のサイトで宣伝することに同意し、数週間でおよそ一万四〇〇〇人の会員がバナー広告をクリックして実験への参加を承諾してくれた。

実験サイトを訪れた会員は、無名のバンドの曲を聴いて、採点し、望むならダウンロードするよう依頼される。一方の被験者には曲名しか示されないが、他方の被験者には以前の被験者がダウンロードした回数も示される。後者の「社会的影響あり」のカテゴリーの人々はさらに八つの並行「世界」に分けられ、その世界でのダウンロード回数しかたしかめられない。だから、新しい被験者が（無作為に）第一世界に割り振られたら、そこではたとえばパーカー・セオリーというバンドの〈シー・セッド〉という曲が一位になっている。しかし、もし第四世界に割り振られたら、パーカー・セオリーは一〇位で52メトロの〈ロックダウン〉が一位になっている場合もある。[16]

われわれは順位をまったく操作しなかった。つまり、すべての世界はダウンロード回数がゼロの同一の状態からはじまった。だが、それぞれの世界が切り離された状態を慎重に保ったので、やがてどれも独自の進み方をすることができた。この設定のおかげで、社会的影響の効果を直接に検証することが可能になった。もし他人がどう思うかに関係なく人々が自分の好みをわかっているのであれば、社会的影響ありの条件下と自己判断のみの条件下でなんらちがいは出てこないはずだ。どの場合でも同じ曲がだいたい同等の勝利を得なくてはおかしい。しかし、もし人々が自己判断のみで意思決定をせず、累積的優位が適用されるのであれば、社会的影響ありの条件下にあるそれぞれの世界は互いに大きく異なり、自己判断のみの条件下ともちがってくるはずだ。

明らかになったのは、他人が何をダウンロードしたかについての情報があると、人々は累積的優位の理論が予測するとおり、たしかにそれから影響を受けることだった。つまり、「社会的影響あり」のどの世界でも、自己判断のみの条件下に比べ、人気のある曲はいっそう人気があった（人気のない曲はいっそう人気がなかった）。

だが同時に、どの曲が最も人気を集めたか、つまりヒット曲になったかは世界によってちがっていた。言い換えれば、社会的影響を人間の意思決定に持ちこむと、不均衡性だけでなく予測不能性も増していた。この予測不能性は、サイコロの表面を仔細に眺めてもどの目が出るかを予測する役には立たないのと同じで、曲の情報をもっと増やしても解消されなかった。予測不能性は市場そのもののダイナミクスにもとから備わっていたのだ。

注意すべきなのは、社会的影響が質の優劣まで完全に消し去ってしまったわけではないことだ。「すぐれた」曲（自己判断のみの条件下での人気度から判定できる）は「劣った」曲よりも平均して結果がよかったのも事実だった。飛び抜けてすぐれた曲は一度もみじめな結果にならなかったし、飛び抜けて劣った曲は一度も一位になれなかった。

別の言い方をすると、最もすぐれた曲でも一位になれないときがあり、最も劣った曲でも健闘するときがあった。そして、並みの曲、つまり最もすぐれてもいないし最も劣ってもいなかった大多数の曲は、ほぼどんな結果でもありえた。たとえば、52メトロの〈ロックダウン〉という曲は、質の点では四八位中二六位だったが、社会的影響ありのひとつの世界では一位をとり、別の世界では四〇位だった。換言すれば、ある曲の「平均」成績は世界によるばらつきが小さいときのみ意味を持つ。しかし、まさにこのランダムなばらつきが大きかった。たとえば、ウェブサイトの体裁を変え、曲を無作為に並べるかわりに順位で並べたところ、社会的信号の有効度が強められ、結果として不均衡性と予測不能性が増していた。この「強い影響あり」の実験では、曲の順位が決まるうえで、ランダムな変動が質のいかなる差よりも大きな役割を果たしていた。全体を見ると、質の点で上位の五曲が結果の点でも上位の五曲になる可能性は五〇パーセントしかなかった。

この発見はティーンエイジャーの音楽嗜好の気まぐれぶりや最近のポップミュージックの中身のなさを物語っていると評した人は多かった。しかし、われわれの実験は原則として、ある社会環境下で人々がおこなうどんな選択も扱うことができた。だれに投票するか、同性婚をどう考えるか、どんな携帯電話を買うか、どんなソーシャルネットワーキング・サービスに参加するか、職場にどんな格好で行くか、クレジットカードの借入金をどうするか、といった選択である。こういうものの実験を計画するのは得てして言うほどやさしくはないので、われわれは音楽を対象に選んだ。人々は音楽を聴くのが好きだし、ウェブからダウンロードするのに慣れているから、音楽ダウンロード用のサイトに似たものを作ることで、安あがりなだけでなく（被験者に報酬を払わなくてもいい）、「自然」環境にかなり近い実験ができた。

だがつまるところ、何より重要なのは、競合する選択肢があるなかで被験者が選択をおこない、その選択が他人の選択についての情報から影響を受けたことだった。被験者がティーンエイジャーになったのも便宜に基づいていた。二〇〇四年にソーシャルネットワーキング・サイトに出入りしていたのは、大部分がティーンエイジャーだったからだ。とはいえ、ティーンエイジャーが特別なわけではなかった。このことは、もっぱら知的職業に就いている成人を採用しておこなったこの実験の続編が示していた。予想どおり、この集団はティーンエイジャーとは好みがちがっていて、曲の平均成績もいくらか変わっていた。にもかかわらず、ティーンエイジャーとまったく同じように互いの行動から影響を受けており、同様の不均衡性と予測不能性が生じていた。[17]

したがって、ミュージックラボ実験が明らかにしたものは、グラノヴェッターの暴動モデルから導かれる基本的な洞察に著しく似ていた。個人が他人の行動から影響を受けるとき、似たような集団であってもやがて大きく異なる行動をとりうるということだ。たいした発見ではないように思えるかもしれないが、これは常識に基づく説明を根底から揺るがす。たとえば、何かが成功したり失敗したりする理由や、社会的規範が何かを命じたり禁じたりする理由や、あるいは自分の信念を信じる理由を説明しようとするときなどがそうだ。

常識に基づく説明は、集団を代表的個人に単純に置き換えることにより、個人の選択がどう積み重なって集団の行動になるのかという問題をまるきり無視してしまう。そしてわわれわれは、個々の人々の行動理由はわかっていると思いこんでいる。そのため何かが起こったとたん、それはその架空の個人、つまり「人々」なり「市場」なりが望んだことなのだと主張することができる。

ミュージックラボのような実験は、ミクロ－マクロ問題を分析することで、この手の循環論法がもたらす誤謬を明らかにしている。個々の神経細胞の働きを知り尽くしていても、人間の脳における意識の発生が謎に包まれているのと同じように、ある集団内の個人を知り尽くしていても――つまり好き嫌い、経験、傾向、信念、希望、夢を知り尽くしていても――集団の行動をたいして予測することはできない。だから、社会的過程の結果を架空の代表的個人の選好から説明するのは、原因と結果を特定するわれわれの能力をはなはだ過大評価している。

たとえば、現在は五億人を数えるフェイスブックの利用者に対して、自分のプロフィールをオンラインで公開して何百人もの友人や知人に日々の行動を伝えたいかと二〇〇四年当時に尋ねたら、多くはノーという答を返しただろうし、きっとそれは本音のはずだ。別の言い方をすれば、世界はわれわれ全員が参加できるフェイスブックをだれかが発明してくれるまで、漫然と待っていたわけではない。少数の人々がなんらかの理由でまず参加し、それで遊びはじめたのである。それからようやく、こうした人々が当時のサービスを利用した体験や、さらにはこのサービスを使った交流の体験が知られるようになって、ほかの人々も参加しだした。参加者は雪だるま式に増えていき、やがて今日の姿になった。しかし、現にフェイスブックはこれほどすさまじい人気があるのだから、それは人々が望んでいたものにちがいないと考えるのは、ごく当然に思える。そうでなければ、なぜ利用する？

こんなふうに述べたからといって、フェイスブックという企業がこれまで賢明な行動をとってこなかったとか、今日の成功に値しないとかと言っているのではない。要するに、フェイスブックの成功に対するわれわれの説明は、見かけほど妥当ではないということだ。つまり、「ハリー・ポッター」シリーズや〈モナ・リザ〉が独自の特徴を備えているのとまったく同じで、フェイスブックも独自の特徴を備えており、それらはみな独自の結果をともなっている。とはいえ、こうした特徴が何か有意な形でその結果の原因になったとは言えない。実際、なぜ〈モナ・リザ〉が世界で最も有名な絵なのか、なぜ「ハリー・ポッター」シリーズが一〇年足らずで三億五〇〇〇万部以上も売れたのか、なぜフェイスブックが五億人以上も惹きつけたのかを説明するのは、とどのつまりまったく不可能なのかもしれない。結局のところ、偽りなき説明がひとつだけあるとすれば、それは予想外のベストセラーとなったリン・トラスの『パンクなパンダのパンクチュエーション』（今井邦彦訳、大修館書店）の出版社の説明なのだろう。この本が成功した理由を説明するよう頼まれた出版社は、こう答えたという。

「よく売れたのはたくさんの人々が買ってくれたからです」

多くの人々がこの結論を気に入らなくても無理はない。われわれの大部分は、自分の決断が――少なくともときどきは――他人の考えに影響されていると認めるのにやぶさかではない。

しかし、自分の行動が他人の行動によってある方向に後押しされるときもあると認めるのと、だから作家や会社の成功、社会的規範の予期せぬ変化、堅固に見えた政治体制の突然の崩壊などについて正しく説明するのもまったく不可能だと認めるのはちがう。そのため、なんらかの興味ある結果が独自の特質や条件から説明できそうにないとき、われわれはよくある頼みの綱として、少数の重要な人物や有力者がその結果をもたらしたのだと想定する。

というわけで、つぎはこの問題を考えてみよう。

4　特別な人々

「社会的《ソーシャル》ネットワーク」がこれほどありふれた考えになり、長編映画からフォスターズのビールのコマーシャルまで、ありとあらゆるものに顔を出す時代が来るとは、なかなか信じがたいものがある。しかし、つい最近の一九九〇年代半ばまでは社会的ネットワークの研究はかなり漠然としていて、取り組んでいるのはもっぱら個人の社会的交流に興味のある数学好きの社会学者の小さなグループだった。[1] 近年になってこの分野は急激に発展したが、その大きな理由は、高速コンピューターに加え、Eメール、携帯電話、フェイスブックに代表されるソーシャルネットワーキング・サイトなどの通信技術によって、一度に数億人の単位でも、こうした交流がきわめて正確に記録、分析できるようになったからである。いまや数千のコンピューター科学者、物理学者、数学者、さらには生物学者までもが「ネットワーク科学者」を名乗り、ネットワークのシステムの構造やダイナミクスをめぐる新たな発見が日々生まれている。[2]

六次の隔たり

けれども、わたしがコーネル大学の大学院生としてコオロギの鳴き声の同期現象を研究していた一九九五年には、こういったことはどれも未来の話だった。それどころか、世界中のだれもが巨大な社会的ネットワークでつながっていて、情報や思想や影響がそこをめぐっているという発想は、当時はまだ奇抜だった。だから、父と電話でいつものたわいない会話をしていた際、「世界中のだれもがアメリカ合衆国大統領から握手六つぶんしか離れていない」という考えを聞いたことがあるかと尋ねられたときも、まことしやかな伝説だろうと思った。そしてある意味でそれは正しかった。

人々は社会学者がスモールワールド問題と呼ぶものに一世紀近くも魅了されている。発端はハンガリーの詩人カリンティ・フリジェシュが一九二〇年代に発表した短編小説「鎖」で、その登場人物のひとりは次のように豪語する。ノーベル賞受賞者だろうとフォード・モーターの工場員だろうと、たった五人の知人の鎖を介して世界中のだれにでもつながってみせる、と。四〇年後、ジャーナリストのジェーン・ジェイコブズも、都市計画を論じた『アメリカ大都市の死と生』（山形浩生訳、鹿島出版会）で、ニューヨークにはじめて出てきたときにメッセージというゲームを姉妹で遊んだと述べている。

どういうゲームだったかというと、ふたりの似ても似つかぬ個人――たとえばソロモン諸島の首狩り族とイリノイ州ロックアイランドの靴職人――を選んでメッセージは口づてに伝えなければならないとした。それからメッセージが伝わっていくように、妥当な、少なくとも現実にありうる人間の鎖を黙々と考え出す。メッセージが伝わる妥当な鎖を短く作ったほうが勝ちになった。

しかし、現実にはこういう鎖はどれほどの長さになるだろうか。この問いに答えるひとつの方法は、全世界の社会的ネットワークの輪をひとつ残らず書き出して、「一次の隔《へだ》たり」で何人にたどり着け、「二次」では何人といったふうに力任せにひたすら数えていき、すべての人々にたどり着くまでつづけることだろう。

こんなことはジェイコブズの時代には不可能だったが、二〇〇八年にマイクロソフトリサーチのふたりのコンピューター科学者が、これにいくぶん近いことをおこなった。ふたりは、のべ二億四〇〇〇万を数えるマイクロソフトのインスタントメッセンジャーのネットワークで、互いに相手のバディリストに載っている場合は「友人」だとして、個人と個人を結ぶ経路の長さを計算した。[3] 平均して、人々はおよそ七つのステップで隔てられていた。わたしの父が言った握手六つぶんにかぎりなく近い。

けれどもこれは、先ほどの問いに対する真の答になっていない。ジェイコブズの考え出したゲームに出てくる人物はこのネットワークを利用していないから、たとえ計算能力があってもマイクロソフトの研究者がおこなったようには経路を計算できない。メッセージを伝えるには別の方法を用いなければならない。事実、ジェイコブズの本にもそう書かれている。

首狩り族は村の長に話し、村の長は乾燥ココヤシを買いに来た商人に話し、商人は巡回中のオーストラリアのパトロール隊員に話し、パトロール隊員は休暇で今度メルボルンに行く予定の人物に話すといった具合になる。反対側では、靴職人は司祭から話を聞き、司祭は市長から話を聞き、市長は州議会の議員から話を聞き、議員は州知事から話を聞くといった具合になる。こうしたそれぞれの地元に近いメッセンジャーについては、どういう人を思いついてもほぼパターンができあがったが、中間では長ったらしい鎖がもつれ合うのがつねだった。そこでわたしたちはミセス・ローズヴェルトを使いはじめた。ミセス・ローズヴェルトのおかげで、途中をつなぐ鎖がいきなりまるごと飛ばせるようになった。ミセス・ローズヴェルトは思いも寄らない人物を知っている女性だった。世界は際立って小さくなった。[4]

つまり、ジェイコブズの解決策は、社会的ネットワークが階層構造をとっていると想定している。メッセージは末端から階層をのぼっていき、ミセス・ローズヴェルトのような中心の座を占める高位の人物を経てくだっていく。われわれは――正式な組織でも、経済でも、社会でも――階層化された世界に慣れ切っているので、社会的ネットワークも階層化されているはずだと想定するのは自然だ。事実、カリンティも小説のなかでジェイコブズと似た論法を用い、ミセス・ローズヴェルトのかわりにミスター・フォードを持ち出している。

「わたしとフォード・モーターの名もなきリベット打ちをつなぐ鎖を見つめるためには……工員は工場長を知っていて、工場長はミスター・フォード本人を知っていて、ミスター・フォードはハーストの出版帝国の会長と親しく付き合っている。もし新車がほしくなったら、わたしの友人がハーストの会長に電報を打ってひとことフォードに連絡するよう頼めば、フォードは工場長に連絡し、工場長はリベット打ちに連絡して、リベット打ちはわたしのために新しい車を組み立ててくれる」

だが、この方法はもっともらしく聞こえるが、実際の社会的ネットワークでは、メッセージはこのようには伝わらない。それはジェイコブズが本を著してからまもないころにはじまった一連の「スモールワールド実験」からわかる。これらの実験をはじめておこなったのは、ほかならぬ社会心理学者のスタンリー・ミルグラムであり、その地下鉄の実験は

1章で紹介したとおりだ。

ミルグラムはネブラスカ州オマハで二〇〇人、ボストン周辺で一〇〇人の計三〇〇人を採用し、一種の伝言ゲームをおこなった。ボストンで株式仲買人をしているミルグラムの友人が協力し、実験の「ターゲット」役を買って出た。ジェイコブズの想像上のゲームと同じく、ミルグラムの実験の参加者もめざす相手はわかっていたが、ファーストネームで呼び合えるくらいの親しい人物にしかメッセージを送れなかった。三〇〇人の「スタート係」が友人にメッセージを送ると、友人はそのまた友人にメッセージを送るといったふうに繰り返されていき、だれかが実験への参加を拒むかメッセージの鎖がターゲットにたどり着くまでつづけられた。運よく、最初の鎖のうち六四がはるか彼方の目的地まで届き、その平均した長さは六だった。ここから「六次の隔たり」という有名な文句が生まれた。[5]

だが、ミルグラムの被験者はカリンティやジェイコブズが仮定したのと同じくらい短い経路を見つけることができたが、ミセス・ローズヴェルトやそれに類する人物を使ったわけではない。ふつうの人々がふつうの人々にメッセージを伝えたのであって、カリンティとジェイコブズの想像とはちがい、階層間を上下することなく、同じ社会階層のなかを進んだ。また、ジェイコブズが懸念したように、鎖が途中でもつれることもなかった。むしろ被験者がいちばん苦労させられたのは、ターゲットが近くなってからだった。

社会的ネットワークはピラミッドよりもゴルフに似ていると言えるかもしれない。ゴルフでは「ショットは見せるため、パットは金のため」という古い格言がある。つまり、ターゲットから遠く離れているときは、長い距離をジャンプするのはわりあいたやすい。しかるべき国にいる人物にメッセージを送り、そこからしかるべき町にいる人物に、つづいてしかるべき職業の人物にメッセージを送ればいい。だが、いったんターゲットに近づくと、大きなジャンプはもう役に立たず、メッセージはターゲットを知っている人物が見つかるまで跳ね返りつづける傾向がある。

もっとも、ミルグラムはメッセージの運び手が平等でないことにも気づいていた。実のところ、行き着いた六四のメッセージのうち、半分近くは特定の三人の人物のうちのだれかによってターゲットに届けられており、さらにその半分——一六の鎖——はたったひとりの人物によって届けられていた。ターゲットの隣に住んでいた洋服屋の「ミスター・ジェイコブズ」という人物である。

ひと握りの個人にメッセージが集中していたことに強い印象を受けたミルグラムは、スモールワールド現象の仕組みを理解するためには、彼がソシオメトリック・スターと呼ぶものが重要なのではないかと推測した。[6] ミルグラム本人はそれより踏みこんだ結論を述べていないが、三〇年後に「六次のロイス・ワイズバーグ」と題した小論で、《ニューヨーカー》誌の記者マルコム・グラッドウェルは、ミスター・ジェイコブズについてのミルグラムの発見を踏まえて、こう論じている。

「ミセス・ワイズバーグをはじめとするごく少数の人たちは、わずかなステップですべての人々とつながっており、われわれはこういう人たちを通じて世界とつながっている」[7]

言い換えれば、ミスター・ジェイコブズやミセス・ワイズバーグは、ミセス・ローズヴェルトやミスター・フォードが重要だったのと同じ意味で「重要」ではないものの、ネットワークの面から見ると結局は同種の役割を果たしている。航空路線網で世界のある場所から別の場所へと行くときに通過しなければならないハブ空港に近いと言っていい。

ジェイコブズの階層世界と同じく、航空路線網という比喩も魅力的だが、これは実際に世界がどう組織されているかよりも、われわれが世界をどう組織したがるかを物語っている。少し考えればわかることだが、この比喩は実のところ大きく現実離れしている。たしかに、ほかの人より顔が広い人はいる。しかし、人々は空港と同じではない。もっと多くの便をさばかなければならないからといって、飛行機を増やすことはできない。だから、友人の数には空港の便数ほどの差はない。たとえば、並みの人なら友人の数は数百人ほどだが、きわめて社交的な人なら数千人に達する――およそ一〇倍だ。これは大きなちがいだが、小さな空港の数千倍の乗客をさばくオヘア国際空港のような正真正銘のハブ空港とは比べものにならない。にもかかわらず、社会的ネットワークの連結係は航空路線網のハブ空港のような役割を果たせるのだろうか。[8]

現実には果たしていない。数年前にわたしは共同研究者のロビー・ムハマッドとピーター・ドッズとともにミルグラムの実験を追試して、それを明らかにした。ただし、今回は実体のある郵便物のかわりにEメールを用い、そのおかげではるかに大規模な研究ができた。

　ミルグラムの実験ではまずふたつの都市に住む三〇〇人が手紙を送ってボストンにいるひとりのターゲットをめざしたが、われわれの実験では二万以上の鎖が一三カ国にいる一八人のうちのひとりを探した。実験が終わるころには、鎖は一六六カ国の六万人以上を経由した。われわれはミルグラムの時代にはなかった最新の統計モデルを用い、ターゲットに行き着いた鎖の長さだけでなく、失敗した鎖がつづいていればどれくらいの長さになったかも測定できた。

　この実験のおもな発見は、ミルグラムのそれに著しく近かった。鎖のおよそ半分が、七つ以下のステップでターゲットにたどり着けたと考えられたのである。規模がかけ離れていたこと、異なるテクノロジーを用いていたこと、四〇年もの開きがあったことなど、ふたつの実験のちがいを考えれば、結果が非常に近かったことは驚きに値するし、これは多くの人々が短い鎖を介して互いにつながっているという主張の強力な論拠になる。[9]

　しかし、ミルグラムの発見と異なり、伝達過程での「ハブ」はなんら見いだせなかった。メッセージをターゲットに届けた人の数は、鎖の数にほぼ等しかった。また、被験者にどういう理由から鎖のつなぐ先を選んだのかと訊いてみたが、それでもハブなりスターなりがいるという証拠はほとんど見つからなかった。

つまるところ、スモールワールド実験の被験者はたいていの場合、最も地位の高い友人や最も親しい友人にメッセージを伝えるわけではない。そのかわり、地理的に近いとか、似た職業に就いているといったターゲットと何かしら共通点がありそうな人々に伝えるか、単にメッセージの伝達をつづけてくれそうな相手に伝える。言い換えれば、ふつうの人でも特別な人々と同じように、社会集団や業種、国家、居住地などのあいだにある大きな溝に橋を架けることができるということだ。

たとえば、ロシアのノボシビルスクにいる大学院生にメッセージを届けたいとき、人々は知り合いで顔の広い人や、パーティー好きの人や、ホワイトハウスに人脈がある人を思い浮かべたりしない。ロシア人の知り合いがいたかどうかを考える。そしてロシア人の知り合いがいなければ、東欧出身の人や、東欧に旅行した人や、ロシア語を学んだ人や、自分の街の東欧からの移民が多い地区で暮らしている人を考える。その意味では、ミセス・ローズヴェルトやロイス・ワイズバーグはたしかに多くの人々とつながっているかもしれない。だがこういう人々は、ほかにも数多くのつながりを持っている。そして単に数が多いだけだからなのかもしれないが、実際には目立たない形でこのほかのつながりを使っているのである。

まとめると、現実の社会的ネットワークはジェイコブズやミルグラムが想像したよりも複雑かつ平等につながっているということだ。いまでは、数々の実験や実証的研究や理論モデルがこの結果を裏づけている。[10]

しかしながら、こうした証拠があるにもかかわらず、われわれは社会的ネットワークの仕組みを考えるとき、有名な大統領夫人や社交好きの地元の実業家といったある種の「特別な人々」が、ほかの人々を結びつけるのに際立って大きな役割を果たしているという考えに惹かれやすい。それどころか、証拠のあるなしは、われわれがこのように考えてしまうことにまったくと言っていいほど関係がないようだ。何しろジェイコブズが本を書いたのはミルグラムの実験の何年も前だし、ミセス・ローズヴェルトについての主張を裏づけてくれそうなデータをだれかが発見するよりずいぶん前だ。だから、ジェイコブズがどこから発想を得たにせよ、実際の証拠に基づいていないことは言うまでもない。

むしろ、ひと握りの特別な人々がほかのすべての人々をつなげているという考えにジェイコブズが惹かれたのは、単にそういう人々を持ち出さなければなんらかの説明をつけるのがむずかしかったからである。そのため、証拠が特別な人々をどれだけ否定しようと、われわれは別の特別な人々を単純に持ちこむ。ミセス・ローズヴェルトでないならロイス・ワイズバーグにちがいないし、ロイス・ワイズバーグでないなら洋服屋のミスター・ジェイコブズにちがいない。そしてミスター・ジェイコブズでないなら、だれとでも知り合いのように見える友人のエドにちがいない。「特別な人がいるはずだ」われわれはこう結論せざるをえないように感じる。「さもなければうまくつながるものか」

また、われわれは特別な人々を引き合いに出す説明に対して直観的に魅力を感じるが、それはネットワーク関連の問題にかぎった話ではない。歴史の「偉人」理論は、歴史上の大事件を一部の重要な指導者の行動から説明する。陰謀論者は、社会にほぼ際限なく干渉できる力を怪しげな政府機関や秘密結社に与える。メディア評論家は、注目を浴びている有名人には流行を決めたり製品を売ったりする力があると見る。企業の取締役会は、会社全体の運命を左右するCEOに法外な報酬を払う。疫学者は、数名の「スーパースプレッダー」が疫病をもたらしかねないと懸念する。そしてマーケティング担当者は、ブランドが売れるか売れないかを決めたり、社会的規範を変えたり、あるいは世論を動かしたりできる「影響者《インフルエンサー》」の力を褒めそやす。[11]

たとえば、グラッドウェルは著書の『急に売れ始めるにはワケがある』（高橋啓訳、ソフトバンク文庫）で、流行、社会的規範の変化、犯罪率の急激な低下などを社会的伝染と呼び、その原因を少数者の法則と名づけたものから説明している。スーパースプレッダーが現実に疫病をもたらし、偉人が歴史を動かすのとちょうど同じように、社会的伝染も「ひと握りの特別な人物の努力でもたらされる」と少数者の法則は説く。一例を挙げると、一九九〇年代半ばにハッシュパピーの靴がどういうわけか人気を盛り返したことについて、グラッドウェルはこう説明している。

大きな謎は、ハッシュパピーがひと握りの流行に敏感なマンハッタン中心街の若者の履く靴から、全米の商店街に並ぶ靴へといかにして変わったかだ。イーストヴィレッジと平均的な中産階級の人々を何が結びつけたのだろうか。少数者の法則は、こういう答を教えている。ちょうどガエタン・デュガやナショーン・ウィリアムズがHIVを広めたように、流行をとらえた一部の特別な人々が、人脈やエネルギーや情熱や人柄を通じてハッシュパピーの噂を広めたのだと。[12]

グラッドウェルの少数者の法則は、マーケティング担当者や実業家や地域のまとめ役など、人々を方向づけたり操作したりする仕事に携わっているほとんどの人に好まれている。その理由はわかりやすい。特別な人々を見つけて影響を与えることさえできれば、その人脈やエネルギーや情熱や人柄が自分の役に立ってくれるからだ。

これはもっともらしく聞こえる話だが、人間の行動に関するおびただしい数の魅力的な考えがそうであるように、少数者の法則も結局のところ、事実というより見方の問題である。

インフルエンサー

犯人はやはり常識だ。マーケティング・コンサルタントのエド・ケラーとジョン・ベリーはこう主張する。

「一部の人々はほかの人々よりも人脈があり、よく本を読み、情報に通じている。だれしもそれは自分の経験から知っているはずだ。どこに住むか、老後に備えて何に投資するか、どんな車なりコンピューターなりを買うかを決めるときに目を向ける相手はだれでもいいわけではない[13]」

われわれの認識についての説明としては、この発言はおそらく正しい。情報やだれかに近づく手段や助言を求めるときにわれわれが何をするかといえば、たしかに特定の人々に目を向けるように思える。しかし、すでに論じたように、自分の行動に対するわれわれの認識は現実を完璧に映し出しているとはとても言えない。たとえば、多数の研究が示すとおり、社会的影響の大部分は潜在意識下のもので、友人や隣人から受ける微妙な刺激によって生じており、必ずしもそうした人に「目を向ける」とはかぎらない[14]。あまり意識せずに他人から影響を受けているとき、われわれがそれを自覚しているかどうかも明らかではない。

例を言えば、部下が上司に影響を与える度合いはその逆の場合と同じくらいだろうが、部下も上司も等しく互いを影響源として見なすわけではない。単に、上司は影響力があるとされ、部下は影響力がないとされるからである。言い換えれば、だれに影響されるかということについてのわれわれの認識は、影響そのものよりも社会関係や階層関係を映しているのかもしれない。

実のところ、インフルエンサー論争の最も混乱を誘う点は、そもそもだれがインフルエンサーなのか、意見が一致しないことだ。もともとこの語は、友人や隣人にたまたま並はずれた影響を及ぼす「一般の」人々を指していた。だが現実には、あらゆる人々がインフルエンサーとして見なされている。オプラ・ウィンフリーのようなメディア界の巨人、《ヴォーグ》誌の編集長であるアナ・ウィンターのようなご意見番、有名な俳優や社交家、人気のあるブロガーなどだ。

こうした人々はそれぞれ影響力があるのかもしれないが、及ぼす影響の種類は大きく異なる。たとえば、オプラ・ウィンフリーが無名の本を推薦すれば、その本がベストセラーリストに載る可能性は大きく高まるが、それはおもにオプラの影響が本人の支配するメディア帝国によって途方もなく強められるからである。同様に、ファッションデザイナーはアカデミー賞授賞式に出る有名女優に自分のドレスを着てもらうよう助言されるが、これもやはり女優の姿がマスメディアによってカメラにおさめられ、放送され、コメントされるからである。そして有名なブロガーがある製品を激賞すれば、数千人の人々がその意見を読むだろう。だが、その影響はオプラの支持や友人からの個人的な推薦などによる影響と同種だと言えるだろうか。

たとえ世の中のメディアや有名人やブロガーを排した個人間の直接の影響だけに問題を絞っても、影響を測定するのはメッセージの鎖の長さを単純に測定するよりもはるかにむずかしい。たとえば、アナとビルというふたりの友人間に影響があることを一度にかぎって証明する場合でも、アナがある考えや製品を選ぶときはつねに、ビルも同じ考えや製品を選びやすくなると証明しなければならない。[15] こういう一度きりの関係を把握することすらもやさしくない。そして研究者たちがすぐに知ったように、多くの人々について同時にこれをおこなうのは困難を極める。

そのため、研究者たちは影響を直接に観察するかわりに、影響の代用品を数多く提案している。どれだけ友人がいるかとか、どれだけの意見を表明しているかとか、ある話題にどれだけ通じていて関心を持っているかとか、なんらかの人格検査でどれだけ高い点をとったかとかである。これらは影響そのものよりも測定しやすい。

あいにく、こうした測定基準はそれなりに影響の代用品にはなるものの、どれも影響の仕組みについての仮定に基づいており、この仮定は検証されたことがない。したがって、現実には、だれがインフルエンサーでだれがそうでないのかをわかっている者はひとりもいない。[16]

この曖昧さは混乱を誘うが、まだ問題の真の原因ではない。もし影響を測定する完璧な器具が発明できれば、ほかの人より影響力のある人はきっと見つかるだろう。しかし、ほかの人より背の高い人がいても、マーケティング担当者が気にかけるとはかぎらない。それなら、なぜインフルエンサーのことになると騒ぎ立てるのか。たとえば、多くの研究でインフルエンサーとして扱われるのは、助言を受けたい相手として少なくとも三人の知人から名指しされた人物である。人々が平均してほかのひとりにしか影響を及ぼさない世界なら、ほかの三人に影響を及ぼす人物は、平均に比べて三〇〇パーセントの影響力がある。これは大きなちがいだ。

だがこれだけでは、ヒット製品を生み出すとか、公衆衛生の意識を変えるとか、立候補者の当選可能性に影響を与えるとかのマーケティング担当者が気にかける問題の解決にはならない。こうした問題は何百万もの個人に影響を与えることが必要だからだ。だから、ひとりのインフルエンサーが三人のふつうの人たちに影響を及ぼせたところで、そういうインフルエンサーを一〇〇万人も見つけて影響を与えなければならないし、これは少数者の法則が請け合っていることとずいぶんちがう。

実はこの問題にも解決策があるのだが、そのためには関連はあるがまた別のネットワーク理論の概念を組み入れなければならない。それは社会的感染である。

偶然の重要人物

感染——情報ひいては影響が、ネットワークのつながりを伝って伝染病さながらに広まりうるという概念——はネットワーク科学の最も興味深い思想のひとつである。前章で見たとおり、すべての人々が他人の行動から影響を受けるときには、驚くようなことが起こりうる。だが、感染はインフルエンサーについても重要な意味を含んでいる。感染の効果を考えに入れると、インフルエンサーの究極の重要性は個人に直接の影響を与えることだけでなく、隣人や隣人の隣人などを通じて間接の影響を与えることにもなるためである。

実のところ、少数者の法則が真の力を得るのは、感染を通じてである。なぜなら、しかるべきインフルエンサーが爆発的な社会的伝染を引き起こすのであれば、四〇〇万人に影響を及ぼすときも数人しか必要ではなくなるからだ。これは大きな意味があるどころではない。きわめて大きな意味がある。そして数人のみを見つけて影響を与えるのは一〇〇万人を見つけて影響を与えるのとまったくちがうので、影響の本質も変わってくる。[17]

ただし、これが意味するのは、少数者の法則はひとつの仮説ではなく、ふたつの仮説を混ぜ合わせたものだということである。ひとつめはほかの人より影響力のある人がいること、ふたつめはこうした人々の影響は感染の過程によって大きく強められ、爆発的な社会的伝染を生むことだ。[18]

数年前にピーター・ドッズとわたしが一連のコンピューターシミュレーションによって検証しようとしたのもこのふたつの主張である。シミュレーションのためには影響の広まり方の明確な数理モデルを書き出さなければならなかったので、われわれはインフルエンサーについての逸話ふうの記述ではたいてい触れられずじまいになっている仮定を、残らずはっきりさせなければならなかった。

インフルエンサーはどう定義すべきなのか。だれがだれに影響を与えているのか。個人はどんな選択をするのか。その選択はどのように他人から影響を受けているのか。すでに論じたように、これらの問いに対する答はだれもほんとうはわからない。だから、モデルを使うときの例に漏れず、いくつも仮定を作らなければならなかったし、それらはもちろんまちがっている可能性がある。しかし、足もとがなるべくぐらつかないように、われわれは社会学者とマーケティング学者によって数十年も研究されているふたつの大きくちがうモデルを考察した。[19]

ひとつめは前章に出てきたグラノヴェッターの暴動モデルだ。しかしながら、群衆のひとりひとりが自分以外の全員を観察しているグラノヴェッターのモデルと異なり、個人間の相互作用で特徴となっているのは、それぞれの個人が友人や知人のわりあい小さな輪しか観察しないネットワークである。

ふたつめはマーケティング学者のフランク・バスの名にちなんだ「バス・モデル」だ。当初バスはこれを製品選択のモデルとして提案したが、数理疫学者が疾病の広がりを研究するために用いたずっと古いモデルと密接な関係がある。言い換えれば、グラノヴェッターのモデルは隣人の一定の割合が選択したときに自分も選択すると仮定するが、バス・モデルは選択が感染過程のように働くと仮定し、「感染しやすい」個人と「感染した」個人がネットワークのつながりを介して相互に作用すると考える。[20]

ふたつのモデルは似ているように思えるが、実際は大きく異なる。われわれはインフルエンサーの効果についての結論がひとつのモデルの仮定に依存しすぎないようにしたかったので、この点は重要だった。

明らかになったのは、ほとんどの条件下で、影響力の強い個人は並みの人間よりも爆発的な社会的伝染を引き起こすのに効果があるということだった。しかし、その相対的な重要性は、少数者の法則が示唆するよりもずっと低かった。

例として、並みの人物に比べて三倍の友人に直接の影響を与える「インフルエンサー」を考えてみよう。直観にしたがえば、ほかの条件が同じなら、このインフルエンサーは間接の影響も三倍の人数に与えるはずだ。言ってみれば、インフルエンサーは三倍の「乗数効果」を持つ。ここで注意しなければならないのは、少数者の法則はもっとはるかに大きな効果がある、つまり「極端な」不均衡があるはずだと主張していることだ。

だが、われわれが発見したのはそれと反対だった。[21] このようなインフルエンサーの乗数効果はたいてい三倍未満で、多くの場合はそれほどの効果はなかった。要するに、インフルエンサーは存在するのかもしれないが、それは少数者の法則が想定するようなインフルエンサーではないということになる。

理由は簡単で、影響がなんらかの感染過程によって広まるとき、結果はそれを引き起こした個人の特性よりもネットワーク全体の構造にずっと大きく左右されるからだ。森林火災が手に負えないほど激しくなって燃え広がるためには、風や温度や低い湿度や可燃物の組み合わせが必要なのとちょうど同じように、爆発的な社会的伝染も影響のネットワークが適切な条件を満たす必要がある。そしてつまるところ、最も重要な条件はひと握りの影響力の強い個人とはまったく関係がない。むしろ、必要数の影響されやすい人々が存在し、この人々がほかの影響されやすい人々に影響を与えるかどうかにかかっている。必要数が満たされれば、並みの個人でも大きな連鎖を引き起こせる——条件がそろっているとき、火花さえあれば大規模な森林火災が引き起こされるように。逆に必要数が満たされなければ、最も影響力の強い個人でも小さな連鎖しか引き起こせない。そのため、個人がネットワーク全体でどういう位置にいるかを見極められないかぎり、その人にどれほどの影響力があるかはたいしてわからない——個人についてどういう測定結果が得られようとも。

大規模な森林火災があったと聞いたとき、われわれは当然ながら、それを起こした火花には何か特別なものがあったにちがいないとは思わない。そんなふうに考えるのはもちろんばかげている。しかし、実社会で何か特別なことが起こったのを見ると、われわれはそれを起こしたのも特別な人物にちがいないという考えにすぐさま惹かれる。

言うまでもないが、われわれのシミュレーションで大きな連鎖が起こったときはいつも、だれかそれを起こす人物がいなければならなかったのは当然の事実だ。そういう人物はなんら特別でないと思っていても、やはり少数者の法則にまさしくあてはまるように思える。「仕事の大半をこなすわずかな割合の人々」という考え方である。しかしながら、われわれがシミュレーションから知ったのは、こうした個人に特別なことなどほんとうはまったくないということだった。われわれがそのように設定したからである。仕事の大半をこなしたのは引き金役のわずかな割合の人々ではなく、必要数の影響されやすい人々であり、その人数はずっと多かった。

したがって、われわれの結論を言うと、エネルギーや人脈によって本をベストセラーにしたり製品をヒットさせたりできるほどの影響力の強い人物は、十中八九タイミングと状況の偶然によって生まれる。いわば「偶然の重要人物《インフルエンシャル》」なのである。[22]

ツイッターにおける「一般のインフルエンサー」

多くの人々がただちに指摘したとおり、この結論はコンピューターシミュレーションのみに基づいていた。そしてすでに触れたとおり、われわれのシミュレーションは現実を大きく単純化し、数多くの仮定をしており、仮定がまちがっている可能性はあった。

コンピューターシミュレーションはすぐれた洞察をもたらしうる有用な道具であるが、

とどのつまり、それは現実の実験よりも思考実験に近いし、だから疑問に答えるよりも新しい疑問を引き出すのに向いている。したがって、特定の個人が思想や情報や影響の拡散を刺激しうるかどうか——そして、もしこういうインフルエンサーが存在するのなら、一般の人々とちがうどんな特質があるのか——をほんとうに知りたいのであれば、現実世界で実験をおこなう必要がある。しかし、個人の影響と現実世界への大規模なインパクトとの関係を研究するのは、言うほどやさしくない。

大きな問題は、膨大な量のデータが必要になるのに、その大部分は非常に集めにくいことだ。ひとりの人物が別の人物に影響を与えていると証明するだけでもむずかしい。もっと大きな集団への影響に結びつけたければ、ある人物が別の人物に影響を与え、その人物はまた別の人物に影響を与えるといった具合につづく影響の鎖全体について、同様の情報を集めなければならない。たったひとつの情報の広がり方を追うだけでも、たちまち数千、いや数百万の関係を扱うことになるだろう。

たくさんのそういう例を研究したいのはやまやまだ。ほかの人より重要な人もいるという、どちらかと言えば単純に思える主張を検証するために、それだけの途方もない量のデータが必要になるわけだが、ほかに手段はない。またこのことは、よく知られているように、拡散の研究がずっと昔から作り事だらけである理由を説明するのにも役立つ。何も証明できなければ、だれもが好きなようにもっともらしい話を述べることができる。だれが正しいかを判断するすべはない。

しかしながら、ミュージックラボのような実験が示したとおり、インターネットはこの状況を変えつつある。最近のいくつかの研究は、ほんの一〇年前なら想像もできなかった規模で、社会的ネットワークにおける拡散を探りはじめている。ブログの記事はブロガーのネットワーク間に拡散する。ファンページはフェイスブックの友人のネットワーク間に拡散する。「ジェスチャー」と呼ばれる独自の動作はオンラインゲームの〈セカンドライフ〉のプレイヤー間に拡散する。そしてプレミアムボイスサービスはインスタントメッセンジャーのバディのネットワーク間に拡散することが明らかにされている。[23]

こうした研究に触発され、わたしはヤフーの同僚のジェイク・ホフマン、ウィンター・メイソン、それからミシガン大学の優秀な大学院生であるアイタン・バクシャイとともに、身近にある最大のコミュニケーション・ネットワークにおける情報の拡散を調べることにした。ツイッターである。その過程で、インフルエンサーを探すつもりだった。[24]

ツイッターは多くの点でこの目的に申しぶんなく適している。たとえば、人々がさまざまな理由からつながっているフェイスブックと異なり、ツイッターの本質は情報をほかの人々、つまり「フォロワー」に伝えることにあり、フォロワーはこちらの話を聞きたいという意思をはっきり示している。人々が自分に注意を払うようにすること、言い換えれば、人々に影響を与えることがツイッターのすべてである。

加えて、ツイッターは驚くほど多様性に富んでいる。多くのユーザーはふつうの人々だし、そのフォロワーの大部分は何か話を聞きたいと思っている友人だ。しかし、きわめてフォロワー数の多いユーザーはたいてい公的な立場を持っており、ブロガー、ジャーナリスト、有名人（アシュトン・カッチャー、シャキール・オニール、オプラ）、CNNのようなメディア組織、さらには政府機関や非営利団体（オバマ政権、英首相官邸、世界経済フォーラム）などが挙げられる。一般の人々からオプラやアシュトンまで、あらゆるインフルエンサー候補の影響を一貫した形で比較できるという点で、この多様性は役に立つ。

最後に、だいたいのツイートは日々の出来事を述べているだけだとはいえ（「ブロードウェイのスタバなう！　いい天気!!」）、最新のニュース記事やおもしろい動画などのオンライン上のコンテンツや、あるいは本や映画といったユーザーが意見を述べたがっているものに触れていることも多い。また、ツイッターはひとつの投稿を一四〇字以内にしなければならない形をとっているので、ユーザーはbit.lyをはじめとする「短縮URLサービス」をよく使い、もとのウェブサイトの長いURLをhttp://bit.ly/beRKJoのように置き換える。こうした短縮URLのありがたい点は、事実上、ツイッターに書きこまれたコンテンツすべてに固有のコードを割り振っていることだ。だから、ユーザーが何かを「リツイート」したいとき、出どころとなった人がわかるし、そのおかげでフォロワーのグラフで拡散の鎖をたどることができる。

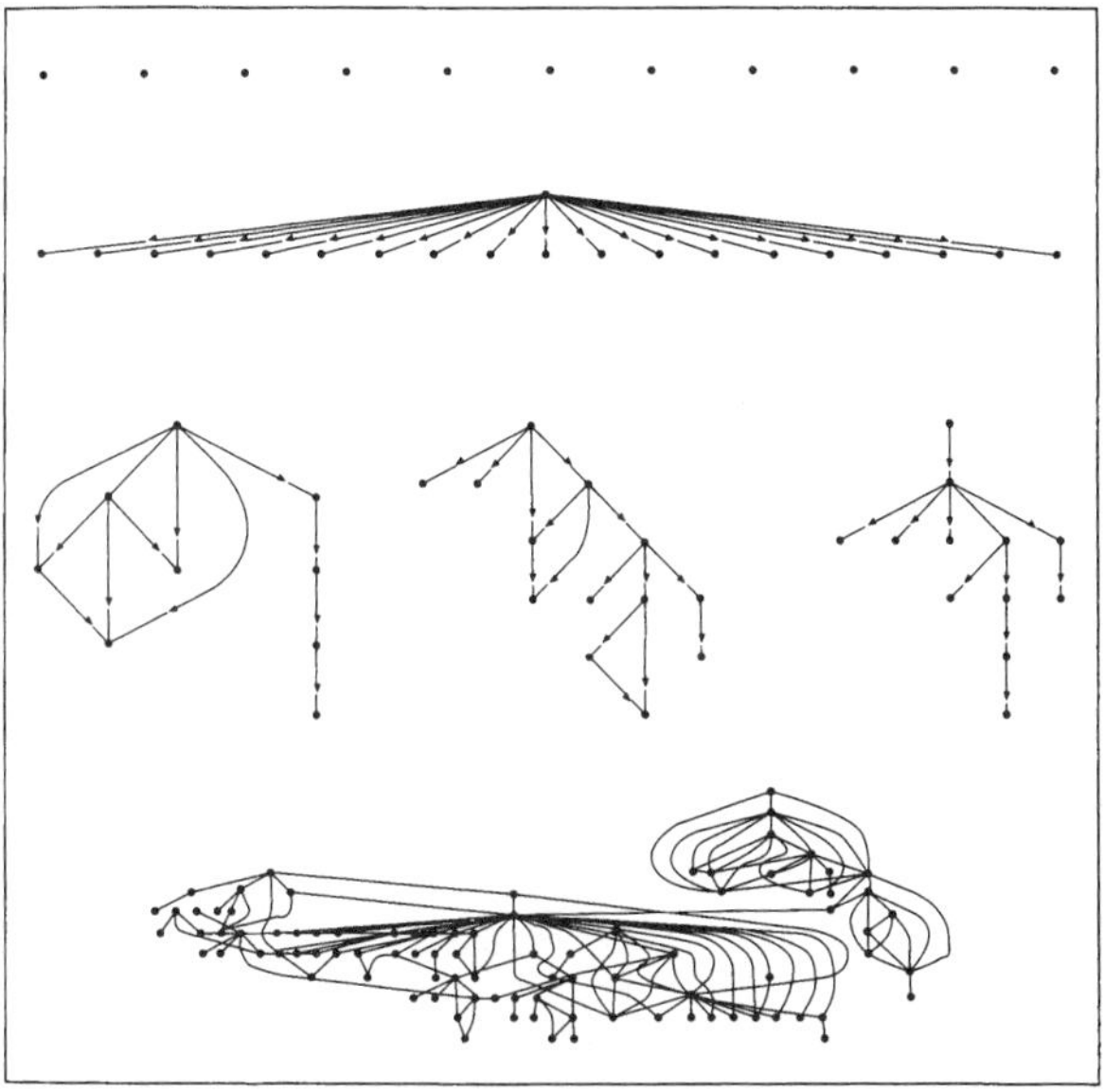

ツイッターにおける連鎖

われわれは二〇〇九年末に二カ月の期間をとり、のべ一六〇〇万人以上のユーザーからはじまった七四〇〇万本以上の拡散の鎖をたどった。それぞれにつき、対象となるURLが何度リツイートされたかを数えた。まず「発生源」役の最初のユーザーに直接つながっているフォロワーがリツイートし、つぎのそのフォロワーがリツイートし、さらにそのフォロワーのフォロワーがリツイートするという具合になる。このようにして最初の各ツイートが引き起こしたリツイートの「連鎖」全体をたどった。

前頁の図が示すとおり、広く浅い連鎖もあれば、せまく深い連鎖もあった。出だしは小さく、少しずつ広がるだけだったが、ネットワークのどこかほかの地点で勢いを得て、非常に大きく複雑な構造になった連鎖もあった。だが何より、連鎖の試みの大多数は、全体のおよそ九八パーセントはまったく広がらなかった。

この結果は重要だ。次章でもっと詳しく論じるが、何かが「ウイルス化」する理由、つまりユーチューブの一部の動画が数百万回も再生されたり、Eメールやフェイスブックで滑稽なメッセージが一気に広まったりする理由を理解したければ、成功したごくわずかな例だけを考察するのはまちがっているからである。残念ながら、ほとんどの場合は「成功例」しか研究できない。理由は簡単で、わざわざすべての失敗例をたどる者などだれもいないし、失敗例は黙殺されがちだからだ。しかしながら、ツイッターではどれほど小さな連鎖でもひとつ残らずたどることができるので、だれに影響力があるのか、平均に比べてその影響力がどれほど強いのか、利用価値という面から個人に差は認められるのかといったことを突き止められる。

この課題へのわれわれの取り組み方は、架空のマーケティング担当者が試みそうなことに近かった。つまり、一〇〇万人ほどの個人の特質や過去の実績について知っているすべてを用い、おのおのが未来でどれくらいの影響を持つか予測しようとしたのだ。マーケティング担当者なら、この予測に基づいてある集団の「スポンサー」になり、広めたい情報をツイートしてもらって、連鎖を起こすことができる。特定の個人が引き起こせる連鎖の大きさを正しく予測できるほど、マーケティング担当者はスポンサーをするツイートに効率よく予算を配分できる。

現実にはこういう実験をおこなうのはきわめてむずかしいので、われわれはすでに集めたデータを利用して極力それに似せようとした。具体的には、データをふたつに分け、対象期間の前半のひと月を「過去」、後半のひと月を「未来」というふうに人為的に設定した。それから、「過去」の全データを統計モデルに入れた。データには、各ユーザーのフォロワー数、フォロー数、ツイートする頻度、登録時期、期間中に連鎖を引き起こすのに成功した度合いなどが含まれる。最後に、このモデルを用いて各ユーザーが「未来」のデータでどれくらいの影響を持つか「予測」し、モデルの結果と実際の結果を比較した。

わかったことをひとことで言えば、個人レベルの予測はノイズがきわめて多かった。平均すると、フォロワー数が多くて過去にリツイートの連鎖を引き起こすのに成功した個人は、未来でもたしかに成功しやすかったが、個々の例はランダムな変動が激しかった。〈モナ・リザ〉のときのように、インフルエンサーとして成功する特質を示したひとりの陰に、特質がはっきりせず成功しなかったユーザーが何人もいた。

この不確定性が生じたのは正しい特質を測定できなかったからではないし（事実、われわれはどんなマーケティング担当者が通常持っているよりも多くのデータを持っていた）、特質を正しく測定できなかったからでもない。むしろ問題は、先ほどのシミュレーションと同じで、拡散の成功は個々の発生源が関与できない要因に大きく左右されることだった。言い換えれば、この結果はもっぱら少数の「特別な」個人をターゲットとするマーケティング戦略がどうしても信頼性に欠けることを示唆している。だから、賢明な資産管理者がそうするように、マーケティング担当者も「ポートフォリオ」手法をとるべきであり、多数のインフルエンサー候補をターゲットにしてその平均した効果を利用すれば、個人レベルのランダムな変動をうまく抑えられる。

ポートフォリオ手法は理論上は有望だが、費用対効果という新しい問題も生む。要点をわかりやすくするために、《ニューヨーク・タイムズ》紙の最近の記事を考えてみよう。それによれば、リアリティ番組に出演した女優のキム・カーダシアンは、自社の製品をとりあげてもらいたいさまざまなスポンサーから、ツイートひとつにつき一万ドルを受けとっていたらしい。当時、カーダシアンにはゆうに一〇〇万人を超えるフォロワーがいたから、数百人しかフォロワーがいない一般の人よりもカーダシアンのような人物に金を払うほうが、たしかに注目を集められるように思える。

しかし、どうしてこの額になったのだろうか。つまり、一般の人々なら一万ドルよりずっと安い額で、その製品について喜んでツイートしてくれるかもしれない。ということは、目立つ人物は目立たない人物よりも「費用」がかかることを考えれば、マーケティング担当者は影響力があるけれども高くつく少数の人々をターゲットにすべきなのか、それとも影響力は小さいが安くすむ多数の人々をターゲットにすべきなのか。もっと言えば、最適なバランスをどうとるべきなのだろうか。[25]

結局のところ、この問いに対する答は、ツイッターのさまざまなユーザーが、マーケティングを予定している者にスポンサー料をいくら求めるかにかかっているだろう。もちろん、そのような取り決めが合意に至ったらの話だが。しかしながら、理論上の試みとして、われわれは「インフルエンサー頼り」のマーケティングキャンペーンをいくつか考案し、それぞれに即した現実味のある仮定を作った。これを検証し、先ほどと同じ統計モデルを用いて、投資に対する収益を測定した。

結果はわれわれにとっても驚きだった。その世界のキム・カーダシアンにあたる人物たちはたしかに平均より影響力があったが、非常に高くつき、買い得ではなかった。情報を広めるうえで最も費用対効果が高かったのは、影響力が平均かそれより小さい、われわれが一般のインフルエンサーと呼んだ個人の場合が多かったのである。

循環論法ふたたび

キム・カーダシアンの株がさがる前に強調しておきたいのだが、われわれは心にあたためていたとおりの実験をおこなったわけではない。われわれが研究したのは現実世界のデータであり、コンピューターシミュレーションではなかったが、それでも統計モデルは数多くの仮定を作った。

たとえば、架空のマーケティング担当者が数千人の一般のインフルエンサーに対して自社の製品をツイートするようながせると仮定したが、そのフォロワーたちが通常のツイートと同じくらい好意を持って反応するとはかぎらない。友人からアムウェイの製品を売りつけられそうになった人ならだれでも知っているとおり、私的なコミュニケーションに宣伝文句が埋めこまれるのはあまり愉快ではないものだ（アムウェイは日用家庭雑貨の製造、販売会社。店頭販売をおこなわず、主婦などがホームパーティーを開いたりして販売する）。キム・カーダシアンのフォロワーたちにはそういう心配はないだろうから、現実生活ではわれわれの研究が結論しているよりもカーダシアンはずっと有効かもしれない。

あるいは、われわれが用いた影響の測定基準――リツイート数――もまちがった測定基準かもしれない。リツイート数を測定したのは測定可能だからであり、もちろんそれは何もないよりましだ。しかし、マーケティング担当者がほんとうに重視するのは、おそらくどれだけの人々が記事をクリックしてくれたかや、慈善目的で寄付してくれたかや、製品を買ってくれたかだろう。カーダシアンのフォロワーたちは、友人のツイートにはリツイートしなくても、カーダシアンのツイートにはしたがうかもしれない。この場合も、われわれはカーダシアンの影響力を過小評価したことになる。

いや、やはり過小評価はしていないのかもしれない。結局のところ、だれに影響力があるのか、また定義はどうであれインフルエンサーに何ができるのかはけっして知りえないからだ。なんらかの重要な結果にかかわる影響を測定できないかぎり、そしてさまざまな個人の影響を測定できる実験を現実世界でおこなわないかぎり、すべての結果は、われわれの結果も含めて話半分に受け止められるだろう。

それでもわたしの論じた、スモールワールド現象や、ネットワーク上の影響の広まりについてのシミュレーション研究や、ツイッター研究から導かれた発見は、少数者の法則のような、爆発的な社会的伝染をわずかな割合の特別な人々の仕事として説明する主張に、深い疑念を投げかけるはずだ。

実を言えば、社会の変化を考えるうえで、そもそも社会的伝染が正しい方向なのかどうかもはっきりしない。われわれのツイッター研究は伝染に似た現象がたしかに起こることを明らかにしたが、それがきわめてまれであることも明らかにした。データとした七四〇〇万本の鎖のうち、リツイート数が一〇〇〇回に達したのはわずか数十本だったし、一万回に達したのは一、二本にすぎない。数千万人のユーザーがいるネットワークでは、一万回のリツイートもさほど大きな数には思えないが、われわれのデータはそれすらもほぼ達成不可能であると示している。

したがって、実用目的のためには、大きな連鎖のことはいっさい忘れ、小さな連鎖をたくさん作ろうとしたほうがいいのかもしれない。それには一般のインフルエンサーでじゅうぶん間に合うだろう。劇的な成果を出すわけではないので、数が必要になるが、こういう個人を多数利用すれば、ランダムな変動を均《なら》して好ましい効果を安定して生み出すことができる。

最後に、個々の発見はさておき、こうした研究は常識に基づく思考の大きな欠点を浮き彫りにするのにひと役買ってくれる。少数者の法則が直観に反する発想であるように表現されているのは、ある意味では皮肉だ。実際のわれわれは特別な人々という観点から考えるのに慣れ切っているので、ひと握りの特別な人々が仕事の大半をするという主張はごく当たり前に思えるからである。個人間の影響や社会的ネットワークの重要性を認識すれば、前章で論じた「Xが起こったのは人々がそれを望んだからだ」というような循環論法を乗り越えられそうな気がする。

しかし、数百万の人々の複雑なネットワークがどうつながっているのか――そしてこれはもっと厄介なのだが、影響がそこでどう広まるのか――を想像しようとしたとたん、われわれの直観は打ち負かされる。少数者の法則のような「特別な人々」説は、事実上あらゆる働きをわずかな個人の手に集中させることで、ネットワークの構造は結果にどう影響するのかという問題を、特別な人々を動かすものは何かというずっと単純な問題にすり替えてしまう。

常識に基づく説明の例に漏れず、これも理にかなっているように聞こえるし、正しいのかもしれない。だが、「Xが起こったのは少数の特別な人々がそれを起こしたからだ」と主張するのは、循環論法を別の循環論法で置き換えるのに等しい。

5 気まぐれな教師としての歴史

これまでの三章では、常識に基づく説明の多くが循環論法であることを論じた。教師が生徒の答案を改竄するのは、インセンティブがそうさせるからだ。〈モナ・リザ〉が世界で最も有名な絵であるのは、それが〈モナ・リザ〉の特質をすべて備えているからだ。人々が燃費の悪いSUVを買わなくなったのは、社会的規範が燃費の悪いSUVを買うべきでないと命じるからだ。そして少数の特別な人々が靴のブランドであるハッシュパピーをふたたびはやらせたのは、ほかのだれかが買う前に少数の人々がハッシュパピーを買いはじめたからだ。

こうした主張はどれも正しいのかもしれないが、起こったと知っていることが起こったと言っているだけで、それ以上の何物でもない。これらは結果そのものがわかってからはじめて組み立てられる主張なので、ほんとうに説明になっているのか、それとも単に事実を述べているだけなのかはけっしてわからない。

この問題で興味深いのは、たとえ常識に基づく説明に特有の堂々めぐりが見てとれても、その何がまずいのかがはっきりしないことである。つまるところ、科学の分野でも何かが起こる原因は必ずしもわかっていないのだが、ラボで実験をしたり世界の系統立った規則性を観察したりして、原因を突き止められることは多い。

同じようにして歴史から学べないものなのだろうか。それは歴史を一連の「実験」ととらえ、そこでは因果のなんらかの一般「法則」がわれわれの観察する結果を決定している、と考えることになる。科学がそうするように、観察した規則性を系統立てて組み合わせ、こういう法則を推論できないのだろうか。

たとえば、すぐれた芸術作品が注目度を競うのは、すぐれた作品の特質を明らかにするために計画された実験だと考えていただきたい。二〇世紀以前は、〈モナ・リザ〉が世界で最も有名な絵になるかどうかは自明でなかったとはいえ、いまではその実験をおこなって答が得られている。〈モナ・リザ〉の何がこの絵を比類なき作品にしているのかはまだはっきり言えないにせよ、少なくともいくつかのデータは得られている。常識に基づく説明が起こった結果と起こった原因をいっしょくたにしがちでも、われわれはよき実験者として最善を尽くしているだけなのでは[1]？

ある意味では、そのとおりだ。われわれはたぶん最善を尽くしており、適切な条件のもとで観察や実験から学ぶのは大いに効果がある。

だがこれには落とし穴がある。「AがBの原因である」と推論するためには、何度も実験をおこなうことが可能でなければならない。たとえば、Aは「悪玉」コレステロールを減らす新薬で、Bは今後一〇年間で患者が心臓病になる可能性だとしてみよう。A薬を与えられた患者の心臓病になる可能性が、与えられなかった患者に比べて有意に低いことを示せれば、製薬会社はこの薬に心臓病を予防する効果があると主張できる。示せなければ主張できない。しかし、患者に薬を与えるか与えないかの選択肢しかないので、薬の効果を示すためには「実験」を何回もおこなう以外になく、ひとりの患者の経過が実験の一回になる。だから新薬の試験には多数の被験者が必要になり、おのおのは投薬あり、なしのどちらかに無作為に割り振られる。薬の効果は「投薬」群と「対照」群の結果の差として測定され、効果が小さいほど、偶然だという説明を排除するために大がかりな試験が求められる。

だいたい同じ状況に何度も何度も遭遇するというような日々の問題を解決する場で、われわれはこの新薬試験の再現に非常に近いことができる。たとえば、毎日のマイカー通勤では、さまざまな経路や出発時刻を実験できる。交通量が日によってあまり変わらないのなら、こうしたいろいろなパターンを何度も繰り返し、どの場合に平均通勤時間が最も短くなるかを観察するだけで、複雑な因果関係を事実上無視することができる。そして医学や工学、さらには軍隊の専門技術も経験に基づいており、職業教育によって培われるのであって、同じ仕組みになっている。こうしたところでは、研修生や訓練生を、その後のキャリアで直面するはずの状況となるべく似た状況に繰り返し置く。[2]

歴史は一度しか起こらない

実験に似たこの学習手法は日々の状況や職業教育で大きな効果を発揮する。だから、常識に基づく説明が、経済や政治や文化の出来事にもいつのまにか同じ方法をあてはめたところで、不思議ではないだろう。しかし、本書をここまで読めばこれの行き着く先は見えてくるはずだ。

経済や政治や文化の事柄、つまり多数の人々が時間をかけて影響を与え合うような事柄についてフレーム問題とミクロ－マクロ問題がともに教えているのは、いかなる状況も、これまでに観察した状況とは重要なちがいがあるということだ。したがって、現実には同じ実験を二回以上おこなうことはけっしてできない。われわれはいくらかなりともこの点を理解している。イラク戦争がヴェトナム戦争やアフガニスタン紛争とそのまま比較できるとはだれも思わないし、だから一方の教訓を他方にあてはめようとするのは用心しなければならない。同様に、〈モナ・リザ〉の成功を研究すれば現代の芸術家が成功するかしないかも判断できるとはだれも思わない。にもかかわらず、われわれは歴史から教訓を学べるとたしかに思っているし、実際よりも多くを学んだかのように思いこみがちだ。

たとえば、二〇〇七年秋におこなわれたイラクへの兵力増派は、つづく二〇〇八年夏の治安改善の原因になったのだろうか。直観にしたがえば、そのとおりであるように思える。増派が実行されてから治安が改善されるまでの間隔がかなり短いだけでなく、増派はまさにこの効果を意図していたからだ。意図とタイミングの組み合わせは因果関係を強く示唆するし、実際、手柄を探していた政権も折に触れてそう主張した。

しかし、二〇〇七年秋から二〇〇八年夏までのあいだには、ほかにもさまざまなことが起こった。スンニ派の抵抗勢力は、アルカーイダのような強硬派のテロ組織をアメリカ軍兵士よりも大きな脅威と見なし、かつての占領軍に協力しだした。シーア派の民兵（最も重要なところでは、ムクタダー・サドルのマフディー軍）も民衆の反発を感じはじめ、おそらくそのために穏健な行動をとるようになった。そしてイラク軍と警察部隊も、ようやく民兵に対抗できるだけの能力を示して存在感を増しはじめ、イラク政府もそれは同じだった。

こうしたそのほかの要因のどれも、少なくとも兵力増派と同じくらい治安改善の原因になった可能性がある。あるいは、これらの組み合わせかもしれない。あるいは、まったく別の何かかもしれない。知るすべはあるのだろうか。

これをたしかめるひとつの方法は、われわれがミュージックラボの実験でおこなったのとおおむね同じように、何度も歴史を「もどす」ことであり、増派があったときとなかったときではそれぞれどうなったかを調べることだろう。異なる歴史をいくら繰り返しても、増派があったときはつねに治安が改善され、増派がなかったときはつねに治安が改善されなければ、増派が治安改善の原因だとそれなりに自信を持って言える。逆に、増派をおこなっても治安に変化のない場合がほとんどであるか、増派の有無にかかわらず治安が改善されるときは、原因がなんであれ増派でないのは明らかである。

むろん、現実にはこの実験は一度しかおこなえなかったので、ちがった結果になったかもしれないほかの実験をすべて調べるのは不可能だった。そのため、われわれは治安改善の原因にさほど確信を持てない。しかし、「事実に反する」歴史の不在は、疑念を生むというより、かえって逆の効果を及ぼす傾向がある。すなわち、われわれは実際に起こった事柄を必然としてとらえる傾向があるのだ。

心理学者が「遅い決定論」と呼ぶこの傾向は、「あと知恵バイアス」というもっと有名な現象と関係がある。あと知恵バイアスとは、事が起こったあとになって「はじめからわかっていたのに」と思う傾向のことである。

ラボでおこなわれたいろいろな実験で、心理学者は被験者に未来の事柄を予測するよう指示したうえで、その事柄が起こったあとにふたたび面談した。以前の予測を思い返した被験者は決まって、それを立てたときと比べ、あたった予測には自信があったと語り、はずれた予測には自信がなかったと語る。もっとも、遅い決定論はあと知恵バイアスと微妙に異なっており、事実をゆがめる力がさらに強い。

実のところ、あと知恵バイアスは答を知る前に発言を思い出させたり、予測を記録させたりすることで相殺できる。だが、たとえ成り行きに自信がなかったことを完璧かつ正確に思い出しても――完全に予想外だったと認めても――われわれは現実となった結果を必然として扱う傾向がある。

たとえば、兵力の増派も当初は治安改善に効果がないように思えたかもしれない。だが実際に治安が改善されると、そうなるはずだとはじめからわかっていたかどうかは（あと知恵バイアスは）重要でなくなる。現実にそうなったのだから、もともとそうなるはずだったとわれわれは信じるのである。[3]

サンプリングバイアス

遅い決定論が意味するのは、起こらなかった事柄に対してわれわれがしかるべき注意を払わないことだ。だが実は、われわれは同時に、起こった事柄の大部分にもじゅうぶんな注意を払わない。

電車に乗り遅れたときは印象に残るが、間に合ったときは必ずしも印象に残らない。空港で思いがけず知人に出会ったときは印象に残るが、出会わなかったときは必ずしも印象に残らない。ファンドマネージャーが一〇年連続でスタンダード・アンド・プアーズ五〇〇種指数（S&P500）をうわまわる成績を出したり、バスケットボール選手が好調だったり、野球選手が連続安打を決めたりしたときは印象に残るが、彼らがなんらかの連続記録を出さなかったときは、必ずしも印象に残らない。新しい流行が生まれたり、小さな企業が驚くべき成功をおさめたりしたときは印象に残るが、流行しそうだったものや新しい企業が人々の意識に刻まれる前に消え去ったときは、必ずしも印象に残らない。

起こらなかった事柄より起こった事柄を重視する傾向と同じく、「興味を引かれる」事柄へのバイアスがあるというのもじゅうぶん納得できる。興味を引かれない事柄になぜわざわざ興味を持つ？　だがこれは、データの一部のみにあてはまる説明を組み立てようとする傾向に拍車をかける。

たとえば、だれかが金持ちになったり、企業が成功したりする理由を知りたいのなら、金持ちや成功した企業を探して共通した特質を突き止めるのが賢明に思えるだろう。しかし、金持ちでない人々や成功していない企業にも同じ特質の多くが見つかるかもしれないのに、この方法ではそれがわからない。成功した何かと成功していない何かを隔てる特質は、両方を考察し、一貫した相違を探すことでしか突き止められない。けれども、われわれが気にかけるのは成功なので、不成功や、あるいは単に興味を引かれないことにまで気をまわすのは無意味に思える。こうしてわれわれは、実は失敗にも同じくらい関係しているのかもしれないのに、ある特質が成功に関係していると推論する。

この「標本抽出《サンプリング》バイアス」の問題は、注意を払う事柄、つまり興味を引かれる出来事がまれにしか起こらないときにとりわけ深刻化する。

一九七九年一〇月三一日にウェスタン航空二六〇五便が、メキシコシティ国際空港の工事中の滑走路に停めてあったダンプカーに衝突したとき、調査官はすぐに五つの事故要因を特定した。第一は、操縦士と航空士がともに疲労しており、過去二四時間でわずかしか睡眠をとっていなかったこと。第二は、乗員と航空管制官のあいだで意思疎通が乱れ、工事中の滑走路への誘導電波にしたがって接近してから、使用中の滑走路に着陸するよう管制官が指示したこと。第三は、この意思疎通の乱れが無線機の不調と組み合わさり、混乱を解消できたのかもしれないのに、無線機がアプローチの重要な段階で役に立たなかったこと。第四は、空港が濃霧に覆われ、ダンプカーも使用中の滑走路も操縦士から視認しにくかったこと。そして第五は、おそらくはストレスの多い状況のため、最終アプローチのときに管制官が誤解し、工事中の滑走路にライトがついていると思いこんだことである。

心理学者のロビン・ドーズがこの事故をとりあげているのだが、その説明によれば、これらの要因（疲労、意思疎通の乱れ、無線機の不調、天候、ストレス）はどれも単独では事故を引き起こさず、五つすべてが組み合わさったために致命的な結果になったのだと調査は結論している。たいへん理にかなった結論に思えるし、飛行機事故全般でよく耳にする説明とも一致する。

しかし、ドーズが指摘するとおり、この五つの要因はしょっちゅう見られるにもかかわらず、ほとんどの場合は飛行機事故につながらない。したがって、事故から時間をさかのぼって原因を特定するかわりに、時間に沿って疲労、意思疎通の乱れ、無線機の不調、天候、ストレスの組み合わせが観察された回数をすべて数えていったら、こうした場合の大部分は事故にならないことになる。[4]

世界に対するこのようなふたつの見方のちがいを示したのが一四八ページと一四九ページの図だ。一四八ページの図には、二六〇五便の調査で特定された五つの危険要因と、対応する全結果が並んでいる。結果のひとつはもちろん事故だが、ほかにも事故にならない結果が多くある。言い換えれば、こうした要因は「必要条件だが十分条件ではない」。要因がなければ事故が起こる可能性はきわめて低くなるが、要因があるからといって事故が起こるとはかぎらないし、それほど起こりやすくなるとさえかぎらない。

しかしながら、ひとたび事故が起こると、世界に対するわれわれの見方は一四九ページの図へと変わる。「事故にならない」はすべて消えてしまう。説明の対象外になる、つまり事故のみが説明の対象になるからであり、要因から事故にならない結果へ向かう矢印もすべて消える。結果として、一四九ページの図では事故を予測するのに役立たないように見えたまさにその要因が、大いに役立っているように見える。

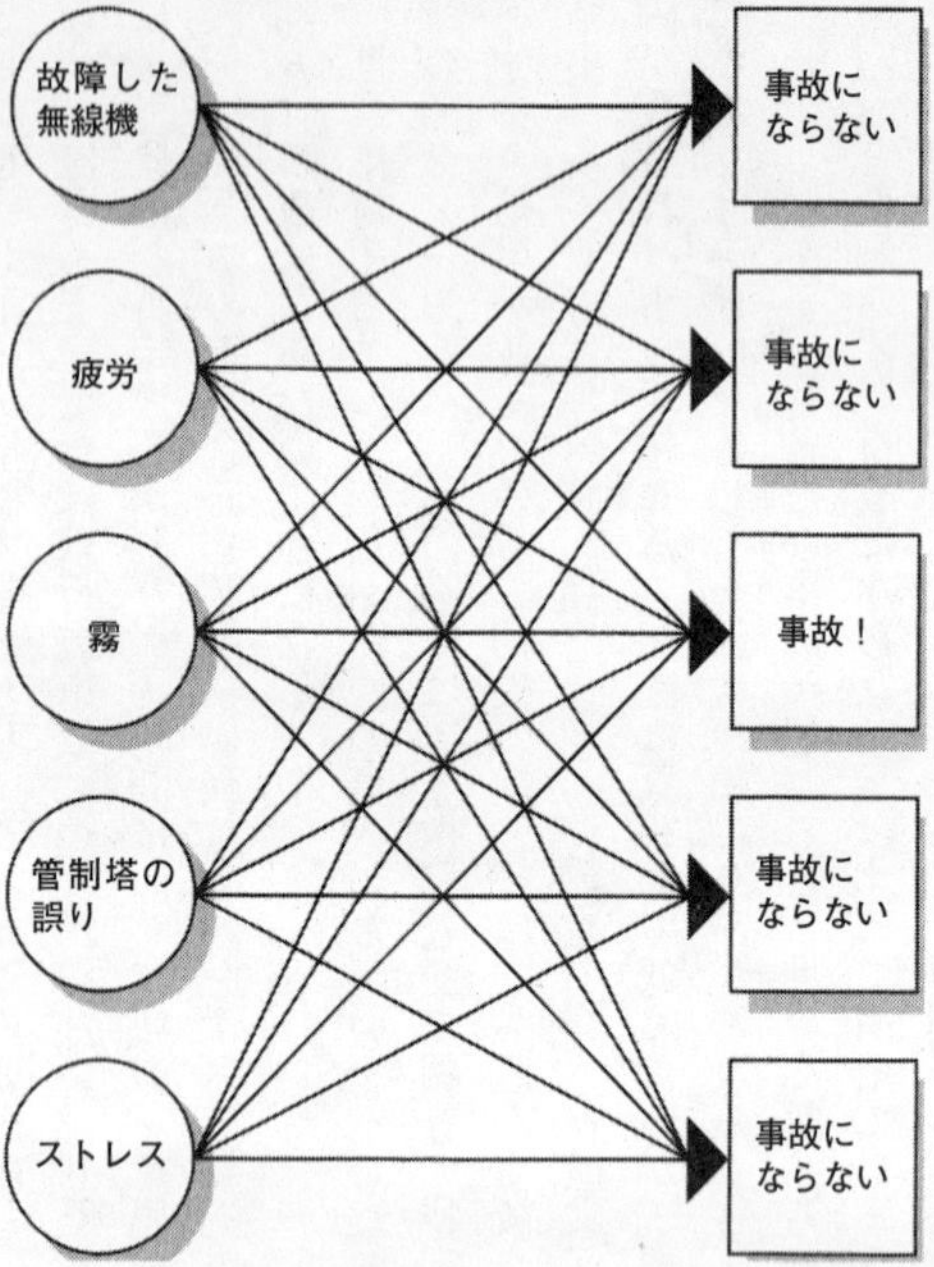

飛行機事故の調査は、必要条件を特定することで、事故をめったに起こらないものにする効果がある。これはもちろん好ましいことだが、それによって必要条件を十分条件として扱う誘惑が生じ、事故が起こった理由に対するわれわれの直観を大きく惑わせる。学校での銃乱射、テロリストの攻撃、株価の大暴落など、ほかのめったに起こらない事件でも同じだ。

たとえば、学校で銃を乱射した者のほとんどはティーンエイジャーの少年であ

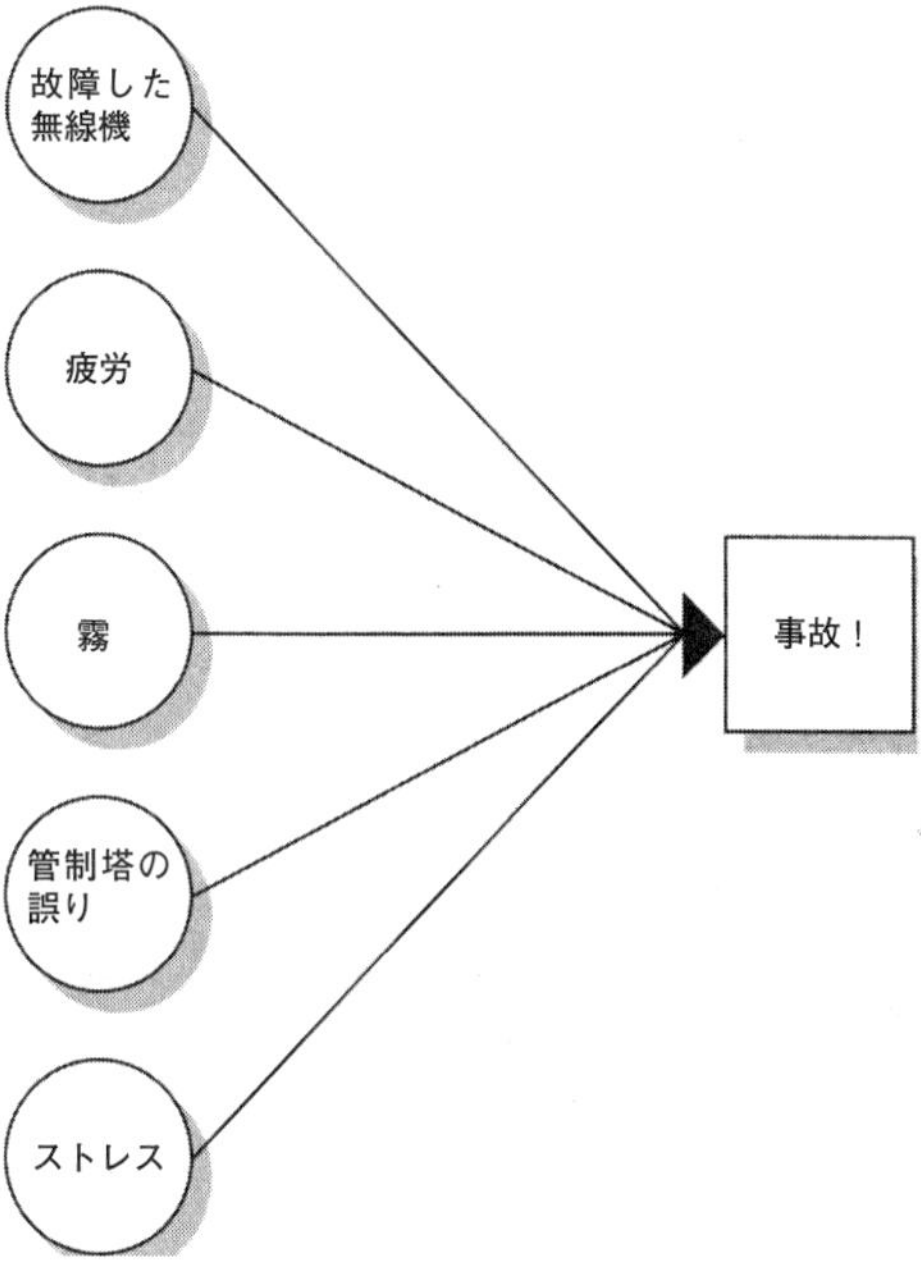

り、両親との関係が疎遠か険悪で、暴力表現の多いテレビ番組やゲームになじみ、同級生たちから疎んじられ、復讐の空想にふけっている。だがこうした特質は数千人のティーンエイジャーの少年にそのままあてはまることであり、そのほぼ全員はだれも傷つけたりしない。[5]

　同じように、二〇〇九年のクリスマスにウマル・ファルーク・アブドゥルムタラブという名の二三歳のナイジェリア人が、デトロイト行きのノースウェスト航空機を危うく爆破しかけた事件でも、関係機関の組織的な不手際が事件の発生を許したとされた。だが、そうした誤りや見落としは情報機関や安全保障機関で毎年何千回も起こっているように思える。そのほとんどは悪影響をもたらしていない。そして株式市場が急激な下落に見舞われた日があっても、おおむね状況は同じなのに目立ったことは何も起こらない日のほうが何千倍も多い。

想像上の原因

遅い決定論とサンプリングバイアスはともに、常識に基づく説明に対して、「前後即因果の誤謬」と呼ばれる欠点をもたらす。この誤謬は因果関係の根本要件にかかわっている。AがBの原因だと言うためには、AがBより先に起こらなければならない。ビリヤードでほかのボールとぶつかる前にボールが動いたのなら、その動きの原因は別にあるにちがいない。逆に、風を感じたときにかぎって近くの木の枝が揺れだしたら、その動きの原因は風だと結論しても差しつかえない。こうしたことにはなんの問題もない。

しかし、AのあとにBが起こっただけでは、AがBの原因だとはかぎらない。鳥の鳴き声を聞いたり、猫が壁伝いに歩いてくるのを見たりしたあとで、枝が揺れだすのを見ても、われわれは鳥なり猫なりが枝を動かしたのだとはまず結論しない。これはわかりきったことだし、物理世界では物事の仕組みについての理論がじゅうぶんにあり、妥当なものと妥当でないものをたいていは区別することができる。

だが社会現象に関しては、常識はあらゆるたぐいの原因らしきものを妥当に見せかけるのにきわめて長けている。その結果、われわれは物事が連続して起こっているさまを見てとっているだけなのに、因果関係を推論する誘惑に駆られる。これが前後即因果の誤謬である。

前章で論じたマルコム・グラッドウェルの「少数者の法則」は、前後即因果の誤謬を象徴している。本が予想外のベストセラーになるとか、芸術家がにわかに名声を得るとか、製品がヒットするとかの何か興味深いことが起こったときはつねに、ほかの人々より先にだれかがそれを買うなどしていて、その人物に影響力がありそうに見えるのは当然だろう。

実際、『急に売れ始めるにはワケがある』は、重要な事件で決定的な役割を演じたように見える興味深い人々の話で満ちている。ポール・リヴィアは有名な真夜中の騎行をおこない、ボストンからレキシントンまで馬を走らせて植民地の民兵を鼓舞し、アメリカ独立革命の口火を切った。性欲旺盛なカナダ人の客室乗務員、ガエタン・デュガはアメリカにHIVを流行させたゼロ号患者として知られるようになった。先ほどとりあげたグラッドウェルの《ニューヨーカー》誌の記事で題名に使われたロイス・ワイズバーグは、だれとでも知り合いで、人々をつなげる才能があるように見える。そしてイースト・ヴィレッジの若者たちは皮肉な理由からハッシュパピーの靴を歓迎したのだが、それは劇的なブランド復活の先駆けになった。

どれもおもしろい話だし、これらを読んでおきながらグラッドウェルの主張に同意しないのはむずかしい。一七七五年四月一九日にレキシントンで民兵が意外なほど激しく抵抗するといった劇的で驚くべき事件が起こるときは、だれか特別な人物、たとえばポール・リヴィアのような人物がそれをうながしたにちがいないとする主張である。

グラッドウェルの説明は、その夜リヴィアと同じように馬を走らせて植民地の民兵に警告しようとしたが、別の道をとったウィリアム・ドーズの話も載せているため、説得力がある。リヴィアがたどった道沿いの住民は翌日に出動したが、ドーズが訪れたウォルサムやマサチューセッツの住民は手遅れになるまでイギリス軍の動向をつかめなかったとされる。リヴィアとドーズはどちらもそれぞれに馬を走らせたので、結果がちがった原因は明らかにふたりの人物のちがいにあると言えるように思える。リヴィアは人と人とをつなぐ媒介者《コネクター》であり、ドーズはそうでなかったというわけだ。[6]

だが、グラッドウェルが考慮していないのは、ふたつの騎行ではほかにも多くの要因がちがっていたことである。道もちがえば、町もちがえば、人々もちがった。その人々が急を聞いてどこに警告しようとしたかもちがった。

グラッドウェルが主張するとおり、ポール・リヴィアはカリスマ性のある傑物で、ウィリアム・ドーズはそうでなかったのかもしれない。だが、現実にはほかにも非常に多くのことがその夜に起こっていたのであって、結果が異なった原因をふたりの固有の特質に求めるのは不可能である。それは、〈モナ・リザ〉が成功した理由を絵の特徴に求めたり、二〇〇八年にイラクのスンニ派三角地帯で治安が改善された理由を兵力増派に求めたりするのが不可能であるのと変わらない。むしろ、事が起こってから、その劇的な結果を引き起こすのに影響があったように見えるリヴィアのような人々は、ピーター・ドッズとわたしがシミュレーションで発見した「偶然の重要人物」に近いのかもしれない。つまり、見かけは役割を持っているが、実際のところはほかの要因の集まりに役割が左右されている個人のことである。

　前後即因果の誤謬が偶然の重要人物をいかに生み出しやすいかを示すために、伝染病の実例を考えてみよう。

　二〇〇三年はじめに香港で急速に広まった重症急性呼吸器症候群《SARS》である。のちの調査で明らかになった最も衝撃的な事実のひとつは、中国本土から列車で香港を訪れ、プリンス・オブ・ウェールズ病院に収容されたたったひとりの若い患者が、五〇人に直接感染させ、やがてこの病院だけで一五六人の患者が出たことだった。その後、プリンス・オブ・ウェールズ病院の集団感染は香港に第二の大量感染をもたらし、今度はそれがカナダなどの国に伝染病を広めた。SARS流行などの例に基づき、しだいに多くの疫学者が、伝染病がどれほど深刻になるかはスーパースプレッダーの活動——ガエタン・デュガやプリンス・

オブ・ウェールズ病院の患者のような、ひとりで多数に感染させる個人の——に大きく左右されると確信するようになっている。[7]

しかし、果たしてこうした人々はどれほど特別なのだろうか。

SARSの事件を詳しく調べれば、問題の真の原因は患者を肺炎と誤診して入院させたことだとわかる。誤診されたSARS患者は、隔離されずに、つまり未知の呼吸器系ウイルスに感染した患者に対する標準処置はとられずに、空調がまともに働いていない開けた病室に寝かされた。なお悪いことに、肺炎と診断されたために人工呼吸器が装着され、それが大量のウイルスを周囲の空気中に撒き散らした。混み合った病室でこういう条件が重なった結果、多数の医療従事者とほかの患者が感染した。

こうした経緯は病気が広まるうえでは重要だった。少なくともこの病院にかぎっては。しかし、この感染で重要なのは患者自身ではなく、むしろ患者が細かい点でどう扱われたかである。こういう事態になる前は、患者について何を知っていても、その患者に何か特別なことがあるとは思わなかったはずだ。患者に特別なことなど何もなかったのだから。プリンス・オブ・ウェールズ病院で集団感染が起こったあとについても、ウイルスが広がるに至った状況よりもスーパースプレッダーとなった個人に注目するのはまちがっている。

たとえば、SARSのつぎの大量感染は、アモイガーデンという香港の高層住宅でまもなく起こった。今度の原因となったのは、腎不全の治療のためにプリンス・オブ・ウェールズ病院を訪れて感染した人物で、重い下痢も患っていた。不幸なことに、この高層住宅の配管系も手入れが不十分で、排水管の漏れを通じて三〇〇人の住人に感染が広まったのだが、そのだれひとりとして最初の感染者と同じ部屋にいたわけではなかった。したがって、プリンス・オブ・ウェールズ病院の患者の特徴を研究し、スーパースプレッダーについてどんな教訓を推論していても、アモイガーデンではほぼ役に立たなかったことになる。

どちらの例でも、いわゆるスーパースプレッダーは、ほかのもっと複雑な状況が偶然にもたらした副産物にすぎなかったのだ。

ポール・リヴィアとウィリアム・ドーズの真夜中の騎行が入れ替わっていたら、一七七五年四月一九日に何が起こったのかはけっしてわからない。しかし、まったく同じ展開になった可能性はじゅうぶんにある。ただしその場合は、ポール・リヴィアではなくウィリアム・ドーズの名が語り継がれているだろう。プリンス・オブ・ウェールズ病院とアモイガーデンの集団感染が原因の複雑な組み合わせから起こったように、レキシントンでの勝利も数千の人々の決断とかかわり合い、それからもちろん運命のいたずらによって決まった。

言い換えれば、われわれは結果の原因をひとりの特別な人間に求める誘惑に駆られるが、この誘惑はわれわれがそのような世界の仕組みを好むからであって、実際にそのような仕組みになっているわけではないことに留意しなければならない。この例でも、ほかの多くの例と同じように、常識と歴史が結託して何もないところに因果関係の幻想を生み出している。一方で常識は、特別な人々だろうと、特別な性質だろうと、特別な状況だろうと、もっともらしい原因を作り出すのに長けている。他方で歴史は、証拠の大部分を親切にも捨て去り、説明すべき事柄の流れをひとつだけにする。

このようにして常識に基づく説明は、なぜ物事が起こったかを教えているように思えても、実は何が起こったかしか述べていないのである。

進行中の歴史は語りえない

歴史上の事件で「なぜ起こったか」と「何が起こったか」が区別できないことは、過去から学ぼうとする人間にとって大問題だ。しかしわれわれは、なぜ起こったのかはわからないにせよ、少なくとも何が起こったのかは知っていると自信を持てる。常識らしきものがあるとすれば、それは歴史が過去の事件をありのままに述べているということである。だが、ロシア系イギリス人の哲学者アイザイア・バーリンは、実際にそこに居合わせた人々にしてみれば、歴史家による歴史上の事件についての記述などたいして意味を持たないと論じた。バーリンはトルストイの『戦争と平和』の一場面を引いてこの問題を示している。

「ピエール・ベズーホフは『迷子』になってボロジノの戦場をうろつき、綿密な作戦というこ とばで自身が想像していたものを、つまり歴史家や画家が描き出すような戦いを探す。だがピエールが見いだしたのは、個々の人間が手前勝手に自分の都合ばかりを気にかけるいつもの混乱だけだ……それはおしなべて発端から結果がたどれず、予測もできない『偶然』の連続であり、ゆるやかにつながった物事が変化の絶えないパターンを生み、そこに秩序は見てとれない[8]」

歴史家がこのような異論を突きつけられたら、ベズーホフには単に戦場というパズルのさまざまな部分を観察する能力が欠けていたか、その場ですべてのピースを組み合わせる気力が欠けていたのだというもっともな反論をするかもしれない。言い換えれば、この戦いに対する歴史家の見方とベズーホフの見方の唯一のちがいは、歴史家は全体像を見られる立場にいなかった数多くのさまざまな当事者から、情報を収集して総合する時間と暇があるということなのだろう。この観点からすれば、何が起こっていたかをそれが起こっている時点で理解するのは、困難か、不可能なのかもしれない。だがこれが困難なのは、どれくらい速く関連要因を集められるかという実務的な問題のみによる。だとすると、この反論は、ベズーホフのような人間がボロジノの戦いのときに何が起こっていたかを知るのは現実的には不可能でも、原理的には可能だと言っていることになる[9]。

だがここで、いま述べた実務的な問題を解決できるとしてみよう。トルストイが描いた戦いでもほかの事件でも、あらゆる人物、物体、行動、思考、意図をその場で観察できる、文字どおりすべてを見通す存在がいたとして、われわれがそれを呼び出せると想像していただきたい。実際、歴史哲学者のアーサー・ダントはまさしくそのような架空の存在を提案し、これを理想的年代記作者と呼んでいる。ピエール・ベズーホフをダントの理想的年代記作者に置き換えたとき、この存在は何を観察するのだろうか。

まず何よりも、理想的年代記作者は哀れなベズーホフに比べて数多くの点で優位にある。ボロジノの全戦闘の全行動を観察できるだけでなく、世界で起こっているほかのすべても観察できる。それに加え、理想的年代記作者は永遠の存在であるため、その時点までに起こったすべても知っていて、そうした情報を総合でき、さらにはありうる結果も推論できる。要するに、理想的年代記作者はいかなる人間の歴史家よりもはるかに多くの情報を持ち、それを処理する能力も計り知れないほどすぐれている。

意外なことに、これだけの力を持っていてもなお、理想的年代記作者はベズーホフと本質は同じ問題をかかえている。つまり、理想的年代記作者でも、何が起こっているかを歴史家が述べるように述べることはできない。なぜなら、過去について述べるとき、歴史家はダントが物語文と呼ぶものに必ず頼るからだ。

物語文とは、ある時点の出来事を述べているかのように装いながらも、それ以後の知識を引き合いに出している文のことである。例として、この文を考えていただきたい。

「一年ほど前のある日の午後、庭でボブは薔薇を植えていた」

これはダントのいう通常文であり、そのときの出来事を述べているだけである。しかし、わずかに変えたつぎの文はどうだろうか。

「一年ほど前のある日の午後、庭でボブは賞をとることになる薔薇を植えていた」

これは物語文になる。薔薇を植えている時点では起こっていなかったこと、つまりボブの薔薇が賞をとることにそれとなく触れているからだ。

ふたつの文のちがいは取るに足らないように見える。だがダントが指摘しているのは、最初の種類の文――通常文――だけがそのときの当事者にとって意味を持つということだ。つまり、当時のボブは「ぼくは薔薇を植えている」とか「ぼくは薔薇を植えていて、この薔薇は賞をとれそうだ」といったことなら言うかもしれない。しかし、現に賞をとる前に「ぼくは賞をとることになる薔薇を植えている」と言えば、ひどく違和感がある。なぜなら、はじめのふたつの文は未来の予測を立てている（土に植えた苗がいつか薔薇の茂みとなって花を咲かせることや、ボブが薔薇を品評会に出すつもりであり、賞をとれると思っていることを予測している）が、三つめの文はちがう。実際に起こってからはじめて、現在の出来事に色づけする特定の出来事を、あらかじめ知っていることにしている。ボブが予言者、つまり未来がはっきり見え、まるであとから振り返っているかのように現在を語れる人物でもないかぎり、こんなことは言えない。

ダントが言いたいのは、すべてを知る架空の理想的年代記作者でも、物語文は使えないということである。理想的年代記作者はいま起こっているすべてを知っており、それまでに起こったすべても知っている。自分の知るすべての出来事がどう組み合わさるか、推論することもできる。しかし、未来を見通すことはできない。未来の出来事に照らして現在の出来事を述べることはできない。

だから、一三三七年に英仏海峡でイングランドとフランスの艦船が小競り合いをはじめたときも、理想的年代記作者なら戦争になりそうだと注目したかもしれないが、「百年戦争が本日はじまった」という観察記録はつけられるはずがない。当時は両国がどれくらいの規模で衝突するかわからなかっただけでなく、「百年戦争」という語も、一三三七年から一四五三年までの断続的な衝突を指す便利なことばとして、戦争が終わってからずいぶんあとにはじめて作られたからだ。

同様に、アイザック・ニュートンが代表作の『自然哲学の数学的諸原理』を発表したときも、理想的年代記作者ならそれが天体力学に大きく貢献すると言えるかもしれないし、科学に革命をもたらすとさえ予測できるかもしれない。だがニュートンが近代科学の基礎を築いたとか、啓蒙時代に重要な役割を果たしたなどと主張することはできない。これらは未来の出来事が起こってからはじめて語りうる物語文である。[10]

こうしたことは些細な意味論の議論のように聞こえるかもしれない。たしかに、たとえ理想的年代記作者が歴史家の用いることばを使えなくても、起こっていることの本質を歴史家と同じくらいよく理解することはできる。だが実のところ、「起こっていること」の歴史的記述は物語文抜きでは不可能だと、つまり物語文は歴史の説明に絶対に欠かせないのだとダントは主張しているのである。

これは重要な特徴である。歴史の説明は、起こったことを公平かつ客観的に述べている「だけ」だとよく言われるからだ。しかし、バーリンとダントがともに論じるとおり、起こったことをありのままに述べるのは不可能である。これはおそらくもっと大切なのだが、起こったことをありのままに述べても、歴史の説明が目的とするのは過去の出来事を再現するというより、なぜそれが重要なのかを明らかにすることなのだから、その目的にもかなわない。そして何が重要で、なぜ重要なのかを知るには、結果として何が起こったかをたしかめるしかない。当然ながら、恐ろしく有能な理想的年代記作者も、この情報は持っていない。したがって、進行中の歴史は語りえないのであって、その理由は当事者たちがあまりに忙しかったりあまりに混乱していたりして歴史を解き明かせないからだけでなく、起こっていることは結果が明らかになるまで意味づけができないからでもある。

では、それが明らかになるのはいつなのだろうか。実は、この無邪気な問いかけさえも、常識に基づく説明の難点になりうる。

最後の最後までわからない

名作映画〈明日に向って撃て!〉で、追い詰められたブッチ、サンダンス、エッタはアメリカからボリビアへ逃げようとする。ブッチに言わせるなら、ボリビアは黄金がひとりでに地中から湧いて出てくるも同然の国だった。しかし、ニューヨークからの長い船路のすえにたどり着いた三人を迎えたのは、豚と鶏だらけのほこりっぽい庭と石造りの荒れ果てた小屋だった。サンダンス・キッドは激怒し、エッタも意気消沈した顔を見せる。

「ボリビアでは物価が安い」

とブッチは楽天的に言う。

「金の使い道がどこにある?」

とキッドはうんざりして答える。

もちろんわれわれは、やがてこの魅力的な銀行強盗たちの運が上向いてくるのを知っている。事実、ことばの壁で愉快な失敗を何度かしたあとで、そのとおりになる。だがわれわれは、いずれそれが涙の結末を迎え、ブッチとサンダンスが拳銃を抜いて隠れ場所から銃火のなかへ飛び出していき、永遠のセピア色の画像のなかで凍りつくのも知っている。では、ボリビアへ行くことにしたのは正しい決断だったのだろうか、それとも誤った決断だったのだろうか。

直観にしたがえば、ボリビアへ行ったせいでブッチとキッドは死に向かって突き進んだのだから、後者のように思える。だがここまで読めばわかるように、われわれの考え方には遅い決定論という欠点がある。物事が悪い結末になったのを知っているとき、もともと悪い結末になるはずだったとわれわれは思いこむのである。そのため、この誤解を避けるためには、歴史を何度も「実行」する必要があり、ブッチとキッドが別の決断をくだしたときに起こりうるいろいろな結果を比較しなければならない。しかし、このさまざまな歴史のどの時点で比較すればいいのだろうか。

当初、アメリカを離れることは名案に思えた。ふたりは保安官のジョー・レフォーズとその配下たちによるほぼ確実な死から逃れたのであり、道中は終始愉快だった。物語が進むと、この決断はひどく愚かな案だったように思える。逃亡先はほかにもあるのに、よりによってなぜこの神に見捨てられた荒涼たる土地を選んだのか。ところが、ふたたび正しい決断だったように思えてくる。小さな町の銀行を襲ってぼろ儲けをしたからだ。そして最後に、つけがまわってきたときは、やはり愚かな案だったように思える。

要するに、ふたりに未来を見通せる強みがあったとしても（すでに知ってのとおり、これは不可能なのだが）、未来のどの時点で評価するかによって、みずからの選択についての結論は大きく異なってくると考えられる。どの時点が適当なのだろうか。

映画の物語というせまい枠のなかでなら、すべてを評価するのに適当なのは、明らかに結末の時点だろう。だが現実生活では、状況はずっと曖昧だ。結末がいつなのかを物語の登場人物が知らないのとちょうど同じように、われわれもおのれの人生という映画がいつラストシーンを迎えるのかは知りえない。仮に知っていても、どれほど些細なものであれ、すべての選択を死が迫った終末の状態に照らして評価することなどまずできない。それどころか、死に臨んでも自分の人生の意義さえわれわれには定かではない。

少なくともアキレウスは、トロイアへ行くことを決めたときにその代償を知っており、不朽の名声と引き替えに命を落とすことになるとわかっていた。だがわれわれは、自分の選択に対してはるかに確信を持てない。きょうの恥はあすの貴重な教訓になるかもしれない。あるいは、きのうの「任務完了」はきょうの苦痛という皮肉な事態になるかもしれない。蚤《のみ》の市で手にとった絵が巨匠の名作だと判明するかもしれない。倫理にかかわるスキャンダルが発覚し、同族会社を経営する自分の足を引っ張るかもしれない。自分の子供が偉大な仕事を成し遂げ、成功したのは親から教わった数多くの小さな教訓のおかげだと言うかもしれない。あるいは、自分の子供をはからずもまちがった方向に進ませ、真の幸せを得るチャンスから遠ざけてしまうかもしれない。

そのときは取るに足らなく思えた選択が、いつの日かきわめて重要になる場合もある。そしていまはとてつもなく重要に思える選択が、あとになってどうでもよく感じる場合もある。われわれは最後の最後までけっして知りえない。それに、すべて自分しだいで決まるわけではないのだから、最後の最後になってもわからないかもしれない。

言い換えれば、人生には明確な「結果」があり、そのときになればある行動の意味を最終評価できるという考え方そのものが、都合のいい作り事に等しい。現実には、われわれが結果と見なす出来事もけっして真の終点ではない。むしろそれは押しつけられたまがい物の里程標《りていひょう》であって、映画の結末が実際にはこれからもつづく物語にまがい物の終止符を打つことであるのと変わらない。そしてある過程のどこに「終わり」を押しつけるかによって、結果から導かれる教訓は大きく異なってくる。

たとえば、ある会社が多大な成功をおさめていて、自分の会社にもその成功を見習わせたいとしてみよう。何からとりかかればいいだろうか。常識は（ビジネス書のベストセラーの多くも）成功した会社を研究し、成功の鍵となった原動力を突き止め、そのやり方や特質を自分の会社でも模倣するべきだとすすめる。しかし、一年後には同じ会社の市場価値が八〇パーセントも下落し、前はそこをべた褒めしていたビジネス誌が今度は血祭りにあげようとしていたら？　常識はどこかほかの会社に成功のモデルを探すほうがいいとすすめるだろう。

けれども、どうすればこういうことがわかるのだろうか。一年後やそのまた一年後に何が起こるか、どうすればわかるのだろうか。

こうした問題はビジネス界で現実にしょっちゅう発生している。

一九九〇年代末にシスコシステムズはシリコンヴァレーの花形であり、ウォール・ストリートの寵児だった。インターネット時代の夜明けに設立されたシスコは、出だしこそ華やかではなかったものの、そこからのしあがって、二〇〇〇年三月には時価総額が五〇〇億ドルを超える世界で最も価値の高い企業になった。ご想像のとおり、ビジネス誌は大騒ぎをした。《フォーチュン》はシスコを「コンピューターの新たな超大国」と呼び、CEOのジョン・チェンバーズを情報時代における最高のCEOと賞賛した。ところが、二〇〇一年にシスコの株価は急落し、ほんの一年前には八〇ドルの高値をつけたのに、同年四月には一四ドルの底値をつけた。先を争うようにしてシスコを褒めちぎっていたビジネス誌が、今度はその戦略や業務やリーダーシップをこきおろした。

どれも見かけ倒しだったのか？　当時はそう思えたし、多くの記事が大きな成功をおさめたように見える企業でも重大な欠陥がありうるわけを説明した。だがこれは勇み足だった。二〇〇七年末に株価は二倍以上の三三ドル強になり、シスコは同じCEOに率いられたまま、かなりの利益をあげた。[11]

ということは、結局のところシスコは、一九九〇年代末にそう思われたとおりのすぐれた企業だったのだろうか。それとも、二〇〇一年にそう見えたとおりの砂上の楼閣だったのだろうか。あるいはそのどちらでもあったのか、いやどちらでもなかったのか。二〇〇七年以降の株価を追ってもそれはわからない。シスコの株価は、まず二〇〇九年はじめの金融危機のただなかにふたたび一四ドルまで下落した。だが二〇一〇年には、二四ドルまで値をもどしている。いまから一年後、あるいは一〇年後にシスコの株価がどうなっているかはだれにもわからない。

だがおそらく、そのときの株価がいくらであれ、それにうまくつながるような形で株価のすべての上昇と下落を「説明」する記事がビジネス誌に載るだろう。あいにく、こうした説明もそれまでのあらゆる説明とまったく同じ問題から逃れられない。どの時点も物語のほんとうの「終わり」ではない。その後も必ず何かが起こるのであって、その後に起こったことは現在の結果に対するわれわれの認識だけでなく、すでに説明した結果に対する認識までも変えやすい。

われわれが現在示されている説明になんらとまどいを覚えずに、以前の説明を一から書きなおすことができ、あたかも**いま**が結果を評価する正しいときであるかのようにふるまえるのは、ある意味では驚きに値する。しかし、シスコの例や、ほかの無数のビジネス、政治、計画などの例が示しているとおり、いまが立ち止まって評価する最適のときだと考える根拠はない。

いちばんよくできた物語を語った者が勝つ

要するに、歴史の説明は因果関係の説明でもなければ、ありのままの記述でもない。少なくともわれわれが想像する意味ではちがう。むしろ物語である。歴史家のジョン・ルイス・ギャディスが指摘するとおり、それは史実とそのほかの観察できる証拠の制約を受けた物語だ。[12]

にもかかわらず、歴史の説明は、よくできた物語と同じように、興味深い事柄に集中し、多種多様な原因を軽んじ、起こったかもしれないが実際は起こらなかったことはすべてなおざりにする。やはりよくできた物語と同じく、一部の事件とその関係者をめぐる動きに注目してドラマ性を強調し、それらに特別な意義や意味を植えつける。そしてやはりよくできた物語と同じように、よくできた歴史の説明も筋が通っていて、複雑、偶然、曖昧よりも単純明快な決定論を重視しやすい。何よりも、はじまりと中間と終わりがあって、終わりの時点ですべて――出てきた人物や、出来事を提示する順番や、人物と出来事の述べ方など――が意味をなさなければならない。

よくできた物語の魅力は非常に強いので、説明を科学的に評価しようとするときも、つまりどれくらいデータに一致するかに基づいて評価しようとするときも、われわれは物語としての特質から判断してしまう。たとえば、心理学者はさまざまな実験をおこない、単純な説明のほうが複雑な説明よりも正しいと判断されることを明らかにしている。それは単純な説明のほうが多くを説明しているからではなく、ただ単純だからという理由による。ある研究によれば、医学症状についての架空の説明のどれが正しいかを選ぶよう言われた被験者の大多数は、ふたつの病気にかかわる説明よりもひとつの病気のみにかかわる説明のほうを選んだ。統計的に見れば、ふたつの病気にかかわる説明は、ひとつの病気のみにかかわる説明に比べ、正しい可能性が二倍だったのに、だ。[13] 矛盾して聞こえる話だが、細かい情報が追加されたときも、たとえそれが無関係だったりつじつまの合いにくかったりする情報であっても、説明は正しいと判断される。

例として、ある有名な実験で、「ビル」と「リンダ」というふたりの架空の人物についての描写を示された学生たちは、詳しく描写しないほうがつじつまが合っているように思えても、決まって詳しいバックストーリーを好んだ。ビルは単なるジャズ演奏者ではなく会計士兼ジャズ演奏者であるとか、リンダはただの銀行の窓口係ではなくフェミニストの窓口係であるとかといった描写である。[14] 内容だけでなく、同一の説明であっても、手際のよい説明は手際の悪い説明よりも信頼できそうだと判断される。そして直観にかなう説明は直観に反する説明よりも正しいと判断される。いかにもありがちな説明は大きくまちがっているものだと、アガサ・クリスティーの数々の小説からわれわれは知っているにもかかわらず、そう判断する。さらに、説明がどれほど正確かまったくわからなくても、その説明が手元にあれば、人々は自分の判断に自信を持ちやすいことが観察されている。[15]

もちろん、科学的説明も物語としてはじまるときは多いし、そのためいくつか共通した特質があるのは事実だ。[16] しかしながら、科学と物語の重要なちがいは、科学が実験をおこなって「物語」を明確に検証することにある。そしてそれがうまくいかなければ、うまくいくまで物語を修正する。天文学のように文字どおりの「実験」が不可能な分野でも、似たことがおこなわれている。過去の観察に基づいて理論を立て、未来の観察によってそれを検証しているのである。

だが歴史は一度しか起こりえないので、実験が事実上おこなえず、真の因果関係を推論するのに必要なまさにその証拠が排除されてしまう。こうして、実験が存在しない状況では、物語を作るわれわれの能力は無制限に行使され、興味を引かないか語りたい物語に合わないという理由で放置された証拠の大部分は、その過程で握り潰される。したがって、歴史に科学的説明の水準を満たすよう求めるのは、非現実的であるだけでなく、根本からとりちがえている。バーリンが結論しているように、それは「みずからの本質を否定するよう頼むこと」なのである。[17]

おおむね同じ理由から、本職の歴史家も、ある特定の状況を別の状況にまで幅広く適用するむずかしさを強調するのによく骨を折っている。しかしながら、いったん組み立てられた過去の説明は科学が組み立てる理論と非常によく似ているので、最も慎重な歴史家でさえも、同じだけの適応力があるかのように扱う誘惑に駆られる。[18]

言い換えれば、ある本がなぜベストセラーになったのかを理解しようとするとき、われわれは書籍全般がどのようにしてベストセラーになり、ほかの著者なり出版社なりがどうすればそれを真似できるのかと暗黙のうちに問うている。最近の住宅バブルや九・一一同時多発テロ事件の原因を調べるとき、われわれは決まって未来に応用できそうな洞察を求めている——金融市場の安定性や国家の安全保障を改善するために。そしてイラクへの兵力増派がその後の治安改善の原因だと結論するとき、われわれは同じ戦略を応用する誘惑に駆られ、現政権は実際にアフガニスタンでそれを実行している。

つまり、どういう言い方をしようと、過去について学ぼうとするとき、同時にわれわれは必ず過去から学ぼうとするのだ。この関係は、哲学者のジョージ・サンタヤーナのことばが暗に伝えている。

「過去を思い出せない者は、それを繰り返す運命にある」[19]

こうした物語と理論の混同は、常識によって世界を理解しようとするときの問題の核心を突いている。すでに起こったことを理解しようとしているだけであるかのようにわれわれは言う。だがその舌の根も乾かぬうちに、自分が学んだと思っている「教訓」を未来に実行するつもりの計画や政策に応用する。物語を作ることから理論を組み立てることへの切り替えは、非常にたやすく直観的にできるので、われわれはほとんどの場合、切り替えていることを自覚さえしない。だがこの切り替えは、ふたつが根本からちがうもので、目的も異なれば証拠の基準も異なることを見落としている。だから、物語としての出来に基づいて選ばれた説明が、未来の傾向や趨勢を予測する役には立たなくても、驚くにはあたらない。

にもかかわらず、われわれはそれを利用しようとする。したがって、過去を説明する力に限界があると理解することは、未来を予測する力とはなんなのかという問いに光をあてることになる。そして予測は計画、政策、戦略、経営、マーケティングのほか、これから論じるさまざまな問題のどれにとってもきわめて重要なので、つぎはこの予測について考えてみることにしよう。

6　予測という夢

人間は予測が大好きだ――天体の運行でも、株式市場の乱高下でも、つぎのシーズンに人気の色でも。どの日でもいいから新聞を手にとってみれば、すぐさま大量の予測に出くわす。実のところ、あまりにも多いので、いちいち気づかないほどだ。《ニューヨーク・タイムズ》紙の一面からほぼ無作為に選んだあるニュース記事を考えてみよう。二〇〇九年夏に載ったこの記事は、小売市場の動向に関するもので、つぎの新学期シーズンの予測が一〇あまりも書かれていた。たとえば、記事が引用していた情報源のひとつ、全米小売業協会と呼ばれる業界団体は、就学児のいる家庭の平均出費は「昨年より八パーセント近く減る」と予測していた。リサーチ会社のショッパートラックは、店への客足は一〇パーセント減になると予測。最後に、販売コンサルタント会社のカスタマー・グロース・パートナーズの社長のことばとして、今度のシーズンは「ここ何年、いや何十年で最悪の新学期シーズンになる」という見方が引用されていた。[1]

三つの予測はどれも信頼できそうな情報源によって立てられており、正確さを評価できるくらい明瞭だった。しかし、どれくらい正確だったのだろうか。正直なところ、わたしにはわからない。《ニューヨーク・タイムズ》紙は同紙に載った予測の正確さについての統計を発表していないし、ほとんどのリサーチ会社もそういうものは提供していない。事実、予測の奇妙な点のひとつは、われわれは未来についての見解を熱心に発表したがるが、それに負けず劣らず、立てた予測に説明責任を持ちたがらないことである。

一九八〇年代半ば、心理学者のフィリップ・テトロックは、当時の政治専門家のあいだにまさしくこのパターンが見られることに気づいた。専門家は発言に責任を持つべきだと考えたテトロックは、二〇年以上をかけることになる見事な検証法を考案した。

テトロックはまず、二八四名の政治専門家に説いてまわり、選挙の結果から二国間の軍事衝突の可能性まで、この先ありうるさまざまな出来事に関して一〇〇近い予測を立てさせた。それぞれの予測につき、ふたつの結果のうち予想するほうを指定させ、予測が正しい確率も推定させた。こうしたのは、自信のある予測が正しかったときに得る点は高くなるが、まちがったときは失う点も高くなるようにするためだった。予測がそろうと、テトロックは腰を据えて成り行きを待った。

二〇年後に結果が発表されたが、その発見は印象深いものだった。ランダムな推測より専門家の成績のほうがわずかによかったものの、最低限の手を入れた統計モデルにさえ及ばなかったのである。さらに驚くべきなのは、専門分野内よりも分野外のほうが、成績がわずかによかったことだった。[2]

テトロックの検証結果は、専門家気どりの愚かしさを証明するものとしてよく解釈されており、たしかにそれも一理ある。しかし、専門家は一般の人々に比べて予測を立てるのが上手でないにしても、おそらく下手でもない。たとえば、わたしが子供のころ、多くの人々が未来は空飛ぶ車やスペースコロニーやありあまるほどの自由時間に満ちていると信じていた。ところが、いまもわれわれは崩れかけの混み合ったフリーウェイで内燃式の車を運転し、削られる一方の機内サービスに我慢させられ、かつてよりも長時間働いている。その反面、ウェブ検索や携帯電話やオンラインショッピング、つまりわれわれの生活を左右しているテクノロジーは、どこからともなく出現した。

実は、テトロックが実験をはじめたのと同じころに、スティーヴン・シュナーズという経営学者が、テクノロジー動向に関する予測の正確さをはかろうと試み、膨大な書籍、雑誌、業界分析をまとめて、一九七〇年代に立てられた数百の予測を書き出した。そして専門家が立てたかどうかにかかわりなく、全予測のおよそ八〇パーセントがまちがっていたと結論した。[3]

みじめな成績となっているのは社会やテクノロジーの長期的な動向に関する予想だけで

はない。出版関係者やプロデューサーやマーケティング担当者――経験もあれば意欲もあり、予測のリスクを承知しているその業界のプロフェッショナルたち――にとっても、どんな本や映画や製品がつぎの大ヒットになるかを予測するのはむずかしい。そしてそれは政治専門家にとってつぎの変革を予測するのがむずかしいのと変わらない。

事実、文化市場の歴史には、出版社や映画製作会社が完全な失敗を予期して見かぎったのに、のちに大成功をおさめた例がたくさんある。エルヴィス、〈スター・ウォーズ〉、〈となりのサインフェルド〉、「ハリー・ポッター」シリーズ、〈アメリカン・アイドル〉などだ。[4] それから一九九八年のロングターム・キャピタル・マネジメント、二〇〇一年のエンロン、二〇〇二年のワールドコム、二〇〇八年の金融システム全体の崩壊危機といった近年の劇的な経済破綻を見ても、グーグルやフェイスブックの躍進のようなめざましい成功物語を見ても、最も印象深いのは、ほぼだれひとりとして何が起こるのかをわかっていなかったように思えることだろう。

たとえば、リーマン・ブラザーズの破綻が迫った二〇〇八年九月になっても、財務省や連邦準備制度理事会の高官たちは、どこのだれよりも情報に通じていたはずなのに、その後に世界規模ですさまじい被害をもたらした金融市場の麻痺を予想しそこなった。逆の例として、グーグルを設立したセルゲイ・ブリンとラリー・ペイジは、一九九〇年代末に同社を一六〇〇万ドルで売却しようとした。だれも興味を示さなかったのは、ふたりにとって幸運だった。グーグルの市場価値は一六〇〇億ドルに至り、ほんの何年か前にふたりやほかの人々が適当だと考えた額の一〇万倍に達したからだ。[5]

　こうした結果は、単に人間が予測を立てるのに長けていないということを示しているように思えるが、実はそれもあまり正しくない。現実には、われわれでもその気になれば非常にうまく立てられる予測はいろいろある。たとえば、わたしはニューメキシコ州サンタフェの天気予報がかなり上手だと断言できる。実際、八〇パーセント以上の確率で正しく予報できる。とはいえ、テトロックの専門家たちのみじめな成績に比べればたいしたものだと思えるかもしれないが、サンタフェの天気を予測できたところでわたしは気象局の職には就けそうにない。サンタフェでは年間およそ三〇〇日が晴天なので、「あしたは晴れるでしょう」と何も考えずに予測を立てるだけで、三六五日中三〇〇日は正しいことになるからだ。同様に、アメリカは今後一〇年のあいだカナダと戦争をしないとか、太陽は東からのぼりつづけるといった予測も正しいだろうが、だれも感銘を受けたりしない。

　要するに、予測の真の問題とはそれが上手か下手かではなくて、自信を持って立てられる予測とそうでない予測とを区別するのにわれわれが長けていないということである。

ラプラスの魔

　ある意味では、この問題ははるかニュートンにまでさかのぼる。ニュートンは運動の三法則と万有引力の法則から出発し、ケプラーの天体の運行法則だけでなく、潮の満ち引きや発射体の軌道など、実に驚くべき自然現象の数々を解明できた。これは並はずれた科学の偉業だったが、数学の法則にこのような比類なき力があるのなら、さらに何ができるのかという期待も生んだ。天体の運行も潮の満ち引きも、予測できればすばらしいことだ。しかし、電子の振動や光が一定距離を進むのに要する時間などとはちがい、これらは全自然界で最も予測しやすい現象でもある。

それでも、こうした予測は科学者と数学者がはじめて注目した問題のひとつであり、そこでこれほどのめざましい成功をおさめてしまったため、すべてがそのような仕組みになっていると結論する誘惑が生じた。ニュートン自身もこう書いている。

同様の推論によって、ほかの自然現象も力学の諸原理から解明できればいいのだが！というのも、すべての現象がある力に基づいているのではないかと考えるだけの根拠はいくつもあるからだ。原因はまだ定かではないが、この力によって物体の粒子は押し合って通常の姿にまとまるか、はじき合って遠ざかっていく。[6]

一世紀後、フランスの数学者にして天文学者のピエール゠シモン・ラプラスは、ニュートンの考え方を極限まで押し進め、ニュートン力学は未来の予測を――全宇宙の未来さえも――単なる計算の問題に変えたと主張した。ラプラスは「自然を動かすすべての力」と「自然を構成するすべての物体のすべての位置」を知っている「知性」を思い描いたうえで、「そのような知性にとっては何事も不確実ではなく、その目には未来も過去同様に明らかだろう」と述べた。[7]

ラプラスが想像した「知性」はやがて、「ラプラスの魔」の名で呼ばれることになり、それ以来、未来に対する人類の考え方にしばしば顔を出す。ラプラスの魔は哲学者の議論を呼んだ。未来の予測が力学の問題になってしまえば、人間から自由意思が奪われてしまうと思えたからだ。

だが結局のところ、哲学者たちはあまり心配せずともよかった。熱力学の第二法則から量子力学を経てカオス理論が生まれた結果、時計仕掛けの宇宙というラプラスの発想は――そして自由意思についての懸念も――いまでは一世紀以上も退潮をつづけている。

しかし、だからといってラプラスの魔が消え去ったわけではない。自由意思をめぐる論争はあったが、自然法則を適切なデータに応用すれば未来の予測に利用できるという考え方には、驚くほど魅力があった。

言うまでもなく、人々は文明のあけぼの以来、未来に対する予測を立ててきた。だがラプラスの尊大な考え方がそれらと異なるのは、魔術的な力や特別な洞察力を引き合いに出すのを自制したことだ。ラプラスの考え方は、だれでも究めようと思えば究められる科学法則が存在すること、この一点のみに基づいていた。こうしてかつては預言者と神秘論者の領分だった予言は、客観的で合理的な近代科学の領域に持ちこまれた。

だがその過程でラプラスの魔は、ふたつの異なるシステムのあいだにあった重大なちがいを曖昧にした。便宜上、ここではそれぞれを「単純なシステム」「複雑なシステム」と呼ぶことにしよう。[8]

単純なシステムとは、観察対象に変化があっても、そのすべてかほとんどをモデルが捕捉できるシステムである。したがって、たとえモデルを作って予測することが単純な作業と言えなくても、振り子の振動や人工衛星の軌道はこの意味では「単純」になる。矛盾して聞こえるが、科学の最も複雑なモデル、つまり惑星間を移動する宇宙探査機の軌道を予測するモデルや、GPS装置の位置を特定するモデルというのは、往々にしてわりあい単純な仕組みになっているものだ。通信衛星の軌道を決める基本的な運動方程式や、飛行機の翼に働く揚力は、高校の物理学の授業でも教えられる。しかしながら、すぐれたモデルでも、それよりわずかにすぐれたモデルがあれば性能に大きなちがいが出るので、GPS衛星やボーイング747を作るエンジニアはあらゆる細かな修正を組みこまなければならず、結果として実際のモデルはずっと複雑なものになる。

たとえば、一九九九年にNASAのマーズ・クライマット・オービターが火星の大気中で燃え尽きたとき、事故の原因はプログラムの単純な誤りのために（メートル法のかわりにヤード・ポンド法を用いた）、探査機が火星の上空一四〇キロメートルではなく約六〇キロメートルの軌道に乗ったことだと突き止められた。火星にたどり着くためにはまず五〇〇〇万キロメートル以上を航行しなければならないことを考えれば、些細な誤りに思える。しかしこれが、NASAの輝かしい成功と不名誉な失敗の分岐点になったのである。

複雑なシステムはまったく別の代物だ。何が複雑なシステムを「複雑」たらしめているかは人によって意見が異なるものの、多数の独立した要素が非直線的な形で作用し合うときに複雑性は生まれると一般に受け止められている。たとえば、アメリカ経済は数百万の人々と数十万の企業と数千の政府機関の行動に加え、テキサスの天候や中国の利率といった、数え切れないほどのそのほかの外的、内的要因の産物である。だから、経済の軌道のモデルを作るのはロケットの軌道のモデルを作るのとはちがう。

複雑なシステムでは、システムの一部におけるわずかな乱れが増幅され、ほかの部分に大きな効果を及ぼす。前に論じた累積的優位と予測不能性で出てきたカオス理論の「バタフライ効果」である。複雑なシステムでは小さな要因のひとつひとつが予測できない形で増幅されるのであれば、モデルが予測できることはかぎられている。このため、複雑なシステムのモデルは単純なものになる傾向がある。単純なモデルのほうが好結果を出せるからではなく、どのみち大きく誤る可能性が残っているために、改良してもほとんど意味がないからである。

経済学者にとって、マーズ・クライマット・オービターを破壊させるに至ったのと同じくらい正確な経済のモデルを作ることは夢物語にすぎない。もっとも問題は、経済学者のモデルが不完全というより、複雑なシステムのモデルすべてが不完全ということにある。[9]したがって、ラプラスの考え方の致命的な誤りは、単純なシステムでしかラプラスの魔が通用しないことである。しかし、実社会のほぼあらゆるもの——マーケティングキャンペーンの効果であれ、経済政策の影響であれ、経営計画の結果であれ——は複雑なシステムの範疇にはいる。懇親会、スポーツの観客、企業、ボランティア組織、政党、あるいは社会全体でも、人々が集まるときは必ず互いの考えや行動に影響を与える。3章で論じたとおり、社会システムをそもそも「社会」たらしめているのはこうした相互作用である。相互作用によって、人々の集まりは単なる人々の集まり以上のものになるからだ。だがその過程で、途方もないほどの複雑性が生じる。

未来と過去は別物である

実社会に複雑なシステムがあまねく存在することは重要な意味を持つ。われわれに立てられる予測のたぐいが大きく制限されることになるからだ。つまり、単純なシステムでは、実際に何が起こるか——ハレー彗星のつぎの接近時期や人工衛星が乗る軌道——を高い確度で予測できる。これに対して複雑なシステムでは、何かが起こる確率を正しく予測することくらいしか望めない。[10]

一見するとこのふたつは似ているように思えるが、根本から異なっている。

わかりやすくするために、コインを投げて表か裏かをあてようとしていると想像してみよう。これはランダムな事象なので、平均して半数が表になると予測するくらいしかできない。「何度も繰り返せば、投げたコインのうち五〇パーセントは表が出て、五〇パーセントは裏が出る」という法則は、表と裏が平均してちょうど半分ずつ出るという意味では、まったくもって正しい。しかし、この法則を知っていたところで、コインを一回投げたときの結果を五〇パーセント以上正確に予測することは、どんな手を使おうとできない。[11] 複雑なシステムは、コイン投げがランダムであるのと同じ意味でランダムであるわけではないが、現実には区別がきわめてむずかしい。

先のミュージックラボの実験が証明したとおり、その市場のあらゆる人物のあらゆる点を知っていても――調査質問を一〇〇〇回して、行動を逐一観察し、常時脳スキャナーにかけても――ある曲が特定の仮想世界で一位になる確率を予測するのが関の山だ。実験では、平均してほかの曲よりも一位をとりやすい曲はあったが、どの世界でも個人間の相互作用がごく小さいランダムな変動を増幅し、予測できない結果をもたらしていた。

この種の予測不能性の何が問題なのかを理解するには、われわれが予測を立てたがるもうひとつの複雑なシステムの例を考えてみるといい。すなわち天気である。少なくとも、ごく近い未来——おおむね四八時間以内——については天気の予測はかなり正確であり、天気予報士はそれを「信頼できる」としている。降水確率が六〇パーセントと予報された日のうち、六〇パーセント前後は実際に雨が降る。[12]

では、なぜ人々は天気予報が正確でないと不満を持つのか。理由はそれが信頼できないからではなく、信頼性と人々が求める正確さが異なるからである。われわれは、あすのような日が六〇パーセントの確率でどうなるかを知りたいわけではない。実際にあすがどうなるか、つまりあす雨が降るのか降らないのかを知りたがる。だから、「あすの降水確率は六〇パーセントです」と聞けば、あすはたぶん雨が降るという天気予報だと解釈するのが自然である。そして、傘を持って仕事に行っても半分近くの確率で雨は降らないわけだから、天気予報士はよくわからずに物を言っているのだとわれわれは結論する。

コイン投げや天気予報といったおおむね同じことが何度も繰り返される場合でも、確率の面から未来の出来事を考えるのは相当にむずかしい。しかし、これが特定の戦争の勃発や、特定の大統領選挙や、特定の大学の合格といった生涯に一度しかない出来事になると、こうした食いちがいを理解するのはほぼ不可能になる。

たとえば、バラク・オバマが二〇〇八年の大統領選挙で勝利する前日に、オバマが勝利する可能性は九〇パーセントだと言うことは何を意味するのだろうか。オバマが一〇回挑めば九回勝つということか。もちろんちがう。選挙は一度きりだし、それを繰り返そうとする試みは——つまりつぎの選挙に出たとしても——連続したコイン投げのようには比較できない。では、ギャンブルのオッズのように解釈されるのか。オバマが勝ったときに一〇ドルもらうためには九ドル賭けなければならず、負けたときは一ドルだけ賭けていれば一〇ドルもらえるのか。しかし、このギャンブルは一度しか決着がつかないのだから、「正しい」オッズをどうやって決めればいい？

答がわからなくても、それはあなただけではない。数学者さえ、一度きりの出来事に確率をあてはめる意味について議論している。[13] だから、数学者でも「あすの降水確率は六〇パーセントです」という一文の意味について頭をかかえているのなら、われわれが同じ状態に陥っても不思議ではない。

確率の面から未来を考えようとするときに出くわす困難は、別の可能性に目をつむって既知の結果を説明したがるわれわれの好みを映し出している。前章で論じたとおり、過去を振り返るとき、われわれは出来事の連続しか見ていない。きのうは雨が降った、二〇〇八年にバラク・オバマはアメリカ合衆国大統領に選ばれた、といった具合に。

われわれは、こうした出来事が別の展開になりえたことをいくらかなりとも理解している。しかし、現在とちがう成り行きになったかもしれないのだといくら自分に言い聞かせても、起こったことが起こったという事実は変わらない。四〇パーセントでも六〇パーセントでもなく、一〇〇パーセントそうなったのである。だから、未来を考えるときも、もっぱら実際に何が起こるかをおのずと気にかける。

予測を得るために、われわれはさまざまな別の未来の可能性を熟慮し、いくつかの未来はほかの未来より可能性が高いと判断するところまで行くかもしれない。だが結局のところ、そういう未来の可能性のうち、ひとつしか実現しないのを知っているので、どれがそのひとつなのかを知りたがる。

われわれの過去に対する見方と未来に対する見方の関係は、架空の会社の株価が時間とともに変化するさまを表した一八七ページの図が例を示している。現在から過去を振り返ると、株価の変遷（実線部分）が見てとれるが、これは当然ながら一本の折れ線をたどっている。しかし、未来に目を向けたときは、株価が一定の範囲におさまる確率しか言えない。

わたしのヤフーの同僚であるディヴィッド・ペノックとダン・リーヴズは、ストックオプションの価格を調べ、このような図を作成するアプリケーションを組み立てた。オプションの価値は原株の価格によって決まってくるので、いろいろなオプションの現時点での売買価格は、満期日の株価の予測だと解釈できる。もっと正確に言えば、オプションの価格は図に示したようなさまざまな「確率の包絡線」を推論するのに利用できる（包絡線とは、与えられたすべての曲線に接する曲線を指す）。たとえば、内側の包絡線は二〇パーセントの確率内におさまる株価の範囲を示し、外側の包絡線は六〇パーセントの確率内におさまる株価の範囲を示す。

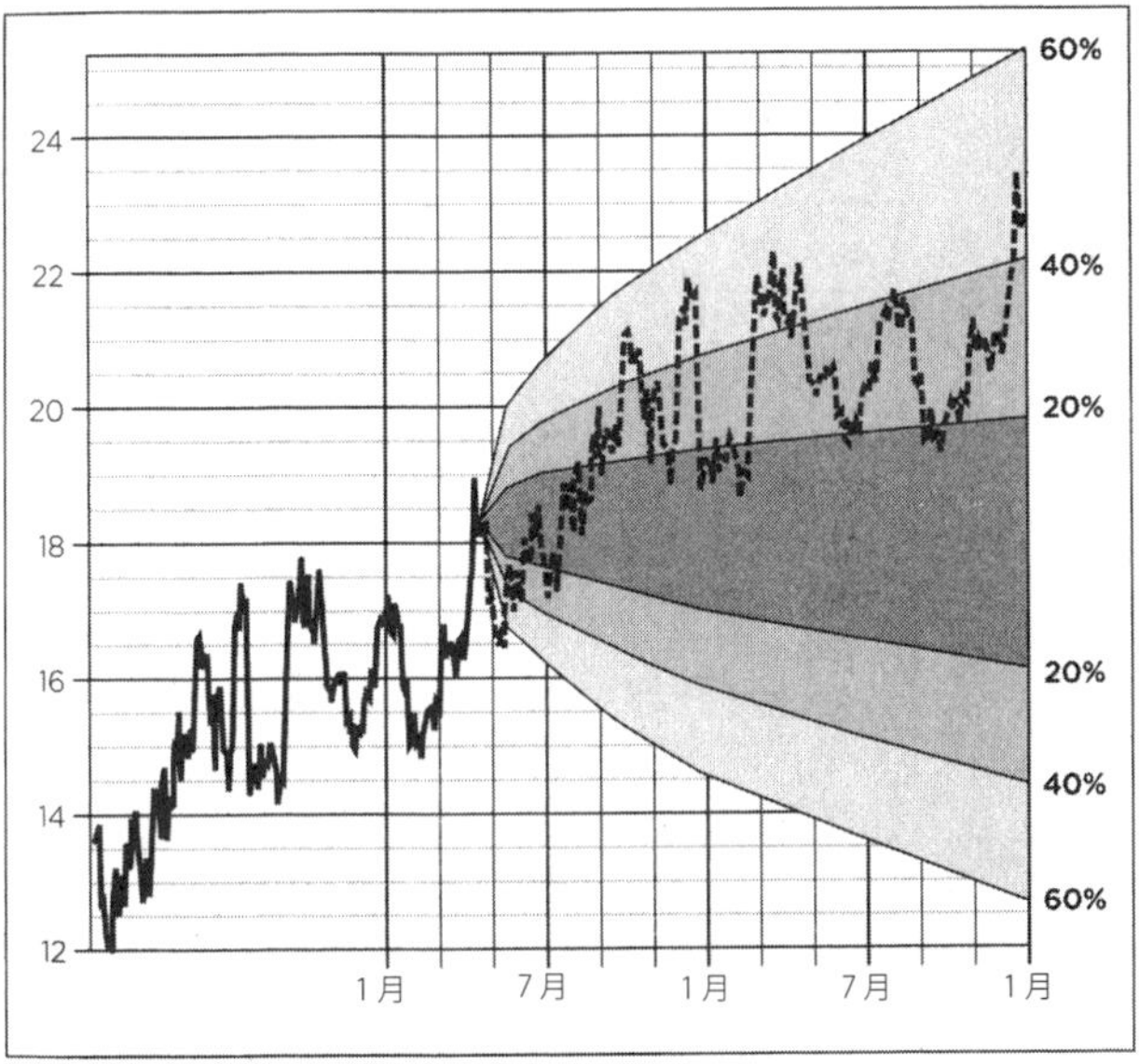

過去と未来の株価

しかしながら、いずれ株価が明らかになることもわれわれは知っている。「未来」の破線部分が表しているのがそれだ。このとき、包絡線が定める確率の漠然とした雲は、いまから見た過去の価格とちょうど同じように、それぞれただひとつの特定の価格に置き換わる。

われわれはこれを知っているので、さらに一歩進み、未来の線はまだ明らかになっていなくても何か宇宙的な意味ですでに決まっているのではないかと思いこむ誘惑に駆られる。だがこの一歩は誤っている。未来の株価が現実になる前に言えるのは、それが一定の確率で一定の範囲におさまることのみである。この範囲のどこかにあるのにそれがわからないだけなのではなく、もっとはっきりした意味で、まさしく確率の範囲としてしか存在していない。

別の言い方をすれば、未来について不確かであることと、未来そのものが不確かであることはちがう。実際のところ、前者は単なる情報不足、つまりわれわれが何かを知っていないということだが、後者は情報が原則として知りえないことを意味している。前者はラプラスの魔が存在する秩序ある宇宙であり、われわれがじゅうぶんに努力し、じゅうぶんに賢明であれば未来を予測できる。後者は本質がランダムな世界であり、われわれにせいぜい望めるのは、さまざまな結果の予測を確率として表現することくらいしかない。

予測すべきものを予測する

結果を予測することと結果の確率を予測することとは根本から異なっており、われわれは自分たちに立てられる予測の種類についての考え方を改めるべきだ。しかし、過去からの学び方のために生じる問題はもうひとつあり、むしろこちらのほうがなおのこと直観に反している。すなわち、そもそもどの結果について予測を立てるべきなのか、われわれは知りえないということだ。

実のところ、過去に「起こったこと」が無数にあるのとちょうど同じように、ある時点で立てられる予測も無数にある。そしてわれわれは、これらの過去の出来事のほとんどをまったく気にかけないのとちょうど同じように、こうした予測の候補のほとんども気にかけない。われわれが気にかけるのはごく少数の予測であり、正しく立てられれば物事に重要な変化を及ぼすような予測である。カッターナイフで武装したテロリストが飛行機をハイジャックして世界貿易センターと国防総省に突っこませるつもりだと航空当局が予測していたら、操縦室のドアを強化するとか空港での検査を徹底するといった予防措置をとって、そのような脅威を封じようとしただろう。同様に、グーグルという名の小さな新興企業がいずれインターネット界の巨人になると一九九〇年代末に投資家が予測していたら、グーグルに投資して大儲けができただろう。

歴史を振り返ると、こうした出来事は予測できたかのように思える。しかし、あとになってみないとわからないのは、何かの予測に対する結果だけではないのに、われわれはそのことを理解していない。どんな予測を立てるべきだったのかも、あとになってみないとわからない。

一九六三年一一月に、ジョン・F・ケネディ大統領のダラス訪問で注意すべきなのは食中毒ではなく狙撃手だと、だれにわかっただろうか。九・一一以前に、飛行機のハイジャックを防ぐ鍵は爆弾探知犬ではなく操縦室のドアの強化だと、だれに知りえただろうか。あるいは、汚い爆弾や地下鉄内の神経ガスではなく、ハイジャックされた航空機がアメリカにとって最も大きなテロの脅威だと、だれに知りえただろうか。検索エンジンがほかのビジネスモデルではなく広告を収入源にすると、だれが知りえただろうか。あるいは、コンテンツのあるサイトや通信販売のサイトやそのほかのまったく異なるサイトからではなく、検索エンジンから収益を得ることに注目すべきだと、だれが知りえただろうか。

この問題は事実上、前章でとりあげたダントの歴史論と表裏一体になっている——何が関係しているかはあとにならないとわからない。つまり、最も立てたい予測を立てるためには、未来に起こるかもしれないすべての出来事のなかで、どれが関係するのかをまず特定し、それにいまから注意を払わなければならない。ダントの理想的年代記作者なら何が起こっているかを言えるはずだと思えたように、これもできるはずであるかのように思える。

しかし、起こりそうなすべての出来事について予測を示そうとすれば、たちまちわれわれは可能性の海のなかで溺れることになる。今夜は何時にごみ収集車が来るかを心配すべきか？　たぶんその必要はない。しかし、もし飼い犬がちょうど同じ時刻に紐をはずして道路に飛び出したら、飼い主は出かける前に知っておきたかったと思うだろう。自分の乗る飛行機が欠航になるかどうかを予測すべきか？　たぶんその必要もない。しかし、たまたま乗った別の飛行機が墜落したり、隣の席の乗客と将来結婚することになったりしたら、欠航の件はとてつもなく重要に思えるだろう。

関係性の問題は重要であり、単にもっと情報を得たりもっと賢いアルゴリズムを使ったりするだけでは解消できない。政治学者で「予測専門家」のブルース・ブエノ・デ・メスキータは、予言に関する著書で、複雑な政治交渉の結果を予測するゲーム理論の力をきわめて積極的に評価している。[14] 複雑なシステムに固有の予測不能性に鑑みれば、ブエノ・デ・メスキータのコンピューターモデルが本人の弁どおりに予測できるとは考えにくいのだが。

だが、その点はいったん脇に置き、たとえ完璧に機能するコンピューターモデルがあったところで、それに何が予測できるのかというもっと大きな問いを考えてみよう。ブエノ・デ・メスキータは、一九九三年にイスラエルとパレスチナ解放機構とのあいだで結ばれたオスロ合意の結果を予測するのに成功したと主張している。当時ならこれはめざましい業績に思えただろう。けれども、このアルゴリズムが予測しなかったのは、オスロ合意は蜃気楼に等しく、つかの間見えた希望の光はその後の展開によってすぐさま消えてしまったことだ。つまり、のちに起こったことを考えれば、オスロでの交渉結果がそもそも最も重要な予測結果でなかったのは明らかである。

もちろん、ブエノ・デ・メスキータなら、自分のモデルはその手の予測を立てるように作られてはい
ないと、もっともな指摘をするかもしれない。しかし、まさしくそこが肝心なのだ。予測の対象が正しいことは、予測の結果が正しいことに劣らず重要である。

われわれは過去を振り返っても、一九九九年にグーグルが検索エンジンの市場でどれくらいのシェアを得るかや、第二次湾岸戦争でアメリカ軍兵士が何日でバグダッドに到達するかを予測できればよかったとは思わない。これらは立てる意味のある予測に思えたかもしれない。しかし、どこかの時点でわれわれはそれがあたろうがはずれようがたいして重要でないことに気づく。たしかにそれほど重要ではなかったからである。そのかわり、グーグルの株式公開日に、その株価が数年のうちに五〇〇ドル超の最高値をつけると予測できればよかったのにと思う。投資して金持ちになれたからである。また、サダム・フセインの失脚と治安部隊の解体ののちに起こった殺戮を予見できればよかったのにと思う。別の戦略を用いるか、大混乱を最初から回避できたからである。

もっと日常的な予測を扱うときも、同じ問題が生じる。ある色やデザインに消費者がどう反応するかや、医師の報酬が医療行為の件数や費用ではなく患者の健康状態によって決まることになれば、医師は予防治療にいまより時間をかけるのかといった予測である。こうした予測は、つぎのすぐれた企業やつぎの戦争についての予測に比べると、厄介ではないように思える。しかし、こうした予測をなぜ気にかけるのかと考えたとたん、われわれは別の予測を立てざるをえなくなる。いま立てている予測の影響についての予測である。たとえば、色に対する消費者の反応を気にするのは、反応そのものが気にかかるからではなく、その製品をヒットさせたいからであり、色は大切だとわかっているからである。同様に、報酬に対する医師の反応が気にかかるのは、医療費を抑えて、国家を破産させることなくだれもが手ごろな費用で治療を受けられるシステムをいずれは設計したいからである。

より大きな結果を生むことになんら役立たない予測は、われわれの興味を引かないし、価値もない。繰り返すと、われわれは重要な事柄を気にかけるが、最も困難なのは、未来についてのこうしたより大きくより重要な予測にほかならない。

ブラック・スワンとそのほかの「事件」

デリバティブの元トレーダーであり、金融業界の異端児であるナシーム・タレブが黒鳥《ブラック・スワン》と呼ぶものほど、重要な事柄を予測するという問題が大きな意味を持つ場はない。ブラック・スワンとは、印刷技術の発明、バスティーユ牢獄の襲撃、世界貿易センターへの攻撃などのように、めったに起こらないが起こったときは重要な意味を持つ事件のことである。[15]

しかし、何が事件をブラック・スワンにするのだろうか。ここから話はややこしくなる。われわれは事件が独立した別個のもので、地震や雪崩や嵐などの自然事象を規模や程度から語るように、事件にも重要度を定められるかのように語る。実のところ、こうした自然事象の多くは、「正規」分布ではなく、強いひずみがあって何十倍もの開きがある分布を特徴としている。たとえば、人間の身長はおおむね正規分布である。アメリカ人男性の平均身長は一七五センチメートルであり、身長が三〇センチメートルとか三〇〇センチメートルとかの成人はけっして見られない。これに対して地震や雪崩や嵐や森林火災は「裾の重い」分布を示し、大部分は小規模でほとんど注意を引かないが、ごく一部はきわめて大規模になりうる。

われわれは、歴史上の事件も裾の重い分布になっていて、タレブのブラック・スワンは裾のずっと端にあるのだと考える誘惑に駆られる。だが、社会学者のウィリアム・シューエルが説明するとおり、歴史上の大きな事件は、大きなハリケーンと言うときと同じ意味で単に「大きい」のではない。

歴史的意味における「事件」は、社会情勢に広く変化を引き起こすことによって、重要性を帯びる。例として、シューエルは一七八九年七月一四日のバスティーユ牢獄の襲撃をとりあげている。この事件はたしかにタレブのブラック・スワンの定義を満たしているように思える。しかし、シューエルが指摘するように、この事件は七月一四日にパリで起こった一連の行動だけではなく、七月一四日から二三日までの全期間を含んでいる。この間、ルイ一六世はパリの反乱を阻止しようと奮闘し、ヴェルサイユの国民議会は暴力を非難すべきか人民の意思の表れとして歓迎すべきかを議論した。王が郊外から軍を引きあげ、悔悟してパリにはいってからはじめて、国民議会は主導権を握り、バスティーユ牢獄の襲撃は歴史的意味における「事件」になった。いや、それどころか、ここで区切るのもむずかしい。

言うまでもなく、そもそもバスティーユ牢獄の襲撃が重視されるのは、つぎに来るもののためにほかならない。フランス革命であり、主権の概念が王に世襲される聖なる権利から、人民の生得の権利へと変わったことである。そしてこの事件は、七月二三日までの日々だけを含んでいるのではない。翌週には一般に大恐怖と呼ばれる群衆の異常なパニックが地方で発生し、八月四日には国民議会で有名な徹夜の決議がおこなわれ、この間に旧体制の社会と政治のあらゆる秩序が解体されたが、こうしたその後の影響も含んでいる。[16]

要するに、バスティーユ牢獄の襲撃のようなブラック・スワンを説明しようとすればするほど、その事件の境界線を広げなければならなくなる。これは政治上の事件だけでなく、コンピューターやインターネットやレーザーといった「テクノロジー上のブラック・スワン」にもあてはまる。

たとえば、インターネットがブラック・スワンなのだとしたら、それは何を意味するのか。パケット交換方式のネットワークの発明がブラック・スワンだったということか。あるいは、最初のネットワークがずっと大きく成長し、ほどなく当初はアーパネットと名づけられたものになり、これがインターネットと呼ばれるものになったことがブラック・スワンだったのか。単に、ウェブやIP電話のようなそのほかの技術革新の土台となった物的インフラの開発がブラック・スワンだったのか。あるいは、これらのテクノロジーが新たなビジネスモデルや社会交流のモデルを導いたことか。あるいは、こうした発展がやがて情報の発見や意見の共有や自己の表現のあり方を変えたことか。

おそらく、このような展開のすべてが、インターネットにブラック・スワンの地位を与えているのだろう。とはいえ、インターネットはけっして一個の物ではない。歴史の一期間全体と、そのなかで起こったテクノロジーと経済と社会の変化の組み合わせすべてを意味している。

ブラック・スワンの地位を得ている自然事象についても、おおむね同じことがあてはまる。たとえば、ハリケーン・カトリーナは巨大な嵐だったが、人類史上最大の嵐ではなかったし、その夏最大の嵐でもなかった。つまり、ハリケーン・カトリーナをブラック・スワンたらしめたのは、嵐そのものというより、嵐にともなって起こったことである。堤防が決壊したこと、市の大部分が冠水したこと、緊急事態への対応が遅れ、効果がなかったこと、数千の住民が避けられたはずの苦しみと屈辱を受けたこと、一八〇〇名以上の死者が出たこと、数十万人以上が避難したこと、多くの避難民が帰還しないと決断したこと、人口の多くを失ったニューオリンズ市の経済に影響が出たこと、そして人々の心に、人種や階級の隠れた差別、行政の無能、弱者に対する有力者や金持ちの無関心が広く見受けられた大災害だったという印象を残したことなどだ。つまり、ハリケーン・カトリーナをブラック・スワンとして語るとき、われわれはもっぱら嵐そのものについて語っているのではなく、それを中心として起こった事件の複合体すべてに加え、同じくらい複雑な社会的、文化的、政治的な影響――いまもつづいている影響――を語っている。

したがって、ブラック・スワンを予測するのは、飛行機事故や失業率の変化を予測することとは根本から異なる。後者のような出来事も確実に予測するのは不可能だろうが――そのため、結果そのものを予測するのではなく結果の確率を予測することで間に合わせなければならないだろうが――少なくとも、何を予測しようとしているかは前もって言える。これに対してブラック・スワンは、過去を振り返ったときしか特定できない。過去を振り返らないと、歴史のさまざまな要素を総合して整理できないからである。

要するに、ブラック・スワンを予測するためには、いま立てている予測の未来の結果を知らなければならないだけでなく、その結果の先にある未来も知らなければならない。このときはじめて、重要性が明らかになるからだ。

前章でダントの物語文にからめて、現に賞をとる前に「ぼくは賞をとることになる薔薇を植えている」とボブが言った場合をとりあげたが、これと同じで、ブラック・スワンの予測も実際は予測などではなく、予言である。つまり何が起こるかを予見できるだけでなく、それがどんな意味を持つかまで予見できなければならない。[17]

にもかかわらず、われわれはひとたびブラック・スワンを知ると、それが予測できればよかったのにと思わずにはいられない。そして前章で見た、常識に基づく過去の説明が物語と理論を混同するのとちょうど同じように、未来に対する常識に基づく直観も予測と予言をいっしょくたにしやすい。

過去に目を向けるとき、われわれは起こったことしか見ない、つまり起こったかもしれないが起こらなかったことには目が行き届かない。そのため常識に基づく説明は、実際は単に出来事が連続しているだけなのに、因果関係があるかのように誤解する。これと同じで、未来を考えるときも、われわれは未来が出来事の連なる一本の糸をなしていて、またそれが明らかになっていないだけであるかのようについ想像しがちである。現実には、そのような糸など存在しない。むしろ未来は可能性の糸の束のようなもので、それぞれについてたぐり寄せられる確率があり、われわれはいろいろな糸の確率を見積もることくらいしかできない。しかし、未来のどこかの時点でこうした確率のすべてが一本の糸に収斂するのを知っているので、重要になってくる一本の糸におのずと注目したがる。

また、過去に目を向けるとき、われわれはどれが「事件」なのかと混乱することはないし、どの事件が重要かを言いにくいということもない。そして過去はひとつしかないから未来もひとつしかないはずだと思いこむのとちょうど同じように、過去の事件は一見すると明らかなため、未来でどの事件が重要になるかも予測できるはずだと思いたくなる。

だが、常識に基づくこうした考え方が見落としているのは、過去に対するこの見方は物語を作ろうとする集団の努力の産物であるということだ。本職の歴史家だけでなく、ジャーナリスト、専門家、政治指導者などのオピニオンリーダーたちもそれを担っており、「起こったこと」に意味づけをするのがその目的になっている。この物語が完成して賛同を得たときにはじめて、関係している事件や最も重要な事件が何であるのかが言える。したがって、事件の重要性を予測するためには、事件そのものだけでなく、それに意味づけをする社会過程の結果まで予測しなければならないことになる。

常識から反常識へ

日常の用事に取り組むうえでは、この混同は深刻な問題を引き起こさないかもしれない。すでに論じたとおり、常識は特定の状況に対応することに並はずれて長けている。そして日々の決断や状況はたくさんの小さな塊に分裂していて、われわれはひとつずつ別個に対応する。そのため常識が依拠するルールや事実、認識、信念、本能の無秩序な寄せ集めが、まとまりのある統一体を作っているかどうかはあまり重要ではない。

同じ理由から、常識に基づく推論のせいで、実際は何かをただ述べているだけなのに原因を理解していると思ったり、現実には立てられない予測を立てられると信じたりしても、あまり重要ではない。未来が訪れるころには、予測を立てていてもわれわれはその大部分を忘れてしまっていて、予測の大半がまちがっていたり無関係だったりする可能性にわずらわされない。そして起こったことの意味づけにとりかかるころには、歴史が都合の悪い要因のほとんどをすでに握り潰しているので、何が残っていても好きなように物語を語れる。

このようにしてわれわれはある日から別の日へ、ある観察から別の観察へと飛び移ることができ、混沌とした現実を安心できる作り事の説明へとひっきりなしに置き換える。日常の目的のためには、これでも問題はない。誤りはついてまわるが、それはたいてい重要な影響を及ぼさないからだ。

こうした誤りが重要な影響を及ぼすようになるのは、政府の政策や企業の戦略やマーケティングキャンペーンの土台となる計画を、常識に基づいて立てるときである。外交政策や経済発展計画は、その本質ゆえに、長期にわたって多数の人々に影響を与えるので、個々の状況が多種多様でも一貫して機能しなければならない。有効なマーケティングや公衆衛生計画は、その本質ゆえに、妥当な因果関係を見いだせるかどうかにかかっているので、科学的説明と単なる物語を区別しなければならない。企業でも政党でも戦略計画は、その本質ゆえに、必ず未来の予測を立てるので、信頼性を持って立てられる予測とそうでない予測を区別しなければならない。

そして最後に、こうした計画はどれも——金融でも、政治でも、社会でも——しばしばかなりの規模の影響をもたらすので、予測を立てるにあたってもっと適切な、反常識の方法がないかと問う価値はある。そこでつぎは、反常識の利点と、それが予測や計画や社会正義や社会科学に持つ意味をとりあげてみよう。

第二部
反常識〈アンコモン・センス〉

7 よく練られた計画

前章が言わんとしているのは、常識からすれば立てられそうな予測も、実際には立てられないということだ。それはふたつの理由による。

第一に、常識はたったひとつの未来だけが起こると教えるので、それについての明確な予測を立てたくなっても無理はない。しかしながら、われわれの社会生活と経済生活の大部分を構成する複雑なシステムでは、ある種の出来事が起こる確率をなるべく正しく見積もることくらいしか望めない。

第二に、われわれはいつでも予測を立てられるが、常識は興味を引かない予測や重要でない予測の多くを無視し、重要な結果に注目するよう求める。だが現実には、どの事件が未来に重要になるかを予想するのは原理的にも不可能である。

なお悪いことに、われわれが予測できればよかったのにと何より強く思うブラック・スワンも、ひとつの事件などではなく、歴史の一期間全体の省略表現にすぎない――「フランス革命」「インターネット」「ハリケーン・カトリーナ」「世界金融危機」のように。したがって、ブラック・スワンを予測するのは二重の意味で見こみがないのであって、歴史が進まないかぎり、関係している期間もわれわれは知りえない。

これは厳しいメッセージだ。しかし、立てたい予測を立てられないからといって、どんな予測もまったく立てられないわけではない。ポーカー上手なら知ってのとおり、カードを覚えてもつぎにどのカードが来るかは正確にはわからないが、確率を相手よりも把握していれば、よく吟味した賭けをすることによって負けよりも勝ちを増やし、時間をかけて金をたくさん稼ぐことができる。[1] それに、なんら信頼性のある予測を立てられない結果についても、どこまでなら可能かを知るだけで役に立つ。計画の立て方がおのずと変わってくるからだ。

では、どんな予測ならわれわれにも立てられて、どうすればなるべく正確に立てられるのだろうか。そして、けっして立てられない予測もあるということを理解し、考慮に入れるためには、計画――政治、ビジネス、政策、マーケティング、経営の――に対する考え方をどう改めるべきなのか。こうした問いは、日常の問題や謎からかけ離れているように見えるかもしれないが、われわれの働く会社や、経済全体や、日々新聞で読む問題への影響など、なんらかの形を通じてすべての人々に影響を与えている。

何が予測できるのか

いくらか単純化して言うと、複雑な社会システムで起こる出来事には、なんらかの安定した過去のパターンに一致するものと、そうでないものの二種類があり、信頼性のある予測を立てられるのは前者だけである。前章で論じたとおり、こうした出来事でさえも明確な結果は予測できないし、それはサイコロを振ったときの明確な結果を予測できないのと変わらない。しかし、過去の動きについてのじゅうぶんなデータを集められれば、確率の予測はそれなりにできるし、それは多くの目的に役立てられる。

たとえば、われわれは毎年、インフルエンザにかかる不運に見舞われたり見舞われなかったりする。われわれは、ある季節に病気になる確率くらいしか予測できない。しかしながら、人間の数は非常に多いし、季節性インフルエンザの流行状況は年によってあまり変わらないので、製薬会社はある月に世界のある地域へどれだけのワクチンを出荷しなければならないか、それなりに予想できる。

同じように、資産の状況が変わらなくても、人生で何が起こるかによって、クレジットカードの利用者が返済不能に陥る可能性は大きく異なってくる。しかし、クレジットカード会社は、社会経済や人口統計学や行動に関する変数に注意を払うことによって、全体の貸し倒れ率を予測するのに驚くほど長けている。そしてインターネット企業は、膨大なユーザーのウェブ閲覧データを利用し、ユーザーがある検索結果をクリックしたり、ニュース記事に好ましい反応を示したり、おすすめに影響を受けたりする確率を予測するようになっている。

政治学者のイアン・エアーズが著書『その数学が戦略を決める』（山形浩生訳、文藝春秋）で述べているとおり、この手の予測は金融、医療、電子商取引などの大量のデータを扱う業界で盛んに立てられるようになっている。そしてデータに基づいた予測によって得られるささやかな利益が何万何億――場合によっては、一日あたり――の小さな決断を経るうちに積み重なって、巨額の最終利益を生み出しうる。[2]

ここまではいい。しかし、ビジネスには――政府や政策にも――大量のデータを処理するこのタイプに属さない予測に頼っている分野がたくさんある。たとえば、出版社は作家に払う契約金の額を決めるとき、事実上、刊行する本の売れ行きを予測している。本が売れるほどに作家のもらえる印税は増え、引き抜きを防ぐために出版社が払う契約金も増える。だがこの計算をするとき、本の売れ行きを過大に見積もると、作家に払いすぎてしまうことになる。作家にとってはありがたいことだが、出版社の収益の面からは好ましくない。同じく、映画製作会社が撮影にゴーサインを出すときも、事実上、興行収入がどれくらいで、製作と宣伝にいくらかけられるかの予測を立てている。あるいは、製薬会社が新薬の臨床試験に乗り出すときも、試験が成功する可能性とその薬の市場規模を予測することで、莫大な出費を正当化しなければならない。

このように、こうした方面のビジネスはどれも予測に基づいているが、今冬の北アメリカのインフルエンザ患者数やあるユーザーがオンライン広告をクリックする確率についての予測よりも、かなり複雑な予測になる。出版社が契約金を提示するとき、ふつうその本が刊行されるのは少なくとも一、二年先だ。だから、出版社は本そのものがどうなるかを予測しなければならないだけでなく、刊行時に市場がその本にとってどういう状況になっているかや、どう評価されるなどのそのほかの要因をいくつも予測しなければならない。映画や新薬などのビジネスの予測も、また開発計画の予測も、数ヵ月あるいは数年をかけて進む複雑多様な過程についての予測になると言っていい。なお悪いことに、意思決定者はそうした決断を年にわずかしかくだせないから、多数の予測を立てて不確実性を均すという余裕もない。

とはいえ、こういった場合でも、意思決定者の利用できる過去のデータが少なくともいくつかあるときは多い。出版社は似た本が過去に何部売れたかを調べられるし、映画製作会社も興行収入やDVDの売れ行きやキャラクター商品の利益について同じことができる。製薬会社も同種の薬が市場に出まわるのに成功した率を算定できるし、マーケティング担当者も類似製品の過去の成功例を調べられるし、雑誌の出版社も前号の売店での売れ行きを調べられる。

利用できるデータは、たいていほかにもたくさんある。市場調査や、その計画についての内部評価や、業界全体に対する知識などである。計画に手をつけてから計画が始動するまでのあいだに世界が大きく変化でもしないかぎり、信頼性のある予測を立てるのは不可能ではない。では、どのようにして予測を立てるべきなのだろうか。

市場、群衆、モデル

近ごろ人気が出ている方法のひとつは、予測市場と呼ばれるものの利用である。予測市場とは、特別な証券が売買される市場で、その価格はある結果が実現する予測確率に一致する。たとえば、二〇〇八年のアメリカ大統領選挙の前日、投資家は最も古く最もよく知られた予測市場であるアイオワ電子市場で一契約を〇・九二ドルで買うことができ、もしバラク・オバマが勝てば一ドルの払いもどしを得られた。このように、予測市場の参加者と金融市場の参加者の行動はよく似ていて、提示額で契約を売り買いする。しかし、予測市場では、価格は結果に対する予測としてそのまま解釈される。アイオワ電子市場は大統領選挙の前夜、オバマが勝つ確率は九二パーセントだと予測したわけだ。

このような予測を立てるにあたって、予測市場は《ニューヨーカー》誌の記者ジェームズ・スロウィッキーが「群衆の知恵」と呼ぶ現象を利用している。個々の人々の予測は誤りがちだが、多数の見積もりをまとめて平均すれば、誤りは相殺されやすいという考え方である。だから、予測市場はその構成員よりもある意味では「賢い」ことになる。

また、こうした市場の多くは、参加者が本物の金を賭けることで成り立っているので、あるテーマに詳しい人々はそうでない人々よりも参加しやすい。このような予測市場の特徴で非常に有用なのは、だれが適切な市場情報を持っていようと関係ないことである。たったひとりの専門家だろうと、多数の素人だろうと、あるいはその中間だろうと関係ない。理論上、予測市場はそれぞれの賭けたい額に比例させる形で全員の意見を組み入れる。

さらに言えば、理論上、適切に設計された予測市場でだれかがずっと好結果を出しつづけることはできない。仮に好結果を出せそうなら、予測市場でひと儲けしたくなるだろう。しかし、予測市場でひと儲けしようとしたとたん、価格は新しい情報を組み入れた価格になるからだ。[3]

集団の知恵を利用する予測市場の力には、本職の経済学者も政策立案者も熱い視線を注いでいる。たとえば、二〇一〇年四月にＢＰが起こした原油流出事故の前に、メキシコ湾の石油掘削が大災害をもたらすかどうか予測する市場があったとしよう。ＢＰの技術者のような内部の人間が市場に参加すれば、ＢＰの冒しているリスクについて自分の知ることを公にできたかもしれない。そうすれば、規制当局はそのようなリスクをもっと正確に評価し、事故が起こる前に石油業界の監督を強化する気になったかもしれない。事故も防げたかもしれない。

予測市場の支持者はよくこうした主張をするし、それが非常に大きな関心を呼んでいる理由はわかりやすい。事実、近年では、新製品が成功する可能性や、新作映画の興行収入や、スポーツ行事の結果など、さまざまな予測を立てる予測市場が設けられている。

しかしながら、実際には、予測市場はその理論から想像されるよりも複雑である。二〇〇八年の大統領選挙の際、最も有名な予測市場のひとつであるイントレードは奇妙な値動きをした。正体不明のトレーダーがジョン・マケインに大金を賭けはじめ、マケイン勝利の予測が大きく上昇したのである。だれがこの賭けの糸を引いていたかは突き止められなかったが、マケインの支持者かことによると選挙運動員ではないかと推測された。この人物はおそらく自己成就予言を作るべく、市場価格を操作することで、選挙結果を予想するなんらかの権威がマケイン勝利を予想しているかのような印象を人々に与えようとしたのだろう（自己成就予言とは、予言のあとに人々がそれにかなう行動をとることによって、そのとおりの結果になる予言を指す）。うまくはいかなかった。上昇したぶんはすぐさまほかのトレーダーによって押しもどされ、謎のトレーダーは金を失っただけで終わった。つまり、市場は想定どおりに機能したことになる。

しかし、この件は予測市場の理論にひそむ弱点を明らかにした。予測市場の理論は、合理的なトレーダーならわざわざ金を捨てるはずがないということを前提にしているからだ。厄介なことに、もし参加者の目的が（メディア関係者のような）市場の外にいる人々の印象を操作することであり、必要な金額がわりあい安ければ（テレビ広告には数千万ドルもかかることを考えれば、数万ドル程度なら安いものだ）金を失ってもかまわないだろうし、このとき市場がどんなシグナルを送っているかは読めなくなってしまう。[4]

こうした問題があるため、予測市場は意見調査のような地味だが操作しにくいほかの方法に比べ、必ずしもすぐれているわけではないという疑念を呼んでいる。しかしながら、さまざまな方法の比較評価はなおざりにされてきたため、たしかなところはわかっていない。[5]

これに決着をつけるべく、わたしはヤフー・リサーチの同僚たちとともに、いくつかの異なる予測法を系統立てて比較することにした。予測の対象としたのはNFLのフットボールの試合結果である。

まず、二〇〇八年のシーズンの週末におこなわれた一四試合から一六試合のそれぞれについて意見調査をおこない、ホームのチームが勝つ確率と自分の予測に対する自信を回答してもらった。また、ウェブサイトのプロバビリティスポーツからも同様のデータを集めた。プロバビリティスポーツとは、参加者がスポーツ行事の結果を予測して賞金を得るオンライン競技である。つぎに、このふたつの意見調査と、ラスヴェガスのスポーツ賭博市場（世界で最も古く最も有名な賭博市場のひとつだ）を比較し、別の予測市場であるトレードスポーツとも比較した。そして最後に、市場と意見調査の予測の両方を、ふたつの簡単な統計モデルと比較した。ひとつめのモデルはこれまでにホームのチームが勝った確率

――五八パーセント――のみに基づくもので、ふたつめのモデルは対戦チームの最近の勝敗記録も計算に入れていた。

このようにして、われわれは異なる予測法、つまりふたつの統計モデル、ふたつの市場、ふたつの意見調査を六者間で比較する準備を整えた。[6]

これらの方法のちがいを考えれば、明らかになった事実は驚くべきものだった。成績はおおむね同じだったのである。公正を期すために言っておくと、ふたつの予測市場の成績はほかの方法よりも少しよく、これはいま述べた理論面からの主張にもかなっている。しかし、最も成績のよかった方法――ラスヴェガスの市場――でも最も成績の悪かった方法より正確さでわずか三パーセント勝ったにすぎなかった。最も成績が悪かったのは、五八パーセントの確率でホームのチームが勝つと無条件に予測したモデルである。そのほかの方法はみな両者の中間だった。

実のところ、最近の勝敗記録も計算に入れたモデルはラスヴェガスの市場の予測に非常に近く、このふたつの方法で二チームの得点差を予測したとき、両者の平均誤差には〇・一点未満のちがいしかないほどだった。何百、何千という試合結果に賭けるときなら、これくらいの些細なちがいでも損得を分けるかもしれない。とはいえ、少しでも役立つ情報を求めてつぎの試合の分析に果てしない時間をかける数千の市場参加者の集積された知恵が、過去の平均のみに基づく簡単な統計モデルよりもわずかばかりすぐれているにすぎないというのは、やはり驚きに値する。

この結果を予測市場の研究者たちにはじめて伝えたとき、これはフットボールの特徴を映し出しているにちがいないという反応が返ってきた。予測市場の研究者たちに言わせれば、NFLは年俸制限やドラフト制度など、チームがなるべく平等になるようなルールを数多く設けている。そして言うまでもなく、フットボールは小さな偶然に結果が左右される競技である。ワイドレシーバーがクォーターバックの一か八かのパスに指先を引っかけて全速力でゴールラインを駆け抜け、終了直前に勝利を決めるといったことが起こる。言い換えれば、フットボールの試合には多くの偶然性が組みこまれている。だから盛りあがるのだと言ってもいい。それなら、毎週ファンを予測攻めにするフットボール専門家の一団がこしらえる情報や分析のすべてが大いに役立つわけではなくても、さほど驚くにはあたらないのかもしれない（専門家には驚きかもしれないが）。実験結果に納得してもらうためには、フットボールという特殊な例に比べて信号対雑音比がかなり高い別の分野、つまり有用な情報が多くを占める分野で同じ結果を得る必要があると、同僚は主張した。

なるほど。では野球はどうだろうか。野球のファンは、打率からピッチャーのローテーションまで、記録に表れるものなら試合のあらゆる細部に徹底した注意を払うと自負している。事実、セイバーメトリクスと呼ばれる研究分野全体が野球の統計分析のみのために発達しており、《ベースボール・リサーチ・ジャーナル》という専門誌まで作られている。

それなら、予測市場は多様な情報を計算に入れる能力が非常に高いのだから、野球のときはフットボールのときと比べて、ごく単純な統計モデルにずっと大きな差をつけるのではないかと思うかもしれない。

　しかし、これも真実ではない。われわれは一九九九年から二〇〇六年までの二万近いメジャーリーグの試合に対するラスヴェガスのスポーツ賭博市場の予測を調べ、ホームのチームの優位に対戦チームの最近の勝敗記録を組み入れた単純な統計モデルと比較した。今度の両者の差はいっそう小さかった。それどころか、市場の成績とモデルの成績は見分けられないほどだった。言い換えれば、あらゆる統計や分析があるにもかかわらず、またまともな年棒制限がないためにニューヨーク・ヤンキースやボストン・レッドソックスなどのチームにスーパースター選手が集中しているにもかかわらず、野球の試合結果はフットボールの試合結果よりも偶然の事象に近いのである。

　それ以後、映画の公開週末の興行収入や大統領選挙の結果など、予測に予測市場が用いられているそのほかの出来事についても、われわれは同じ結果を見いだしたり知ったりした。スポーツとちがって、こうした出来事にはスポーツを競技たらしめているルールや条件がない。また、簡単なモデルや情報に通じていない人々への意見調査をはるかにうわまわる成績を出すために、予測市場が利用できる関連情報もたくさんある。しかし、最も人気のある予測市場のひとつであり、正確な予測で定評があるハリウッド証券取引所《HSX》と簡単な統計モデルを比較しても、ＨＳＸのほうがわずかにすぐれているにすぎなかった。[7]
そして政治学者のロバート・エリクソンとクリストファー・ウレジーンは、一九八八年から二〇〇四年までの五度のアメリカ大統領選挙の結果を独自に研究し、通常の意見調査に簡単な統計的修正を加えるだけで、大人気のアイオワ電子市場よりも好成績が出せることを明らかにした。[8]

だれも信じてはいけない、特に自分は

では、何が起こっているのだろうか。はっきりとはわかっていないが、方法が異なるのに成績が顕著に似てくるのは、前章で論じた予測の難題の予期せぬ副産物であると考えられる。複雑なシステム——スポーツの試合であれ、選挙であれ、映画の観客であれ——では、何が起こるかを正確に予測することには厳しい限界がある。だがその反面、できることの限界近くまではわりあい簡単な方法でたどり着けるように思える。

例として、重りを入れたサイコロをわたされたとき、何度か振ってみればどの目が出やすいかわかるので、賭けをしたらよくあたるだろう。けれどもそれ以上は、顕微鏡でサイコロの表面の細かなひびや歪みを調べあげたり、複雑なコンピューターシミュレーションを組んだりするといった手のこんだ方法を用いても、予測を改善するにはたいして役立たないはずだ。

同じように、フットボールの試合でも、たったひとつの情報、たとえばホームのチームが勝つ確率は五〇パーセントを少しうわまわるという情報があるだけで、ランダムな推測よりも予測の成績は向上する。加えて、最近勝っているほうが少し優位なはずだという単純な推察によって、成績はさらに大きく向上する。

しかしながら、それ以上は、集めたい追加情報——クォーターバックの最近の調子とか、チームの負傷状況とか、花形ランニングバックの恋愛問題など——がすべてそろっていても、予測はせいぜいわずかしか改善されない。言い換えれば、複雑なシステムについての予測は、収穫逓減《ていげん》の法則に大きく左右される。最初の情報は大いに役立つが、いかなる改善の見こみもすぐさま使い果たされてしまう。

もちろん、予測の正確さをわずかに改善することがなおざりにできない状況もある。たとえば、オンライン広告や商いが盛んな証券取引では、日々何万何億という予測が立てられており、巨額の金がかかっている。こうした状況では、きわめてとらえがたいパターンを利用する精緻な方法に労力と時間をつぎこむ価値はある。しかし、映画製作や本の出版や新しいテクノロジーの開発といったほかの分野のほとんどでは、年に数十か多くても数百の予測しか立てられず、その予測もたいていは意思決定の過程全体の一部分にすぎないので、わりあい単純な方法を使うだけで、限界近くまで正確な予測ができるだろう。

予測を立てるときに使いたくない方法のひとつは、たったひとりの人物の意見に頼ることである――特に自分だ。なぜなら、人間はある問題に関係していそうな要因を見抜くのはおおむね上手であるものの、ほかの要因に比べてその要因がどれほど重要かを見積もるのはおおむね下手だからである。

たとえば、映画の公開週末の興行収入を予測するとき、映画の製作や宣伝の予算、上映館数、評論家による事前評価などの変数は、どれもみな大いに関係があるように思える。そしてそれは正しい。しかし、宣伝のために一〇〇〇万ドルの追加予算があるとき、平均よりやや悪い評価にどれくらいの重みがあるのだろうか。はっきりとはわからない。宣伝予算の割り振り方を決めるときも、友人からの情報に比べ、インターネットや雑誌の広告に人々がどれほどの影響を受けるのかははっきりとはわからない――これらの要因はみな関係がありそうでも。

専門家ならこうした判断を的確にくだすのがうまいはずだと思うかもしれないが、テトロックが実験で示したとおり、専門家も素人と同じくらい具体的な予測を立てるのが下手だし、素人に劣るときさえある。[9]

しかしながら、専門家に頼るときの真の問題は、専門家が素人に劣るときもあることではなく、相手が専門家であるがゆえにその専門家ひとりに相談して終わりにしがちなことだ。われわれがおこなうべきなのは、多数の個人の意見を、それが専門家であろうとなかろうと調査し、平均をとることである。どのような方法でこれをおこなうか自体は、現実にはあまり重要ではないだろう。華やかに飾り立てられた予測市場は、意見調査のような単純な方法よりもわずかにすぐれた予測を生み出すかもしれないが、なんらかの形で多数の意見を単純に平均することによって得られるものに比べたら、両者の差は取るに足らない。

また、われわれはさまざまな予測変数の重要性を過去のデータからそのまま比較評価できるが、統計モデルの仕事はそれがすべてだと言っていい。そしてここでも、手のこんだモデルは単純なモデルよりもわずかに有効かもしれないが、モデルをまったく使わないときに比べれば、その差は小さい。[10]

結局のところ、モデルも群衆も同じ目的を達成する。どちらもまず、人間のなんらかの判断に基づいて、予測にどの要因が関係しているかを特定する。つぎに、こうした要因のそれぞれについて重要性を比較評価し、加重を与える。心理学者のロビン・ドーズがかつて指摘したように、「どんな変数に目を向けるべきか知ったうえで、どう加算するかを知るのがすべて」なのである。[11]

この方法を一貫して用いれば、誤りを少なく抑えられる予測と抑えられない予測がやがてわかってくる。たとえば、ほかの条件がすべて同じなら、ある出来事の結果を早く予測すればするほど、誤りは大きくなる。どんな方法を用いようと、撮影にゴーサインが出たばかりの段階で映画の興行収入を予測するのは、公開の一、二週間前に予測するよりも明らかにむずかしい。同じように、いつ予測を立てるのであれ、新製品についての予測は既存の製品についての予測に比べて正確さを欠きやすい。

こういったことはどうにもならないが、さまざまな方法のひとつ――あるいは、われわれが予測市場の研究でそうしたように、すべての方法――を用いて予測の成績を長期にわたって追跡することならできる。前章の冒頭で論じたとおり、予測の追跡調査は自然と思いつくものではない。われわれはいくつも予測を立てるが、それがどれくらい正しかったかをあとからたしかめることはめったにない。しかし、成績の追跡調査は最も重要な行為だと言えるかもしれない。これをおこなってはじめて、どれくらい正確に予測できるかがわかるし、ひいては予測にどれくらい重きを置くべきかもわかるからだ。[12]

未来の衝撃《フューチャー・ショック》

この忠告をどれほど注意深く守ろうと、予測法には例外なく深刻な限界がある。それは、過去に起こったのと同種の出来事が同じ平均頻度で未来に起こる場合にしか信頼できない、ということである。[13]たとえば、クレジットカード会社は、通常時なら貸し倒れ率を予測するのにとても長けている。個々の人々は不可解で予測不能かもしれないが、今週と先週でその不可解さや予測不能の度合いはあまり変わらないので、平均すればモデルはかなり有効に働く。

しかし、予測モデルの批判者がよく指摘しているとおり、われわれが最も重視する結果の多く、つまり金融危機のはじまりや、画期的な新しいテクノロジーの出現や、独裁政権の転覆や、暴力犯罪の急激な減少は、通常時ではないからこそわれわれの興味を引く。そしてこういう状況で過去のデータに頼って未来の結果を予測していると、きわめて深刻な問題が生じる。最近の金融危機を受けて貸し倒れ率が急上昇したのを、クレジットカード会社がまのあたりにしたように。

さらに重要な例として、二〇〇八年以前に多くの銀行が不動産担保融資を裏づけとした、悪名高い債務担保証券《CDO》のようなデリバティブの価格を決めるのに使っていたモデルも、いまとなっては住宅価格が上昇する一方だった直近のデータに頼りすぎていたように思える。その結果、格付アナリストもトレーダーも全国規模で不動産価格が下落する確率を低く見積もりすぎ、債務不履行のリスクや抵当流れの率をあまりにも過小評価した。[14]

一見すると、これは予測市場のまたとない応用対象であり、予測市場なら銀行で働く「分析家《クオンツ》」たちよりも危機を予想するのに長けていたように思える。だが実際には、予測市場に参加するのはまさしくこれらの人々であるはずだから（同じく危機の予想に失敗した、政治家や政府の規制担当者やそのほかの金融市場の専門家も加わるだろうが）、群衆の知恵がなんらかの役に立ったとは考えにくい。それどころか、そもそもわれわれを苦境に追いこんだのは、この群衆の「知恵」にほかならないと言っていい。

それなら、モデルも市場も群衆も金融危機のようなブラック・スワンを予測する助けにならなかったのであれば、われわれはどうすればよかったのだろうか。

過去のデータに頼る方法のふたつめの問題は、統計的アプローチから恩恵を受けられるほど頻繁に戦略上の大きな決断がくだされていないということである。歴史を見れば、ほとんどの戦争が悲惨な結末を迎えたり、ほとんどの企業合併が割に合わなかったりするのは、事実だと言えるかもしれない。しかし、正当化できる軍事介入や成功した合併があるのも事実であり、前もってどれがそうなのかを見分けるのは不可能だろう。そうした賭けを何百万も、いや何百でもできるのであれば、過去の確率をあてにするのは意味がある。だが、国を戦争へ導くかどうかや、企業の戦略的買収をするかどうかの決断を迫られたとき、何度もそれを試せるはずがない。だから、たとえ確率を計算できたとしても、成功確率が六〇パーセントと四〇パーセントでは、その差は大きな意味を持たないかもしれない。

したがって、ブラック・スワンの予想と同じく、一度きりの戦略上の決断も、統計モデルや群衆の知恵を使うのには適していない。にもかかわらず、こうした決断はしょっちゅうくださなければならず、ときとして人間のくだす最も重大な決断になりうる。ここでも成功率を高める方法はあるのだろうか。

残念ながら、この問いに対する明確な答はない。長年にわたって数々のアプローチが試みられているが、安定して実績をあげているアプローチはひとつもない。技術を正しく用いるのがむずかしいという面もあるだろうが、もっぱらの理由は前章に出てきた問題である。単に、未来には一定の不確実性があってわれわれはそこで行き詰まるからであり、この不確実性がよく練られた計画にも必ず誤りをもたらすからである。

戦略のパラドックス

皮肉な話だが、戦略計画の最優良事例を体現しているように見える組織、たとえば、非常に明確な展望を持ち、果断な行動をとる組織が最も計画の誤りを犯しやすい組織になる場合もある。

戦略コンサルタントで著述家のマイケル・レイナーは、この問題を「戦略のパラドックス」と呼んでいる。同名の著書でレイナーは、ソニーのベータマックスのビデオテープをとりあげてこのパラドックスを説明している。

ベータマックスが、松下電器陣営の開発した価格も品質も低いＶＨＳ技術に敗北したことはよく知られている。世間一般の通念にしたがえば、ソニーの失敗にはふたつの面があったとされる。第一に、再生時間よりも画質を重視したために、長編映画を録画できるという優位をＶＨＳに与えたこと。そして第二に、ベータマックスは独立した規格として設計されたが、ＶＨＳは「開かれた」規格であり、多数のメーカーが競い合って機器を製造することができたために価格がさがったことである。レンタルビデオ市場が急発展すると、VHSはシェアでわずかだが当然のリードを獲得し、このわずかなリードは累積的優位の過程を通じて急速に拡大した。VHSのビデオデッキの購入者が増えるほど、VHSのテープを扱う店が増え、それがまたVHSのビデオデッキの購入者を増やした。やがて市場はVHS規格がほぼ独占するようになり、ソニーは屈辱の敗北を喫した。[15]

しかしながら、世間一般の通念が見落としているのは、ソニーがビデオデッキはレンタルビデオを観るための機器だと考えていなかったことである。ソニーは人々が暇なときに好きなテレビ番組を観られるようにビデオデッキをテレビ番組の録画に使うはずだと予想した。現在ではまさにこれを目的としたデジタル録画機器の人気が爆発していることを考えれば、ソニーの見通しはけっして的はずれではなかった。そしてもしこれが現実になっていたら、ベータマックスの高画質はコスト高を補えただろうし、短い録画時間も問題にならなかっただろう。[16]

また、松下電器がソニーよりも、レンタルビデオ市場の急速な拡大を鋭く察知していたわけでもなかった。現に、パロアルトを本拠とする企業のCTIがおこなったレンタルビデオの初期の実験は、大失敗に終わっていた。それでも、テレビ番組の録画ではなく家庭での映画鑑賞がビデオデッキの決定的に重要な役割になるとわかったときには、もう遅かった。ソニーは軌道修正に全力を挙げ、長時間の録画ができるβⅡの機器をすぐさま製造して、松下陣営側が持っていた最初の優位を打ち消そうとした。しかし、すべては無駄に終わった。ひとたびＶＨＳが市場でじゅうぶんなリードを得てしまうと、それにともなうネットワーク効果には打ち勝てなかった（ネットワーク効果とは、利用者が増えるほど各利用者の便益が増す現象を指す）。つまり、ソニーの失敗は戦略の誤りであるかのように言われるが、実際はむしろ消費者の需要が変化した結果であり、この変化は業界のだれも予想できなかったほど急激に進んだのである。

　ベータマックスの大失敗からほどなく、もう一度ソニーは記録技術で戦略上の大きな賭けに出た。今度はＭＤ（ミニディスク）プレイヤーである。同じ過ちは繰り返さないという決意のもと、ソニーはベータマックスがどこで誤ったかに細心の注意を払い、適切な教訓を学ぶべく最善を尽くした。ベータマックスと異なり、ＭＤにはアルバム一枚を録音できるじゅうぶんな容量を持たせた。また、コンテンツの流通がビデオ戦争の結果に及ぼした重要性に鑑み、ソニー・ミュージックエンタテインメントの形でコンテンツの供給元を用意した。

　一九九〇年代はじめに投入されたとき、ＭＤは当時主流だったＣＤ規格よりも明らかに技術面ですぐれていた。特に、ＭＤは再生だけでなく録音もできたし、ＣＤよりも小型で振動に強かったから携帯に適していた。これに対して録音可能なＣＤはまったく新しい機器が必要であり、当時それはきわめて高価だった。

どう考えてもMDは見事な成功をおさめるはずだった。だがみじめな失敗に終わった。何が起こったのだろうか。

ひとことで言えば、インターネットである。記憶装置の価格が急落したために、パソコンに音楽のコレクションをまるごと保存することが可能になった。インターネットの高速化により、ネットワークを通じてのファイルの共有が可能になった。フラッシュメモリのおかげで、携帯機器へのダウンロードが簡単になった。曲を探してダウンロードするための新しいウェブサイトが大量にできた。

インターネットの急速な発展をもっぱら音楽ビジネスがうながしたわけではないし、インターネットが音楽業界の製造、流通、消費に与えた深甚な影響を予想できなかったのはソニーだけではない。だれも予想できなかった。言い換えれば、過去から学んで未来を予想するためにソニーはたしかに最善を尽くした。だが、それにもかかわらず、だれにも予測もコントロールもできない力に翻弄された。

驚いたことに、音楽業界で「正解を出した」のは、iPodとiTunesを組み合わせたアップルだった。いまから振り返ると、アップルの戦略には先見の明があったように思えるし、アナリストも消費者もデザインや品質に対するアップルのこだわりに絶大な敬意を払っている。しかし、ベータマックスの教訓やアップル自身のパソコン市場での経験からすれば、iPodも失敗に終わるはずの戦略上の賭けにほかならなかった。iPod

は大型で高価だった。基本構造は非開示でアップルはそのライセンス供与を認めなかったので、専用のソフトウェア上でしか動作しなかったし、大手のコンテンツ供給業者も反発した。

にもかかわらず、iPodは大ヒットとなった。では、どういう点でアップルの戦略はソニーの戦略よりすぐれていたのだろうか。たしかにアップルはすばらしい製品を作ったが、それはソニーも同じだった。たしかにアップルは未来を見据え、テクノロジーの向かう先を読むために最善を尽くしたが、それはソニーも同じだった。そしてたしかにアップルはいったん選択するとそれを守りとおして巧みに実行したが、ソニーもまさしくそのとおりのことをした。レイナーの見方によれば、唯一の重要なちがいは、ソニーの選択がたまたま誤っていたことであり、アップルの選択がたまたま正しかったことだった。[17]

これが戦略のパラドックスである。戦略上の失敗のおもな原因は劣悪な戦略にあるのではなく、優秀な戦略がたまたま誤ることにあるとレイナーは論じる。劣悪な戦略の特徴は、展望の欠如、リーダーシップの混乱、実行の不手際といったものだ。これらが成功の要素でないのは明らかだが、とてつもない失敗というよりひたすら凡庸な結果をもたらす場合が多い。これに対して優秀な戦略の特色は、確たる展望、大胆なリーダーシップ、徹底した実行である。正しい状況にさえ用いれば――アップルのiPodがそうなったように――優秀な戦略は完全な成功をもたらしうるが、完全な失敗ももたらしうる。

このように、優秀な戦略が成功するか失敗するかは、すべて最初の展望がたまたま正しいかどうかにかかっている。そしてそれを前もって知るのは困難というより、不可能である。

戦略的柔軟性

戦略のパラドックスを解決するためには、予測に限界があることを率直に認め、この限界を念頭に置いた計画法を開発しなければならないとレイナーは論じる。とりわけ、彼が「戦略的不確実性」と呼ぶもの、つまりその業界の未来にかかわる不確実性を、計画者はなんらかの形で計画の過程そのものに組み入れるべきだ、とレイナーはすすめている。

実のところ、レイナーの解決策は、ランド研究所のハーマン・カーンが一九五〇年代に冷戦期の軍事戦略研究者のために開発したシナリオ・プランニングというずっと古い計画法の亜種である。シナリオ・プランニングは、戦略コンサルタントのチャールズ・ペロテットが「詳細で想像力に富み、よく考え抜かれた『未来の歴史』の物語」と呼ぶものを作ることが基本概念になっている。とはいえ、批判的に言えば、シナリオ・プランニングはさまざまな架空の未来を描き出そうとするが、そのおもな目的はそうしたシナリオのどれが最も実現しやすいかを判断することというより、既存の戦略がよりどころとしている暗黙の想定を吟味することにある。[18]

たとえば、一九七〇年代はじめ、経済学者で戦略研究者のピエール・ワックはロイヤル・ダッチ・シェルのチームを率い、シナリオ・プランニングを用いて、今後の原油探査の成功や、中東の政治的安定や、別のエネルギー技術の出現などについての経営陣の想定を分析した。おもなシナリオが組み立てられたのはエネルギー生産がわりあい安定していた時期で、一九七〇年代のオイルショックやその後の石油輸出国機構《OPEC》の台頭――これらの事件は明らかにブラック・スワンの範疇にはいるが――はまだ先の話だった。だが、のちにワックは、大きな流れは自分のシナリオのひとつと重なっていたし、そのおかげでロイヤル・ダッチ・シェルは新たな好機をつかむ準備も隠れた危険を避ける準備も整えられたと主張した。[19]

このようなシナリオが描き出されたら、計画者はひとつの戦略を立てるのではなく、各シナリオに最適化させた多岐にわたる戦略を立てるべきだとレイナーは論じる。さらに、こうした戦略のすべてに共通する中核的な要素と、一部の戦略にしか見られない偶発的な要素を区別しなければならない。このとき、戦略的不確実性の管理は、中核的な要素を中心として戦略を立てるとともに、さまざまな戦略上の選択肢に投資して偶発的な要素に備えることによって、「戦略的柔軟性」を作り出すことになる。

たとえば、ベータマックスの件では、ソニーはビデオデッキの今後のおもな使い道がテレビ番組の録画になると予想したが、ＣＴＩの実験から、おもな使い道が家庭での映画鑑賞になるという兆候はたしかにあった。この可能性に直面したソニーは、昔ながらの計画法をとり、まずどの結果が考えられるかを決めたうえで、その結果を中心に戦略を最適化した。これに対して、もしソニーが戦略的柔軟性を最適化していたら、どの未来になろうとも有効な要素を特定したうえで、小売価格のちがう高品質のモデルと低品質のモデルを別々の事業部署に開発させるなどして、残された不確実性に備えていただろう。

戦略的柔軟性によって不確実性を管理するレイナーのアプローチはたしかに興味深い。しかしながら、この手順は時間がかかる（シナリオを組み立てたり、何が中核的で何が偶発的かを判断したり、戦略上の備えを考案したりしなければならない）ので、会社の経営にとって同じくらい重要な仕事からどうしても注意がそれてしまう。

レイナーによれば、ほとんどの企業がかかえる問題は、取締役会や経営トップなどの経営陣が、既存の戦略の管理と最適化——レイナーが運営管理と呼ぶもの——に時間を使いすぎ、戦略的不確実性をじゅうぶんに考えていないことだという。経営陣はむしろ戦略的不確実性の管理にすべての時間をつぎこみ、運営計画は部署の長に任せるべきだとレイナーは論じ、こう述べている。

「組織の取締役会とCEOは短期業績ばかりを気にするのではなく、事業部署のために戦略上の選択肢を作り出すことに専念すべきである」[20]

レイナーは、この過激な提案が正当である理由として、戦略的不確実性に適切に対応したければ、それを絶えず管理するしかないとしている。「シナリオを組み立て、最適な戦略を練りあげ、戦略上の多岐にわたる望ましい選択肢を特定して用意するという手順を終えたら、組織はもう一度それを最初からやりなおすべきである」。そして戦略計画がこのような繰り返しを実際に必要とするのであれば、その担当者として最も適しているのが経営陣であるというのはたしかに理にかなっている。

しかし、経営陣がそもそも自分をいまの地位へと押しあげたたぐいの計画をいきなり立てなくなり、学術研究のシンクタンクのようにふるまいはじめることができるとは考えにくい。また、株主や従業員が、戦略の実行や短期業績への配慮をみずからの仕事と思わないCEOを容認するとも思えない[21]。だからといってレイナーが正しくないとはかぎらず——おそらく正しいのだが——その提案が企業国家アメリカではあまり受け入れられていないだけである。

予測から対応へ

もっと根本にある問題は、たとえ経営陣がレイナー流の戦略管理をみずからの最大の仕事として受け入れたとしても、うまくいかないかもしれないということだ。ヒューストンに本拠を構え、一九八〇年ごろにシナリオ・プランニングを実行した石油掘削会社の例を考えてみよう。

二三三ページの図が示すとおり、ありうる未来はすべてこの範囲におさまるとして、計画者は三つの異なるシナリオを特定し、予測される生産量を策定した。つまり自分のやるべきことをやったわけだ。あいにく、どのシナリオも、一九八〇年にはじまった原油探査のブームが歴史の気まぐれかもしれないという可能性を考慮していなかった。現実にはまさに気まぐれだったのであり、実際の未来は関係者が想像したありうる未来の範囲にまったくおさまっていなかった。したがって、シナリオ・プランニングをおこなってもおこなわなくても、未来への備えができなかったことに変わりはなかった。

それどころか、シナリオ・プランニングのせいでなおさら苦境に置かれたと言ってもいい。最初の想定を吟味するという目的こそ果たせたものの、会社は自分たちがシナリオの範囲を適切に見積もったという自信を深めてしまった。ところが言うまでもなく、適切には見積もれていなかったので、予想外の展開に以前よりずっと振りまわされやすくなったのである。[22]

悪い結果になったのは、単にシナリオ・プランニングをうまく実行しなかったからであって、この方法に根本的な限界があるからではないのかもしれない。[23]しかし、シナリオの分析に悪戦苦闘している企業が、石油掘削会社と同じ誤りを犯してはいないと、どうすれば知りえるのだろうか。

ソニーはレンタルビデオ市場をもっと真剣に考慮することもできたが、実際に致命傷と

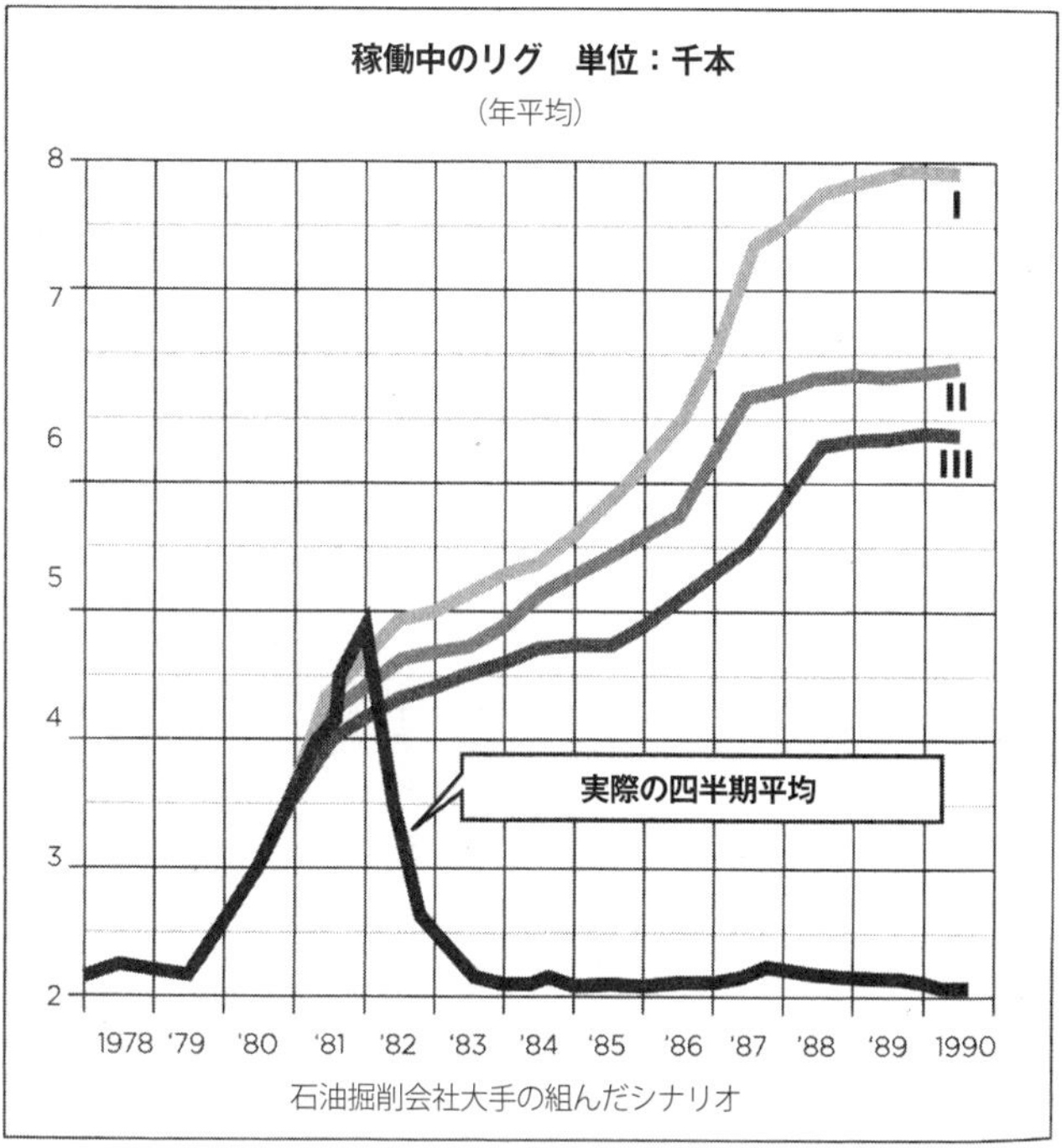

シナリオ・プランニングの失敗（Shoemaker1991 より転載）

なったのはその拡大の速さだった。これを予想できたとは考えにくい。MD開発ではなおのこと、インターネットの急激な発展によって一気に訪れた技術と経済と文化の変化の複雑な組み合わせを予想できたとは思えない。

レイナーが述べるように、「ソニーにとって悪く働く可能性のあるすべてが実際に悪く働いただけでなく、巧みに考案され、実行された戦略が失敗するためには、悪く働いたすべてが悪く働かなければならなかった」[24]。したがって、戦略にもっと柔軟性があれば助けになったかもしれないが、これほど根底から変化する市場に適応するためにどれほどの柔軟性が求められたかはわからないし、どの戦略の実行能力もとりたてて損なうことなく必要な備えができたとも思えない。

結局のところ、計画法としての戦略的柔軟性がかかえるおもな問題は、それが解決しようとしている問題となんら変わらない。すなわち、ある産業を形作った動向は、あとから考えると決まって自明に見えるということである。そしてその結果、われわれは歴史をとりあげるとき、もし「当時」に戦略上の決断を迫られていたら、ありうる未来をひと握りの候補――もちろん実際に起こった未来もそこに入れて――に絞りこめたのに、とあまりにもたやすく思いこむ。

だが自分の未来に目を向けるとき、われわれが見るのは無数の動向の可能性だ。そのうちのどれが情勢を一変させてもおかしくないが、大部分は一過性か無関係である。どれがどれなのか、どうすればわかるのだろうか。そして何が関係しているかを知らないときに、可能性の範囲をどれくらい広く考えるべきなのだろうか。シナリオ・プランニングのような方法は、経営者がこうした問いを系統立てて考える助けになりうる。同様に、戦略的柔軟性の重視は、シナリオが明らかにする不確実性を管理する助けになりうる。しかし、どう見ようとも戦略的計画は予測をともない、予測は前章で論じた「予言」という根本問題、つまり重要性が明らかになってからでないと、何を懸念すべきか知りえないという問題に突きあたる。

そこで、次章ではこれにかわるアプローチを扱うが、それは計画という思想全体を考えなおし、（多様な）未来の予想にさほど重きを置かず、現在への対応にもっと重きを置くものになる。

8　万物の尺度

あらゆる予知者や予言者や占い師のなかでも、ファッションの予測を仕事としている人ほど、自信に満ちていながら説明責任を果たさない人はまずいない。靴や衣服のデザイン、製造、販売、批評をおこなっているさまざまな業者が、毎年山ほどの予測を立て、つぎの大ヒットは何が考えられるか、何になりそうか、何になるべきか、何になるはずかを考える。こうした予測が正しかったかどうかはほぼなおざりにされることや、非常に多くの流行が思いがけずはじまることや、あとからでないとその説明ができないことなどは、ファッションの権威がよく漂わせている心地よさげな自信にほとんど影響を与えていないようだ。それゆえ、成功しているファッション企業の少なくとも一社が、予測になんら注意を払っていないことは頼もしく感じる。

この会社とはスペインの衣料品小売業者、ＺＡＲＡであり、消費者の需要を満たす斬新なアプローチによって一〇年以上にわたりビジネス誌で大きくとりあげられている。ZARAは客がつぎのシーズンに買うものを予測しようとはせず、むしろそんなものは見当もつかないと認めているに近い。そのかわり、いわば「測定‐対応」戦略を用いている。

まずZARAは、ショッピングモールや繁華街などの人が集まる場所に調査員を送りこみ、人々がいま着ているものを観察させ、そこから何が受けそうかについての案を大量に出す。つぎにこれらを着想の源にし、きわめて多岐にわたるスタイル、生地、色の商品を製造して――はじめはどの組み合わせも少量しか生産しないのだが――店に届ける。こうすれば何が売れて何が売れないかを店でじかに測定できる。そして最後に、ZARAの製造と流通の作業は柔軟性に富んでおり、店から直接あがってきた情報に迅速に対応できるので、売れないアイテムからは（在庫もかなり少ないので）手を引き、売れるアイテムの製造を拡大する。

これは新しい衣類をデザイン、生産してから、世界中の店に出荷して販売するまでがわずか二週間強で可能なZARAにこそできることである。売り切れのデザイナーズアイテムにお預けを食わされた人にしてみれば、驚くべき仕事ぶりだ。[1]

経営理論家のヘンリー・ミンツバーグは、ZARAがビジネススクールのケーススタディでとりあげられるより一〇年早く、自身が「創発的戦略」と呼ぶ考え方で測定‐対応アプローチに先鞭をつけた。ミンツバーグは前章でとりあげた問題、つまり従来の戦略計画では、計画者はどうしても未来の予測を立てなければならず、誤りを犯しやすくなるという問題を熟考し、計画者は長期的な戦略動向を予測することよりも、現場の変化に迅速に対応することを優先すべきだとすすめた。

要するに、計画者は未来に何が役立つかを正しく予測しようとするのではなく、現在役立っているものについて知る能力を向上させなくてはならない。そのうえでZARAのように、可能なかぎり迅速に対応し、役に立っていないものからは（はじめはどれほど有望に思えようと）手を引き、成功しているものに資源をまわすか、早急に新たな代案を練るべきである。[2]

バケット、マレット、群衆

オンラインの世界ほど、測定‐対応戦略の長所がはっきりと現れる場はない。開発コストの低さ、ユーザーの多さ、フィードバックのサイクルの迅速さが組み合わさり、ほぼどんなものについても、そのバリエーションをあれこれ試したり実績に基づいて選んだりできるからだ。

たとえば、ヤフーが二〇〇九年に新しいホームページを発表する前、同社は新たなデザインのあらゆる要素について、数カ月がかりで「バケットテスト」をおこなった（バケットテストとは一般にサンプリング調査を指す。もともと、プールなどの水漏れの有無を調べるために、バケツに汲んだ水と減少量を比較することをバケット（バケツ）テストと呼んだ）。およそ一億人がヤフーをホームページにしており、そこからヤフーのほかの資産に膨大な数のアクセスがあるため、ホームページをどう変えるのであれ、慎重におこなう必要がある。そのため、デザインの変更中、ホームページのチームが新しいデザインの要素を思いつくたびに、ユーザーのごく一部、つまり「バケット」を無作為に選んで、その要素を取り入れたページを見てもらった。そしてユーザーからのフィードバックと、閲覧時間やクリック先などの観察基準を組み合わせて、通常のユーザーと比較することにより、ホームページのチームはその要素に正負のどちらの効果があるかを評価できた。このようにしてヤフーは、何が役に立って何が役に立たないかを実際の閲覧者のデータからリアルタイムで突き止めることができた。[3]

　バケットテストはいまでは定石になっている。グーグル、ヤフー、マイクロソフトといった大手のウェブ企業が、広告の配置、コンテンツの選択、検索結果、おすすめ、価格、ページのレイアウトなどを最適化するためにこれを使っている。[4] クリック率を測定し、いくつもの広告案から最も有効な広告を自動的に選び出すサービスを広告主に提供する新規企業も増えている。[5]

　しかし、計画における測定‐対応という思想は、消費者が提示された選択肢にどう反応するかを知ることだけにとどまらない。この思想はコンテンツの生産者としての消費者も組み入れている。メディア界では、ニュースサイトの《ハフィントン・ポスト》の共同設立者であるジョナ・ペレッティのいうマレット戦略が、この考え方の好例になっている。

マレットとは襟足の髪だけを長く伸ばした髪型のことで、「前はビジネス、後ろはパーティー」という言い方でよく揶揄されている。

マレット戦略の出発点は、ユーザーの生み出したコンテンツはメディア企業にとって金脈になりうるという昔ながらの考え方だ。そこには、ニュース記事などのコンテンツをユーザーが敷衍《ふえん》、展開してくれるという理由もある。だがそれ以上に、ユーザーが記事をめぐるやりとりに参加することで体験の性質が単なる消費から参加へと変わり、ユーザーの関心と忠誠心を高められる。

しかしながら、現実の金脈がそうであるように、ユーザーの生み出したコンテンツの多くは金よりも泥に近い。人気のブログやニュースサイトを見た人ならだれでも断言できるだろうが、ユーザーによるコメントの多くは見当ちがいか、あからさまに程度が低く、悪意に満ちたものもある。こうしたコメントは、出版社が売りこみたいコンテンツではないし、広告主がいっしょに見てもらいたいコンテンツでもない。

この問題の単純な解決策はオンラインのコメントを管理することだが、これはユーザーを敵にまわしやすい。ユーザーは監視に憤り、投稿されたコメントを検閲抜きで見たがるからだ。それに、《ハフィントン・ポスト》がすみやかに知ったように、コメントを監視して編集するのは無理がある。ひと握りの編集者では、一日あたり何百件にものぼるブログへの投稿を読んで把握することはとてもできない。

これを解決するのがマレット戦略である。記事を読む人がごく少ない後ろのページでは、一〇〇〇もの（あるいは一〇〇万もの）花が咲き乱れるままにする。そのうえで、題材を慎重に選んで後ろのページから高価な広告スペースのある前のページへと昇格させ、そこからは厳格な編集管理のもとに置くというわけだ。[6]

またマレット戦略は、「クラウドソーシング」の例にもなっている。クラウドソーシングとは、二〇〇六年の《ワイアード》誌の記事でジェフ・ハウが使いだしたことばで、簡単な仕事を外部の非常に多数の人々に委託することを指す。実のところ、オンラインジャーナリズムはしだいにクラウドソーシングのモデルに近づいている。ニュース記事を中心としたコミュニティ活動を生み出しているだけでなく、記事そのものを作り出したり、そもそもどのテーマをとりあげるかも決めたりしているのである。

たとえば《ハフィントン・ポスト》は、数千人の無給のブロガーに頼っており、ブロガーはそのテーマへの思い入れや、広く読まれているニュースサイトに載ることで集まる注目のために寄稿する。これに対して《イグザミナー・ドットコム》などのほかのサイトは、おかかえの寄稿者たちにそれぞれが関心を持っている特定のテーマについて書かせ、ページの閲覧数に応じて報酬を支払っている。そして最後に、ヤフーのニュースブログである《ジ・アップショット》や《アソシエイティッド・コンテント》などのサイトは、執筆作業をクラウドソーシングしているだけでなく、検索語句のような、人々の現在の関心がうかがえる指標を追跡し、どのテーマをとりあげるかも決めている。[7]

ほぼリアルタイムで視聴者の関心を測定してそれに対応するというアイデアは、ニュースメディアという懐具合の悪い業界の外でも、人気を集めつつある。たとえば、ケーブルテレビチャンネルのブラヴォーは、出演者たちのオンライン上の評判に基づき、既存のリアリティ番組のスピンオフ作品をよく作っている。こうした新番組は低コストですみやかに開始できる——そして受けがよくなければ、すみやかに打ち切れる。《チーズバーガー・ネットワーク》（ユーザーがたいてい滑稽な見出しをつけて投稿した風変わりな画像や動画をとりあげている、五〇近いウェブサイトの集合体）も似た方針を採用し、新しい流行を知ってから一週間以内にサイトを開設できるし、失敗したサイトも同じくらいすみやかに閉鎖できる。そして「伝染性メディア」の発射台として知られる《バズフィード》は、ヒットしそうな数百の投稿を追跡し、ユーザーからすでに熱心な反応を引き出している投稿しか後押ししない。[8]

こうしたクラウドソーシングの例は独創性に富んでいるが、すでに何百万人もの閲覧者を呼びこんでいるメディアサイトで最大の力を発揮し、人々の好き嫌いに関するリアルタイムの情報を自動で作成する。

それなら、ブラヴォーでもチーズバーガーでもバズフィードでもない会社、要するに、何かの道具やらグリーティングカードやらを作っている平凡な会社は、群衆の力をどうすれば活用できるのだろうか。

　さいわい、（2章で論じた報酬と仕事ぶりについての実験でウィンター・メイソンとわたしが利用した）アマゾンメカニカルタークのようなクラウドソーシングのサービスも、迅速かつ安価に市場調査をおこなうのに利用できる。つぎの著書の題名が決まらない？　編集者と案をやりとりせずとも、メカニカルタークを使えば一〇ドル程度ですぐに意見調査ができ、ものの数時間で一〇〇〇もの意見が集まる。あわよくば、投票してもらうだけでなく「ターカー」に案を出してもらうこともできる。新しい製品や広告キャンペーンのデザインについてのフィードバックがほしい？　画像をメカニカルタークに載せて投票してもらえばいい。検索エンジンの結果表示についての客観的な評価がほしい？　先入観を捨てたうえで競合他社の結果表示と並べてメカニカルタークに載せ、本物のウェブのユーザーに決めてもらえばいい。メディアが立候補者に偏見を持っているかもしれない？　ウェブで数百のニュース記事をかき集めてターカーに読ませ、好意的か批判的かを判定してもらえばいい（週末を潰してもらうことになるが）。[9]

　ほかのクラウドソーシング的な解決法もそうだが、メカニカルタークにも明らかに一定の限界がある。最もわかりやすいのは、ターカーの代表者としての適格性と信頼性である。多くの人にしてみれば、数セントのためにつまらない作業をこなす人がいるというのは奇妙に思える。そこで、ターカーは一般市民の代表ではないか、さもなければ作業にまじめに取り組んでいないはずだと疑う人がいるかもしれない。これはもっともな懸念ではあるものの、メカニカルタークのコミュニティが成熟し、研究者たちがそれをよく知るにつれ、この問題は対処できるものになりつつあるようだ。たとえば、研究者たちの当初の想像よりも、ターカーはずっと多様で代表者として適格であり、またターカーの信頼性が「熟練」労働者にひけをとらないことも最近の研究で明らかになっている。

それに、信頼性に欠けていたとしても――そういうときもあるのだが――いろいろなターカーから各コンテンツについての客観的な評価を集め、多数派をとったり点数を平均したりするといった簡単な方法を用いれば、信頼性を高められる場合が多い。[10]

現在を予測する

大きくとらえれば、ウェブ全体もクラウドソーシングの一形態と見なせる。何億もの人々が情報や調べ物のためにますます検索エンジンに頼り、ニュースや娯楽や買い物や旅行などのサイトのブラウジングにずっと多くの時間を費やし、フェイスブックやツイッターをはじめとするソーシャルネットワーキング・サイトを通じて友人とコンテンツや情報をますます共有するようになっている。したがって、原理上は、こうした活動のすべてをまとめて、各地に広がるインターネットユーザーの興味、関心、意図を通して見た、世界のリアルタイムの像を作れるかもしれない。

たとえば、グーグルとヤフーの研究者たちは、「インフルエンザの予防接種」などのインフルエンザに関連した語句の検索数を数えることによって、インフルエンザの診察件数を推定したが、これは疾病予防センター（CDC）の報告に驚くほど近かった。[11] フェイスブックはユーザーの近況報告に基づいて「国民総幸福量」を発表し、[12] ヤフーは文化の時代《ツァイト》精神《ガイスト》のおおまかな目印として、その年に最もよく検索されたもののリストをまとめている。[13]

きっと近い未来には、検索データ、近況データ、ツイッターのツイート、フォースクエアのチェックイン、そのほか数多くの情報源を組み合わせて、不動産や自動車販売やホテルの空室率などにかかわるもっとはっきりした——全国規模のみならず、地域にまで絞りこんだ——指標を開発できるだろう。[14]

こうしたウェブに基づく指標を適切に開発、調節できれば、企業も政府も消費者や有権者の選好や傾向を測定して対応することができる。グーグルのチーフエコノミスト、ハル・ヴァリアンは、これを「現在を予測する」と言っている。それどころか、群衆を利用して近い未来の予測を立てることだってできるかもしれない。

たとえば、新しいカメラを買おうと思っている消費者は、各モデルを比較するためにインターネットで検索するだろう。映画好きの人も、新作映画の公開日や上映館を調べるためにインターネットで検索するだろう。そして休暇の計画を立てている人も、おもしろそうな場所や航空運賃やホテルの宿泊料を調べるためにインターネットで検索するだろう。

このとき、小売活動や映画鑑賞や旅行に関する語句の検索数を集計すれば、経済や文化や政治の関心事の動きについて、近い未来の予測を立てられる可能性がある。そのため、最近の研究者が取り組んでいる問いは、どのような動きなら検索を利用して予測できるのか、そうした予測はどれくらい正しいのか、予測が有効に立てられる時期はいつかといったものに集中している。たとえば、近ごろわたしもヤフーの同僚とともに、長編映画の公開週末の興行収入や、ビデオゲームの発売後一カ月の売れ行きや、《ビルボード》誌の人気曲ランキングであるホット一〇〇の予測に、検索語句の集計がどれだけ有効かを研究した。

こうした予測を立てたのはどれも公開や発売のせいぜい数週間前なので、ここで言っているのは長期的な予測ではない。前章で論じたように、それを立てるのははるかにむずかしい。とはいえ、観客の関心について一週間前に少し詳しく知っているだけでも、さまざまな地域でどの映画にどれだけのスクリーン数を割り振るか、映画製作会社や配給元が決めるのに役立つはずだ。[15]

明らかになったのは、検索語句から得られる改善の幅は、公開されているほかのデータ、つまり製作予算や配給計画に比べると小さいが無視できない、ということである。前章で論じたとおり、過去のデータに基づく簡単なモデルでも、これをうわまわる成績を出すのは驚くほどむずかしく、同じルールは検索関連のデータにもあてはまる。だが、検索などのウェブに基づくデータは、ほかにもいろいろな形で予測の役に立つ。たとえば、過去のデータの信頼できる情報源を得られない場合がある。過去に売り出したことのない新たなゲームを売り出すときや、競争相手の売上高がわからないときである。

そしてこれもすでに論じたが、未来が過去と異なる場合もある。ふだんは安定している経済指標がいきなり急激に上昇したり、記録的な伸びを見せていた住宅価格が出し抜けに大暴落したりするときなどである。こうした状況では、過去のデータに基づく予測法の成績はふるわないはずだ。したがって、過去のデータが入手できないか、あるいは単に有益でないときは、集団の意識のリアルタイムの状態を利用できれば——それは人々が何を検索しているかで示されるのだが——貴重な利益になる。

測定‐対応戦略を容易にするウェブの力は、企業にとっても科学者にとっても政府にとっても心躍る情報だと言っていい。しかし、ほかならぬ非ウェブ企業のZARAが体現するとおり、測定と対応の原則がウェブに基づくテクノロジーに限定されないことには留意する必要がある。肝心なのは、世界の状態を測定するわれわれの能力は増したのだから、計画に対する従来の考え方も改めるべきだということだ。対象が広告だろうと製品だろうと政策だろうと、われわれは人々の行動を予測し、消費者に特定の反応をさせるための方法を立案しようとするかわりに、可能性全体に対して人々がどう反応し、それに基づいてどう対応するかを直接測定できる。

言い換えれば、「予測とコントロール」から「測定と対応」への変化は、テクノロジーのみにかかわるのではなく――テクノロジーは必要だが――心理にもかかわっている。未来を予測する自分たちの能力はあてにならないと認めてはじめて、われわれは未来を見いだす方法を受け入れられる[16]。

測定だけで終わらせるな――実験せよ

しかしながら、測定能力を向上させるだけでは、必要な情報が得られない状況も多い。たとえば、近ごろわたしの同僚が、アメリカのある大手企業の最高財務責任者《CFO》とのやりとりを話してくれたのだが、そのCFOは前年に自分の会社が「ブランド広告」――特定の製品やサービスの広告ではなく、ブランドのみの広告――のためにおよそ四億ドルを費やしたと打ち明けたらしい。この金はどれくらいの効果があったのだろうか。同僚によれば、CFOはその正しい数字が四億ドルなのかそれともゼロなのかがわからないのを残念に思っていた。

ここで少し考えてみよう。CFOは四億ドルに効果がなかったと言ったわけではない。どれくらいの効果があったか見当もつかないと言っただけだ。CFOの知るかぎりでは、ブランド広告に一ドルも遣わなくても業績になんら変わりがなかったことはじゅうぶんにありえた。逆に、金を遣わなければ大きな災いになった可能性もあった。ただCFOには、どちらなのかわからなかったのである。

四億ドルはわからないですまされる金額ではないように思えるかもしれないが、現実には大海の一滴にすぎない。毎年、アメリカの企業はのべ五〇〇〇億ドルをマーケティングに費やしており、いま例に出したCFOとほかの会社のCFOがちがうと考える理由はない。たぶんこちらのCFOは正直なほうだろうが、それ以上でもそれ以下でもない。だから、この五〇〇〇億ドル全体についても同じ問いを発する必要がある。果たして、この金は消費者の行動にどれほどの効果があるのだろうか。わかる者はいるのだろうか。

この点を追及された広告主は、デパート王のジョン・ワナメーカーのことばをよく引き合いに出す。ワナメーカーは、「広告に費やす金の半分は無駄だ。ただ、どちらの半分が無駄なのかはわからない」と言ったとされる。これは実に巧みな切り返しだし、いつも笑いを誘うようだ。だが、多くの人々が理解していないのは、ワナメーカーのこの発言は一世紀近くも前のもので、アインシュタインが一般相対性理論を発表したころだということである。ペニシリン、原子爆弾、DNA、レーザー、宇宙飛行、スーパーコンピューター、インターネットなど、ワナメーカーの時代から科学やテクノロジーが驚くほどの急発展を遂げた今日、彼の悩みは当時と同じように通じるのだろうか。

広告主の測定能力が向上していないことが、この理由になっているとはけっして言えない。みずからが持つ売上のコンピューターデータベース、ニールセンやコムスコアといったサードパーティーのリサーチ会社、最近流行しているオンライン上のクリックの流れについてのデータなどを利用し、現在の広告主はワナメーカーよりもずっと多くの変数をはるかに精密に測定できる。それどころか、広告業界には使い道に困るほどのデータがあると言っていい。

真の問題は、広告主が知りたがるのは、広告が売上の伸びの原因になっているのかどうかという点にある。だが、広告主が測定するのはほぼ決まって、両者の相関関係でしかない。

もちろん、理屈のうえでは、相関関係と因果関係がちがうことはだれしも「知っている」が、実際には両者は混同されやすく、現にしょっちゅう混同されている。もしダイエットをつづけたあとに体重が減ったら、ダイエットが体重減少の原因になったと結論する強い誘惑に駆られる。しかし、ダイエットをつづける人の多くは、生活のほかの面も変える。つまり運動や睡眠の時間を増やしたり、単に食事にもっと注意を払ったりする。こうした変化のどれでも、特定のダイエットと同じくらい体重減少の理由になりうるし、変化が組み合わされればなおさら体重減少の理由になりやすくなる。けれども、注目しているのはこうしたほかの変化ではなくダイエットなので、効果をもたらしたのはダイエットだということにされる。

同じように、広告キャンペーンは例外なく、ほかのさまざまな要因も変化している世界でおこなわれる。たとえば広告主は、予想売上高によって翌年の予算を定めたり、休暇シーズンのような買い物が最も盛んになる時期に広告費を増やしたりする。どちらの戦略を用いても、広告が何かの原因になったかどうかにかかわりなく、売上と広告が相関しやすくなる。しかし、ダイエットのときと同じで、企業が注目するのは広告活動なので、売上などの関心のある基準がその後に伸びれば、原因となったのはほかでもなく広告だと結論する誘惑に駆られる。[17]

因果関係と相関関係を区別するのは、概して多大な注意を要する。だが少なくとも原理上は、簡単な解決策がひとつあり、それは「処置」、つまりダイエットや広告キャンペーンをおこなう場合とおこなわない場合の実験を実行することである。「対照」群に比べ、処置をおこなったほうが、（体重の減少や売上の伸びなどの）関心のある結果を著しく生じやすければ、その処置が結果の原因になったと結論できる。そうでなければ結論できない。

医学の世界でも、食品医薬品局に医薬品を承認してもらうためには、無作為に選んだ一部の人々にその薬を投与し、無作為に選んだ別の人々にはその薬を投与しないか偽薬を投与して、実地調査をしなければならないことを思い出していただきたい。薬を飲んだ人々のほうが飲まなかった人々に比べ、症状の改善される率が高い場合にかぎって、薬に効果があると製薬会社は主張できる。

まったく同じ論法が、広告にもあてはまるはずだ。実験をおこなわなければ、因果関係を確認するのは不可能に近く、広告キャンペーンで投資に対する真の利益を測定するのも不可能に近くなる。

たとえば、新製品の発売と同時に広告キャンペーンをおこなったら、その製品が飛ぶように売れたとしてみよう。もちろん、キャンペーンの費用と売上高に基づいて投資に対する利益を計算することはできるし、広告主はたいていそうしている。だがもし、それが単にすばらしい製品で、広告キャンペーンをまったくおこなわなくてもどのみち同じくらい売れたとしたら？　このとき、広告費は明らかに無駄になる。逆に、別のキャンペーンをおこなえば、同じ費用で売上が二倍になったとしたら？　このときも、実際のキャンペーンは「有効」だったにせよ、架空のキャンペーンに比べれば、投資に対する利益は少なかったことになる。[18]

そのうえ、実験をおこなわなければ、広告に効果があるように思えても、単にそれを見た人物の傾向のおかげでそうなっているのかどうかがきわめて測定しにくい。例として、しばしば指摘されることだが、検索連動型広告（検索結果のページの右側に表示されるスポンサードリンク）はほとんどのウェブページに出てくるディスプレイ広告よりもずっと効果が大きい。なぜだろうか。

大きな理由は、どのスポンサードリンクが表示されるかは、そのときの検索内容に大ききく左右されることだ。「VISAカード」を検索した人々は、十中八九クレジットカード会社の広告を見るし、「ボトックス治療」を検索した人々は、十中八九皮膚科医の広告を見る。こうした人々は、まさに広告主が提供しているものに興味を持っている可能性が高い。そのため、VISAカードの広告をクリックした人が実際に入会しても、それはすべて広告のおかげだとは言えない。理由は単純で、どのみちその人は入会していただろうと考えられるからである。

　これは当たり前の指摘のように思えるが、広く誤解されている。[19] 実際に広告主は、最も製品を買ってくれそうな消費者にたどり着くために、追加で金を払っている場合が多い。過去にその製品を（たとえばパンパースを）買った人や、同じカテゴリーの製品を（たとえばパンパースの競合製品を）買った人や、特質や状況からまもなく買ってくれそうな人（たとえば第一子が産まれそうな若い夫婦）などである。

　この手の行動ターゲティング広告は、科学的アプローチの真髄だとよく引き合いに出される。だがやはり、こうした消費者の少なくとも一部、もしかすると多数は、その製品をどのみち買っていたはずだ。その結果、どのみち買った人への広告は無駄になり、それは広告を見ても興味を持ってもらえなかったときと変わらない。このように考えたとき、重要になってくる唯一の広告は、境界線上の消費者、つまり製品を買ったが、広告を見ていなければ買わなかった人を動かす広告である。そして境界線上の消費者への効果を見極めるには、広告を見る人と見ない人を無作為に決めた実験をおこなうしかない。

現場実験

このような無作為の実験をおこなうことに対しては、実行がむずかしいという反対意見がよく唱えられる。ハイウェイ沿いに看板を立てたり、雑誌に広告を載せたりしても、だれがそれを見るのかはまずわからない。そして消費者自身も見た広告を意識してない場合が多い。そのうえ、効果の測定もむずかしい。数日後、あるいは数週間後に消費者が購入するかもしれないし、その段階では広告を見たこととそれに基づいて行動したこととの関連性は失われている。

これらは理にかなった反対意見だが、対処はできるようになりつつあり、最近わたしのヤフーの同僚、デイヴィッド・ライリー、テイラー・シュライナー、ランドゥル・ルイスの三人は画期的な「現場実験」でそれを実証した。実験には、小売大手の顧客でありヤフーのユーザーでもある一六〇〇万人がかかわった。

実験をおこなうために、ライリーたちは一三〇〇万人のユーザーを無作為に選んで「処置」群とし、ヤフーが運営するウェブサイトを訪れたときに小売業者の広告を見せた。これに対して残りの三〇万人は「対照」群とし、処置群の人々と同一のページを訪れても広告を見せなかった。処置群と対照群への割り振りは無作為なので、両者の行動のちがいは広告そのものが原因になる。そして実験の参加者全員が小売業のデータベースに登録されていたから、広告の効果は実際の購入行動（実験後数週間までの購入行動）で測定できた。[20]

ライリーたちはこの方法を用い、広告による追加収入は短期的に見てキャンペーン費用のおよそ四倍に達し、おそらく長期的に見ればさらに大きく増えると推定した。したがって、キャンペーンは総じて実際に効果があったと結論した。この結果は、ヤフーにとっても小売業者にとっても明らかに好ましい知らせだった。

だが効果があったのは、年配の消費者にほぼかぎられることもわかった。四〇歳未満の消費者には、おおむね効果がなかった。当初、この後者の結果は悪い知らせであるように思えた。しかし、何かが役に立たないことを発見するのは、何が役に立つかを知る第一歩になるととらえるのが正しい。たとえば広告主は、異なった形式やスタイルやインセンティブやサービスを試み、若い人々の心に訴えるさまざまなアプローチを実験できる。役に立つものが出てくることはじゅうぶんに考えられるし、それを系統立てて突き止めるのは価値がある。

しかし、こうした試みのどれも効果がなかったとしてみよう。そのブランドが特定の人口階層には魅力がないだけなのかもしれないし、その人口階層はオンライン広告に反応しないのかもしれない。だがこういう場合でも、広告主は少なくともこれらの人々への広告に金を無駄遣いするのをやめ、動かせる可能性のある人々にもっと資金を振り向けることができる。ともあれ、時間をかけてマーケティングの効果を高めるには、何が役に立って何が役に立たないかをまず知る以外にない。だから、広告の実験は、「答」を得るか得ないかの一度きりの行為ではなく、すべての広告に付き物の終わりなき学習過程の一環としてとらえるべきである。[21]

まだ数は少ないものの、広告にかぎらず、またオンラインかオフラインかを問わず、あらゆるビジネスや政治の計画にも同じ考え方が応用できるはずだと主張する研究者は増えている。たとえば、《ＭＩＴスローン・マネジメント・レビュー》の最近の記事で、マサ《M》チ《I》ューセッツ工科《T》大学のエリック・ブラインジョルフソン教授とマイケル・シュレイジ教授は、在庫や売上やそのほかのビジネス上のパラメーター——検索ページのリンクのレイアウトや、陳列棚の製品の配置や、特定のダイレクトメールの細部——を追跡する新しいテクノロジーが、ビジネスに対照実験の新しい時代をもたらしつつあると論じている。

ブラインジョルフソンとシュレイジは、カジノ会社のハラーズのＣＥＯ、ゲイリー・ラヴマンのつぎのことばも引用している。

「ハラーズでクビになるにはふたつの方法がある。会社の金を盗むことと、ビジネスの実験に適切な対照群を組み入れないことだ」

カジノの経営者が科学に基づくビジネス手法の先端にいるというのはとまどうかもしれないが、つねに対照実験を組み入れるという考え方からは、ほかのビジネスも明らかに恩恵を受けられるはずだ。[22]

現場実験は、もっと伝統に縛られた経済と政治の世界でも、注目を集めるようになっている。たとえば、MITの貧困アクションラボと提携した研究者は、一〇〇以上の現場実験をおこない、もっぱら公衆衛生、教育、貯蓄、信用の分野で、さまざまな援助政策の効果を検証している。政治学者は、広告と電話による選挙運動が投票率に与える影響や、新聞が政治的意見に与える影響を検証している。そして労働経済学者は、数え切れないほどの現場実験をおこなって、いろいろな報酬制度の効果や、評価が仕事ぶりに与える影響を検証している。

こうした研究者が投げかける問いは、たいてい非常に具体的である。援助機関は蚊帳《かや》を無償でわたすべきか、それとも有償でわたすべきか。労働者は固定給と歩合給のそれぞれにどう反応するか。貯蓄計画を提案すれば貯蓄に効果があるのか。こうした控えめな目的であっても、答がわかれば経営者や計画者の役に立つ。そして現場実験は、もっと壮大な規模でも実行できる。たとえば、公共政策研究者のランドゥル・オトゥールは、国立公園局のために現場実験をおこない、（イエローストーンやヨセミテやグレーシャーなどの）国立公園を無作為に選んでさまざまな管理、運営法を適用し、どれが最も有効かを検証すべきだと主張している。[23]

現場の知識の重要性

現場実験の可能性には心が躍るし、利用が可能なのに利用されていない例が非常に多いのはまちがいない。とはいえ、いつでも現場実験がおこなえるわけではない。どちらの戦略が長期的に勝っているかをたしかめるためだけに、アメリカがイラクの半分と戦争をし、別の半分とは平和を保つなどということはできない。企業がみずからの一部だけイメージチェンジをするとか、一方の消費者に対してだけイメージチェンジをして他方の消費者に対してはイメージチェンジをしないなどということもできない。[24]

こうした決断には、実験のアプローチはさほど役に立たないだろうが、それでも決断はくださなければならない。学者や研究者が因果関係の細かな点を論じ合うのは結構だが、政治家やビジネスリーダーはしばしば確実性が欠けた状態で行動しなければならない。こういう世界で何より大切なのは、完璧さにこだわらないことである。わたしの海軍の教官がたたきこんだように、悪い計画でもまったくの無計画よりましな場合がある。たしかにそのとおりだ。現実には、成功の見こみが最も大きそうな行動を選んでそれに全力を尽くすしかない状況も多い。しかし、権力と必要性が組み合わさったために計画者がおのれの本能に信頼を置きすぎ、悲惨な結果を招くときもままある。

1章で触れたように、一九世紀末から二〇世紀はじめにかけては、エンジニア、建築家、科学者、政府のテクノクラートなどに楽観主義が浸透していた時代であり、この人たちは科学や工学の問題と同じように、社会の諸問題も解決されうると考えていた。しかし、政治学者のジェームズ・スコットが述べているとおり、この楽観主義は、計画者の直観は人類が積みあげた科学的知識と同じくらい正確で信頼できるという誤った信念に基づいていた。

スコットによれば、この「ハイ・モダニスト」思想の根本にある欠陥は、因果関係についての硬直した思考パターンを擁護して、状況に基づく現場の知識を軽視したことである。スコットが述べるとおり、一般法則を複雑な世界に適用するのは「事実上の失敗や社会の幻滅を招くものであって、その双方を招く可能性が最も高い」。これを解決するためには、「つねに変化をつづける自然環境と人間環境に対応した、広範な実用的技術と習得ずみの知恵」を利用するように計画を立てるべきだとスコットは論じる。さらにこうした知識は、「それの用いられる環境が複雑で再現不能であるために、合理的な意思決定の型どおりの手順が適用できない」からこそ、一般に適用できる原則にまとめるのがむずかしい。つまり、計画が依拠すべき知識は必然的に、それが適用される具体的な状況に特有の、現場の知識になる。[25]

実は現場の知識を支持するスコットの主張は、経済学者のフリードリッヒ・ハイエクが著した「社会における知識の利用」という有名な論文で、ずっと前に示されている。計画の根本は知識を総合することだとハイエクは論じた。どんな資源をどこに割り振るかを知るためには、ほかの人と比較してだれに何がどれだけ必要かを知らなければならない。しかしながら、数億の人々で構成される広大な経済全体にわたって、この知識をすべて総合するのは、どれほど賢明で善意があろうとも、中央のひとりの計画者には不可能である。だが市場は、なんの監督も指示もなしに、まさにこの情報の総合を日々成し遂げている。

例を言うと、どこかのだれかが鉄の新しい利用法を発明し、それを使えばほかの人より利益をあげられることになったら、その人物は鉄のためにほかの人より高い金を払うこともいとわないだろう。そしてほかの条件が同じなら、総合された需要が高まれば価格も高くなる。だから、鉄の有効な使い道がない人々は鉄を買わなくなり、鉄の有効な使い道がある人々は鉄をもっと買うようになる。価格がなぜ上昇したのか、まただれが急に鉄をほしがっているのかは、だれも知る必要がない。それどころか、一連の流れは何ひとつ知る必要がない。市場の「見えざる手」が、それを最も有効に活用できる者に、世界のかぎられた鉄を自動的に割りあてるのである。

ハイエクの論文は、政府の立案した解決策が市場に基づいた解決策に決まって劣ることの論拠として、自由市場の支持者がよく引き合いに出しており、この断定が正しい場合もあるのはまちがいない。

たとえば、二酸化炭素の排出量削減を目的とした「キャップ・アンド・トレード」政策は、ハイエクの論を明らかに援用している。政府が二酸化炭素の排出量削減方法を企業に指示するのではなく――政府による規制はそうするのがふつうなのだが――経済全体の総排出量に「制限《キャップ》」をかけることで二酸化炭素にコストを設定し、あとの対応は個々の企業に任せるという政策である。このとき、省エネルギーの方法を見つける企業もあれば、ほかのエネルギー源に切り替える企業もあれば、排出ガスの浄化法を探す企業もあるだろう。また、削減を選んだ企業からの排出権買いとりを選ぶ企業も出てくるだろうが、この権利の価格は全体の供給と需要によって決まる――ほかの市場とまったく同じように。[26]

キャップ・アンド・トレード政策のような市場に基づいたメカニズムは、中央集権化された官僚機構による解決策よりも、有効である公算がたしかに大きいと思われる。

とはいえ、市場に基づいたメカニズムは現場の知識を利用する唯一の方法ではないし、最善の方法ともかぎらない。たとえば、キャップ・アンド・トレード政策の批判者は、排出権市場でもあらゆるたぐいの複雑なデリバティブ――二〇〇八年に金融システムを屈服させたような――が生み出され、政策の意図をゆがめる結果になりかねないと指摘する。もっと安全なアプローチは、単に課税によって二酸化炭素にかかわるコストを増やすことだと批判者たちは主張する。こうすれば、市場にからむ諸費用やその複雑さにわずらわされることなく、排出量削減のインセンティブを企業に持たせ、何が最善の削減方法かの判断は企業に任される。

市場に頼らずに現場の知識を利用するもうひとつの方法として、政府のあいだでも財団のあいだでも人気が高まっているのは、懸賞コンテストである。懸賞コンテストは資金提供の手順を逆転させ、あらかじめ選んだ相手に前もって資金を配分するのではなく、だれがその問題に取り組んでもかまわないとするが、事前に指定した目的を果たしたときしか報酬を与えない。懸賞コンテストはわりあい少額の賞金で驚くほどの独創力を引き出せるので、近年大きな注目を集めている。

たとえば、資金提供機関である国防高等研究計画局《DARPA》は、わずか数百万ドルの懸賞金で、ロボットカーの開発のために数十にのぼる大学の研究ラボの独創力を利用できた。従来の研究助成金の形で同じだけの仕事に資金を提供するときより、はるかに安あがりだった。同様に、優勝賞金一〇〇〇万ドルのアンサリ・エックスプライズは、再使用可能な宇宙船の製造のために一億ドル以上の価値がある研究と開発を引き出した。そしてレンタルビデオサービスのネットフリックスは、たった一〇〇万ドルの賞金で、世界最高のコンピューター科学者の力を借りておすすめ映画のアルゴリズムを改善できた。

こうした例や、工学、コンピューター科学、数学、化学、生命科学、物理科学、ビジネスの分野で数百の懸賞コンテストをおこなっているイノセンティヴのような「オープン・イノベーション」企業に刺激され、政府も扱いにくい政策問題の解決に同じアプローチが利用できないかと考えている（オープン・イノベーションとは、一般に自社だけでなく他社の技術も利用して、革新的な製品を開発することを指す）。たとえば、二〇〇九年にオバマ政権は「トップへの競争」政策を発表し、教育界に激震を走らせた。これは各州が参加する懸賞コンテストに等しく、州に提出が義務づけられる計画に基づいて、公教育の資金が配分される。計画は、生徒の成績の測定法や、教師の説明責任や、労使契約の改善など、さまざまな面から採点される。

トップへの競争政策をめぐる論争は、生徒の成績の最大の決定要因として教師の質が重視されていることや、成績の測定法として共通テストが重視されていることを問題としている。しかしながら、このような理にかなった批判があっても、トップへの競争政策が興味深い政策実験であるのは変わらない。理由は簡単で、キャップ・アンド・トレード政策と同じく、トップレベルの「解決策」のみを示し、細部は州そのものにゆだねているからである。[27]

「解決」するな――ブートストラップせよ

市場に基づく解決策と懸賞コンテストはどちらもすぐれた案だが、中央集権化された官僚機構が現場の知識を活かす方法はこれだけではない。まったく別のアプローチもあり、その原点となっているのは、システムが不具合を起こしても、個人なり集団なりが個々の問題の有効な解決策を見いだしている例が多いという事実である。マーケティング学者のチップ・ハースとダン・ハースは著書の『スイッチ！』（千葉敏生訳、早川書房）で、こういう例を「ブライト・スポット」と呼んでいる。

ブライト・スポット・アプローチを最初に開発したのはタフツ大学の栄養学教授マリアン・ザイトリンである。貧困地域の子供の栄養状態を調べた数々の研究は、どんな地域にもほかの子供より栄養状態の良好な子供がいることを明らかにしており、ザイトリンはこれに注目した。このような自然に生まれた成功談――その子供の母親がどういった特別な行動をしていて、子供にいつ何を食べさせていたか――を学びとったザイトリンは、その地域にはじめからあって現場に根ざした解決策を教えるだけで、ほかの母親のよりよい子育てに役立てられることに気づいた。それからというもの、ブライト・スポット・アプローチは発展途上国で使われて成功をおさめている。アメリカでも、一部の病院でおこなわれていた特殊な手洗いの習慣が、細菌感染（防げたはずの院内感染による死亡はこれがおもな原因なのだが）を減らすために全医療機関で採用されつつある。[28]

ブライト・スポット・アプローチは、政治学者のチャールズ・セイベルが「ブートストラップ」と呼ぶものにも似ており、ブートストラップの思想は経済発展の分野で人気を集めつつある（ブートストラップとは、一般に自力でどうにかすることを指す）。ブートストラップのモデルとなっているのは有名なトヨタ生産方式で、この方式は日本の自動車メーカーのみならず、産業や文化の垣根を越えて広く採用されている。生産方式は「ジャストインタイム」の原則にしたがって管理されるべきだというのがその基本思想になっており、そのためシステムの一部に不具合が起こったら、問題が解決されるまでシステム全体を停止しなければならない。

一見するとこれは悪い案に思えるが（そして少なくとも一度、トヨタはこれのために危機に追いこまれたが）、組織が問題に迅速かつ積極的に取り組まざるをえなくなるという利点がある。組織は問題の根本原因も探らざるをえない。そのためには、失敗した直接の原因のみに目を向けるのではなく、システムの一部分における欠陥がほかの部分の不具合につながる流れを突き止めることがたびたび必要になってくる。そして組織は既存の解決策を探すか、関連のある作業から解決策を応用しなければならない。こうした応用手順は「ベンチマーキング」として知られている。この三つの実践、つまり不具合を特定することと、問題の根本原因を探ること、いままでの型どおりの作業の外に解決策を求めることが組み合わさったとき、組織は中央集権化された管理法で複雑な問題を解決しようとする組織から、広大な協力のネットワークに解決策を探す組織に変わりうる。[29]

ブライト・スポットと同じように、ブートストラップも現場の問題の具体的な解決策を重視し、実際の状況から有効な解決策を引き出そうとする。しかしながら、ブートストラップはそこから一歩進んで、いま何が有効かを見つけ出そうとするだけでなく、障害や制約が取り除かれたり、システムのほかの部分で問題が解決されたりしたら、何が有効になりうるかも探し出そうとする。

ブートストラップの欠点があるとすれば、それは問題が生じたときに解決の強いインセンティブを持った意欲あふれる従業員が不可欠になってくることだろう。だから、競争の激しい産業界ならともかく、経済発展や政策の分野にまでこのモデルを適用できるのかというもっともな疑念をいだく人もいるかもしれない。

だがセイベルが指摘するとおり、現在ではブートストラップ・アプローチに支えられて栄えている成功例はブラジルのシノス渓谷における靴メーカーや、アルゼンチンのメンドーサにおけるワイン醸造業者や、パキスタンのスィアールコートにおけるサッカーボールメーカーなど各地に多々あり、これらを単なる例外として片づけるのはむずかしい。[30]

計画と常識

最も重要なのは、ブライト・スポットとブートストラップのどちらにおいても、計画者側が考え方を改めなければならないことである。第一に計画者は、どんな問題――貧しい村のためにもっと栄養のある食事を考案することや、院内感染の発生率を減らすこと、地元の産業の競争力を高めることなど――であれ、現場の人間がおそらくその解決策の一部をすでに有していて、現場がそれをほかと共有する気があることを認識しなければならない。そして第二に、あらゆる問題の解決策を自力で探す必要はないことを認識したら、分野にとらわれずに既存の解決策を探すことに資源を割りあて、その解決策をもっと広く実行することができる。[31]

これはスコットやハイエクのような思想家が示している教訓でもあると言っていい。ふたりの提案する解決策も、政策立案者は自分自身の知識や意欲に頼るのではなく、現場の関係者の知識や意欲を中心に据えた計画を考案するべきだと説いている。言い換えれば、計画者は、開発経済学者のウィリアム・イースタリーがいう「探求者」らしい行動を学ばなければならない。イースタリーはこう述べている。

計画者は自分がすでに答を知っていると思っている。貧困は技術工学上の問題であり、自分の答が解決すると思っている。探求者はあらかじめ答を知っているのではないと認めている。貧困は政治、社会、歴史、制度、技術の要因が複雑にからみ合っていると考え……試行錯誤によって個々の問題への答を見つけたいと願っている……計画者は、解決策を押しつけられるほど外部の人間がじゅうぶんな知識を持っていると考えている。探求者は、解決策を見つけられるほどじゅうぶんな知識を持っているのは内部の人間だけであり、ほとんどの解決策は現場に根ざしていなければならないと考えている。[32]

見かけこそ異なるものの、計画に対するこうしたアプローチはどれも――ミンツバーグの創発的戦略も、ペレッティのマレット戦略も、クラウドソーシングも、現場実験も――実は「測定と対応」という広いテーマの派生型にすぎない。測定されるのが現場の関係者の詳細な知識のときもあれば、マウスのクリック数や検索語句のときもある。データを集めるだけでじゅうぶんなときもあれば、無作為の実験をおこなわなければならないときもある。適切な対応がある企画やテーマや広告キャンペーンから別のそれらに資源を移すことになるときもあれば、現場に根ざした他人の解決策を発展させることになるときもある。実際のところ、さまざまな問題に対する測定と対応の方法は、解決すべき問題と同じくらいたくさんあり、万能のアプローチは存在しない。

だが、すべてに共通しているのは、世界の貧困を撲滅しようとする政府の計画者であれ、顧客のために新しいキャンペーンをはじめようとする広告の計画者であれ、計画者が直観と経験のみに基づいて計画を練りあげられるといううぬぼれを捨てなければならないことだ。言い換えれば、計画が失敗するのは計画者が常識を無視したときではなく、みずからの常識に頼って自分と異なる人々の行動を推論したときである。

これは簡単に避けられる落とし穴に思えるが、実際はちがう。なぜ物事はこうなったのか、なぜ人々はこういう行動をとるのかといった疑問を思案するとき、われわれはいつだってもっともらしい答を見つけ出せる。自分の答を確信するあまり、どんな予測や説明にたどり着こうともそれらは自明に思える。

われわれは、新製品や政治家の選挙演説や新しい税法にほかの人々がどう応えるかはわかっていると思いこむ誘惑につねに駆られる。「うまくいくはずがない」とわれわれは言いたがる。「人々はそういうものを好まない」と。あるいは「そんな見え透いた詭弁にだまされる人がいるものか」とか「こういう税金はまじめに働いたり経済に投資したりするインセンティブを弱めるだろう」とかいった具合に。

これはどうすることもできない。自分の心臓を止めることができないのと同じで、常識に基づく直観を抑えることはできない。しかしながら、ビジネス戦略や政府の政策の問題でも、あるいはマーケティングキャンペーンやウェブサイトのデザインの問題でも、常識にあまり頼らず、測定可能なものにもっと頼らなければならないと覚えておくことならできる。

しかし、測定だけでは思いちがいを防ぐことはできない。常識に基づく推論は、得てして測定が不可能な、社会についてのもっと哲学的な問い――責任をどう問うのかや、成功の理由を何に求めるのかといった問い――でもわれわれに思いちがいをさせる。こういう状況でも、常識に基づく直観がおのずから明らかに見える答とともに首をもたげるのを抑えることはできない。だがここでも、それに疑念を持つことはできるし、常識の限界を理解することが有益となるような、世界についての考え方を探すことはできる。

9　公正と正義

二〇〇一年八月四日の土曜日、ジョセフ・グレイは楽しい一日を過ごしていた。グレイはニューヨーク市警に一五年間勤務するベテラン警官で、その朝ブルックリン七二分署で夜勤を終えると、同僚たちと署の近くをぶらついてビールを二、三本飲むことにした。正午の少し前には二、三本のビールは五、六本のビールになっていて、警官たちの何人かは近くのワイルド・ワイルド・ウェストというトップレスバーで昼食をとることにした。グレイは特にこれを喜んだらしく、昼過ぎから夕方まで、友人たちが帰ったあとも店に居残った。夜にまた出勤しなければならなかったことを考えると、これは不可解な行動だったが、勤務がはじまる数時間前に署へ行き、仮眠して酔いを覚ますつもりだったのかもしれない。いずれにせよ、ワインレッドのフォード・ウィンドスターのバンに体を押しこんだころには、グレイは一二本から一八本のビールを空けていた——血中アルコール濃度を法定上限の二倍以上に押しあげるのにじゅうぶんな量だった。

それから何が起こったかは完全には判明していないが、記録によれば、グレイ巡査は三番アベニューを北へ進み、ゴワナス・エクスプレスウェイの高架下で赤信号を無視した。もちろんよくないことだったが、たいしたことにはならなかったかもしれない。ほかの土曜日の夜なら、タイミングよく通り抜け、何事もなくスタテンアイランドに着いていたかもしれない。そこでジョセフはその日の飲み仲間を拾ってから署へ向かうつもりだった。

だがこの夜にかぎっては、それほどの幸運には恵まれなかった。

幸運に恵まれなかったのは、ちょうどそのときに四六番ストリートとの交差点をわたっていた二四歳のマリア・エレーラと、その一六歳の妹のディルシア・ペーニャと、エレーラの四歳の息子のアンディも同じだった。グレイ巡査の車は猛スピードで三人をはねて全員の命を奪い、不運な男児の体は半ブロック近くもフロントバンパーの下で引きずられてから止まった。目撃者によると、車からおりたグレイは目に生気がなく、ろれつのまわらない口調で「どうしてわたったんだ?」と何度も繰り返していた。

しかし、悪夢はこれで終わりではなかった。マリア・エレーラは妊娠八カ月半だった。胎児のリカルドはルーテル医療センターで帝王切開によってとりあげられ、医師たちは救命活動に力を尽くした。だが及ばなかった。母親の死から一二時間後、嬰児のリカルドも死亡し、父親のヴィクター・エレーラがただひとり残された。

およそ二年後、ジョセフ・グレイは四件の第二級故殺によって五年から一五年の不定期刑を州最高裁判所で言いわたされた。グレイは情状酌量を求めて「他人を故意に傷つけたことはこれまでの人生で一度もない」と訴え、一〇〇人以上の支持者が書面を提出してその良識を証言した。しかし、アン・フェルドマン判事は同情を示さず、半トンのバンを酩酊状態で街なかを走らせるのは「混み合った部屋で装塡ずみの銃を振りまわすに等しい」と指摘した。エレーラ一家と同じ地域社会で暮らし、最高刑を求める嘆願書に署名した四〇〇〇人の住民も、明らかに判事と同意見だった。多くの人が刑は軽すぎると感じた。ヴィクター・エレーラもそう感じたのはまちがいない。

「ジョセフ・グレイよ、おまえには一五年でも足らない」。ヴィクターは法廷で言った。「いつかおまえは刑務所から出てくる。そしてそのとき、おまえはまだ家族に会える。わたしには何もない。おまえはわたしのすべてをめちゃくちゃにした」[1]

事件が起こってから何年もあとに記事を読んでも、遺族の悲しみと怒りを感じずにはいられない。ヴィクター・エレーラが記者に語ったとおり、神は理想の家族を授けてくれた。そして無謀な酔っぱらいが一瞬にしてそのすべてを奪い去った。胸のうちは察してあまりあるし、自分の人生を台なしにした男を憎むのも無理はない。

にもかかわらず、事件の波紋、つまり警察署前での抗議運動や、住民と政治家による糾弾や、地域社会に与えた衝撃や、そしてもちろん刑の確定についての記事を読んだとき、わたしはもしジョセフ・グレイがほんの少しあとに交差点を通っていたらどうなっていただろうかと思わずにはいられなかった。事故は当然起こらなかっただろうし、マリア・エレーラもその妹もその息子も幸せな生活をつづけただろう。何週間かあとにはリカルドが生まれ、この子も運がよければ長く幸せな生活を送れただろう。マリアはあの夏の夜に三番アベニューを蛇行しながら走り抜けていったバンのことなど思い返しもしなかっただろう。ジョセフ・グレイはスタテンアイランドで同僚警官を拾い、おそらく同僚警官はグレイにブルックリンへもどるよう強く言っただろう。グレイは上司から叱責されたかもしれないし、おとがめなしですんだかもしれない。だがいずれにせよ、翌日には妻と三人の子供がいる家に帰り、平穏で目立たない暮らしをつづけただろう。

終わりよければすべてよしとはならない

もちろん、あなたが何を考えているかはわかる。たとえグレイの飲酒運転が必ずあの事故につながったわけではなくても、何か悪いことが起こる可能性を高めたのはまちがいないし、グレイのふるまいを考えれば当然の罰だと言うのだろう。

だがそれが事実だとしても、グレイが犯した罪のたぐいはしょっちゅう犯されている。いつもどこかで警察官は（公務員だって親だってそのほかの人々だってそうだが）飲酒運転をしている。あの夜のジョセフ・グレイと同じくらい酔っている者もいるし、同じくらい無謀な運転をする者もいる。その大部分は捕まらないし、検挙された少数の者も刑務所に行くことはめったにない。人でなしや人殺しの烙印を押されたジョセフ・グレイの身に降りかかったほどの罰と人々からのさげすみを受ける者はほとんどいない。

それなら、ジョセフ・グレイの行動の何が、本人を飛び抜けた悪人にしたのだろうか。あの日のグレイの行動がどれほど言語道断で、犯罪に近いとすら思っても、その悪の度合いはグレイが一分後にバーを出ようと、信号が青だろうと、エレーラ一家が少し遅れて道を歩いていようと、車が来るのを見て足を速めるなりゆるめるなりしようと、まったく変わらなかったはずだ。酔って街なかにバンを走らせる者はだれだって母親殺しと子供殺しの予備軍だというフェルドマン判事の論法にそれでも賛成したとしても、だれかを殺したかもしれないという理由のみに基づいて、少し飲みすぎた運転者——昨今なら携帯電話でメールを打っていたり話していたりした者にも——に例外なく一五年の刑を科すというのは想像しがたい。

結果の性質が重要になってくるとするのは、われわれが思いつくなかで最も常識に沿った意見だ。大きな被害が出たときは、大きな非難が求められる。そして逆に被害がなければ、われわれはそれに合わせて寛大になりやすい。終わりよければすべてよしでは？そうかもしれないし、そうでないかもしれない。

ここではっきりさせておきたいのだが、ジョセフ・グレイが公正な裁判を受けたかどうかについて、また一五年を刑務所で過ごすのが当然かどうかについて、わたしはなんの結論も引き出すつもりはない。飲酒運転者はおしなべて人殺しとして扱われるべきだと主張するつもりもない。だがわたしが言いたいのは、常識に基づく正義の観念が結果にきわめて大きく左右されるとき、それは論理上の難問へとわれわれを必然的に導くということだ。一方では、四人もの罪のない命が奪われたのに、犯人を罰するために法のかぎりを尽くさないというのは、著しく正義に反すると思える。そして他方では、ふだんはまともでまじめな人物が少し飲みすぎて車を家に走らせただけで例外なく犯罪者や殺人者として扱われるというのは、極端にすぎると感じる。だが運命の震える手を除けば、両者にはなんのちがいもない。

おそらくこれはわれわれが黙って受け入れなければならない矛盾なのだろう。社会制度を研究している社会学者が以前から主張しているとおり、組織や社会における行動を表向き定めている公式のルールは現実にはめったに実施されないし、それどころかいかなる場合にも一貫して実施するのはおそらく不可能である。人間がかかわり合う現実の世界はあまりに複雑で曖昧な場で、事前に決めたルールや規制では縛れない。だから、ある状況で何が理にかなっていて受け入れられるかを決めるのはおのおのの常識に任せるのが最適であり、人生とはそういうものである。

ほとんどの場合、これでうまくいく。規制当局や裁判所がかかわらずとも、問題は解決され、人々は過ちから学ぶ。だがときどき著しい違反や深刻な違反がなされ、ルールを発動して違反者を公式に扱わなければならなくなる。個々の例を見れば、ルールの発動はまさにいま論じた理由から恣意的で不公平にすら思え、影響をこうむった人物は「なぜ自分だけが?」という当然の思いをいだく。だがそれでもルールは、許容できる行動に広く大まかな制約を課すという社会の大きな目的にかなっている。すべての例に一貫して対処できればすばらしいことだが、社会が機能していくためにこれは必須ではない。一部の反社会的行動を罰の脅しで思いとどまらせるだけでじゅうぶんなのである。[2]

この社会学の見地からすれば、たとえ無責任な人々が運よく罪を免れても、社会が違反者を(ほかの人々への抑止力とするためにも)ときどき見せしめにしなければならず、その境界線として選ばれるのが被害の有無だというのは完全に理にかなっている。

しかし、こういう特別な場合に社会学と常識の解決策がたまたま重なるからといって、両者が同じことを言っているわけではないし、両者がいつも意見の一致を見るわけでもない。社会学は、常識が過程より結果を重視するのを肯定していない。社会の目的を達成するためにはやむをえない誤りだとしているだけだ。実のところ、これはオリヴァー・ウェンデル・ホームズが言論の自由を守るために用いたのと同種の論法である。ホームズは個人の権利そのもののために戦っていたのではなく、だれもが意見を言えれば、活気と創造力にあふれる自律的な社会を作るというもっと大きな利益にかなうと信じていた。[3]

したがって、ジョセフ・グレイのような例が提起する論理上の難問は社会を管理するうえで許容できる犠牲だと片づけるにしても、結果を決めるにあたって偶然の果たした役割を見落とすべきではない。だがわれわれはこれを見落としがちだ。犯罪に判決を言いわたすときだろうと、ある人物のキャリアを見定めるときだろうと、芸術作品の品定めをするときだろうと、ビジネス戦略を分析するときだろうと、公共政策を論評するときだろうと、そのときの評価は結果についての知識に必ず左右され、しばしば大きく左右される。結果がもっぱら偶然によって引き起こされたものであっても関係ない。

ハロー効果

この問題は経営学者のフィル・ローゼンツヴァイクが「後光効果《ハロー》」と呼んだものに関係している。社会心理学では、相手のある特徴についての評価――背が高いとか見栄えがいいとか――を知性や性格といったその特徴とは必ずしも関連がないほかの特徴にまで広げる傾向をハロー効果という。

たとえば見栄えがいいからといって頭がいいとはかぎらないが、ラボで実験をおこなうと、決まって被験者は見栄えのいい人々のほうを見栄えが悪い人々よりも頭がいいという評価をくだす――どちらの側の知性についてもなんら判断の根拠がないときでさえ。ジョージ・ワシントンが生まれつきのすぐれたリーダーと見なされているのは、いつもその部屋でいちばん背が高いおかげだと、ジョン・アダムズはけなしたとされるが、それもゆえなきことではなかったらしい。[4]

企業の戦略、リーダーシップ、経営の評価は客観的かつ合理的だとされるが、ここにも同じ傾向が見られるとローゼンツヴァイクは言う。成功している企業は戦略に先見の明があり、強固なリーダーシップを備え、健全な経営をしていると決まって見なされるが、業績の悪い企業は誤った戦略や貧弱なリーダーシップや粗雑な経営などの欠点があると評される。しかし、ローゼンツヴァイクが示すとおり、たとえずっと同じリーダーシップのもとでまったく同じ戦略を押し進め、同じ経営をつづけていても、時期によって業績が大きく上下している企業は同じくらい極端な評価を受ける。

シスコシステムズが数年のうちにインターネット時代のシンボルから反面教師になったことを思い出していただきたい。同様に、二〇〇一年の劇的な瓦解の六年前、エンロンは《フォーチュン》誌で「アメリカで最も革新的な企業」と評されていたし、いまは消え去った衣料品の安売りチェーンのスティーヴ・アンド・バリーズは、連邦破産法の適用を申請するほんのひと月前には《ニューヨーク・タイムズ》紙で画期的な企業として喧伝されていた。こうしたどの例でも、実際に何をしているかより、成功していると認められているかどうかが企業の評価に関係してくるとローゼンツヴァイクは結論している。[5]

公正を期すために言っておくと、エンロンの見かけ上の成功は徹底した偽装工作によって生み出されていた部分もあった。実態がもっとよくわかっていたら、外部の人間がもっと用心していた可能性はある。もっと情報があれば、スティーヴ・アンド・バリーズやシスコシステムズの隠れた問題にも人々は気づいたかもしれない。だがローゼンツヴァイクが示すとおり、情報があったところで、それだけではハロー効果は少しも防げない。

その例として、かつておこなわれた実験で、被験者の一団は架空の会社の財務分析をおこなうよう指示された。分析結果は成績がつけられ、被験者は団結力、コミュニケーション、意欲といったさまざまな面で自分たちのチームがどれほどうまく機能したかを評価するよう言われた。思ったとおり、成績のよかったチームは悪かったチームに比べ、決まって自分たちが団結力や意欲などの面ですぐれていたと評価した。この評価の唯一の問題は、成績は実験者側が無作為に割り振ったということだった。実際の分析結果に優劣の差はまったくなかった。

要するに、うまく機能したチームがすぐれた結果を出したのではなく、見かけ上のすぐれた結果がチームはうまく機能したという錯覚をもたらしたことになる。そして注意していただきたいのだが、この評価は内部情報を持っていない外部の観察者がくだしたのではない。チームのメンバーたち自身がくだしたのである。つまり、ハロー効果は成績や実績にかかわる世間一般の通念をくつがえす。結果の評価はそれに至った過程の質で決まるのではなく、観察された結果の性質が過程の評価を決めるのである。[6]

ハロー効果を打ち消すのはむずかしい。過程を評価する際に結果を頼れないのであれば、何を用いるべきかわからなくなってしまうからだ。ただし問題は、結果から過程を評価するのがまちがっているということではない。たった一度の結果から過程を評価するのはあてにならないということである。たとえば、さいわいにして異なった計画をそれぞれ何度も試せるのなら、成功と失敗をすべて追跡調査すれば、計画の質を直接判定するのは不可能ではない。

だが一度きりしか計画を試せない場合、ハロー効果を避ける最善の方法は、行動の評価と改善をその行動の最中に全力でおこなうことである。これまでに論じたシナリオ分析や戦略的柔軟性などの計画技法は、組織がずさんな想定をあぶり出し、明白な誤りを避ける助けになるし、予測市場や意見調査は集団の知恵を利用して、結果がわかる前に計画の質を評価できる。また前章で論じたように、クラウドソーシングや現場実験やブートストラップは、何が役に立って何が役に立たないかを組織が学び、ただちに修正する助けになる。

これらの方法はどれも、計画の立て方や実行の仕方を改善することで、成功の可能性を高めるのが目的になっている。だが成功を保証することはできないし、保証するはずもない。したがってどういう場合でも、すぐれた計画が失敗して劣った計画が成功するときもあるのだと、つまりそれはただ偶然によって決まるのだということを心に留めておく必要があるし、だから既知の結果だけでなくそれ自体のすぐれた点からも計画を評価する必要がある。[7]

才能対運

個人の仕事ぶりを評価するときも、ハロー効果に妨げられやすい。このことは金融業界の報酬に対する昨今の憤慨が実証している。注意していただきたいのだが、憤慨の原因は銀行員に大金が支払われていたことではなく――そんなことは前から知っていたのであって――いまから見るとその仕事ぶりがとてつもなくひどかったように思えるにもかかわらず、大金が支払われていたことである。いわゆる失敗報酬にとりわけ腹立たしいものがあるのはまちがいない。

だが実は、これも能力給という考え方全体に関連した根深い問題、つまりハロー効果をめぐる問題のひとつの現れにすぎない。たとえば、雇用主のために金を稼いだという理由で、二〇〇九年――金融危機の翌年――に金融部門で多額のボーナスの受給資格を得た全従業員を考えてみよう。こういう人々はボーナスを支払うに値したのだろうか。とはいえ、この従業員たちは大失敗をした当人ではないのだから、どうしてほかの人々の愚かな行動のために罰を与えなければならない？

保険会社のＡＩＧでボーナスを受けとったある人物もこう述べている。

「自分はそれだけの金を稼いだし、ＡＩＧで起こった残念なこととはいっさい関係がありませんでした」[8]

そのうえ、実利的な見方からすれば、お偉方がよく言うように、利益をあげた従業員に対してそれにふさわしい報酬を与えなければ、辞めてほかの会社に移ってしまうということもじゅうぶんにありうる。実際、右のAIGの社員もこう指摘している。

「会社はわれわれに残るよう求めましたが、それはわれわれがなおも大金を稼いでいたからで、競合他社に持ちこめる仕事もあったし、望まれれば縮小して利益をあげられる仕事もあったからです」

こうした発言はみな理にかなって聞こえるが、これもハロー効果にすぎないと考えられる。メディアや人々が一部の銀行員――かつて「よこしまな」利益に懸けた人々――を罵倒しようとも、「正しい」利益をあげた銀行員はボーナスで報いられてしかるべきだとするのは、筋が通っているように思える。だがわれわれの知るかぎり、どちらの銀行員もまったく同じゲームをしている可能性がある。

つぎの思考実験を少し考えていただきたい。毎年あなたはコイン投げをする。表が出れば「よい」年になり、裏が出れば「悪い」年になる。悪い年はほんとうに悪く、会社に多額の損失を与えるが、よい年は同じだけの多額の利益をあげるとしてみよう。ここでかなり厳密な能力給のモデルを適用し、悪い年の報酬は――ボーナス保証やストックオプションの行使価格引きさげのような抜け道はないので――ゼロになるが、よい年には一〇〇万ドルというとても気前のいいボーナスがもらえるとする。

一見すると、この条件は公正に思える。実績をあげたときしか報酬をもらえないからだ。だがよく考えると、あなたが会社のためにあげた利益は、長い目で見ればあなたの出した損失によって実は打ち消されることがわかる。にもかかわらず、あなたの報酬は平均すると年に五〇〇万ドルという相当な額に達する。

おそらくあのAIGの社員は自分がコイン投げをしているとは思っていないだろうし、このたとえもまるで理解できないだろう。自分の成功は運ではなく実力と経験と努力のおかげであり、自分の避けてきた誤りを同僚が犯したと考えている。

だが言うまでもなく、その同僚も幻に終わる大きな賭けをしていた一、二年前に、まったく同じことを言っていたはずだ。それならば、この人物のことばをなぜ同僚のことば以上に信じなければならない？　もっと重要な点として、真の実績のみに報いる能力給の体系を組み立てる方法はあるのだろうか。

昨今、人気を集めつつあるアプローチのひとつは、雇用主がかなりの年数、ボーナスを事実上保留する方法である。結果が単純なコイン投げと同じでほんとうにランダムであるのなら、複数年の実績に基づいた報酬にすれば、そのランダムさをいくらか均せるはずだという発想から来ている。たとえば、ある資産に対してわたしがリスクの高い手段をとったところ、今年は価値が急上昇したが、翌年は低迷したとする。このとき、ボーナスが三年間の実績に基づくのであれば、わたしはボーナスをまったくもらえないことになる。これは理にかなった案だが、最近の不動産バブルが証明したとおり、ずさんな想定が一時的に何年も妥当に見えるときもある。したがって、受給日までの期間を長くとれば、運によって決まってくる部分を減らせるが、完全になくすことは無理だ。

個人の才能と運を切り離すには、期間を長くして実績を平均する方法のほかに、同業者たちと比較して実績を指数化する方法がある。つまり、ある資産クラスで働いているトレーダー（たとえば金利スワップをおこなっているトレーダー）は、その資産クラスの全トレーダーの指数をうわまわる実績を出したときにはじめてボーナスを受けとれる、というものだ。

別の表現をすれば、ある市場や産業の全員が同時に利益をあげたら——二〇一〇年の第1四半期に大手の投資銀行がみなそうだったように——その実績は個人の才能ではなく長期的傾向によるものだと疑ったほうがいい。

ボーナスを遅らせることと同僚と比較して実績を指数化することは価値ある案だが、それでも運と才能を切り離すという根深い問題を解決できるとはかぎらない。

伝説的なファンドマネージャーであるビル・ミラーの例を考えていただきたい。ミラーのヴァリュー・トラストはS＆P５００を一五年連続でうわまわった。これをなしえたファンドマネージャーはほかにだれもいない。この間、ミラーの成功は才能が運にまさった模範例のように見えた。来る年も来る年も、一五年にわたって、実際にミラーは同業者よりすぐれた実績をあげた。投資戦略研究者のマイケル・モーブッサンが述べているとおり、過去のファンドマネージャーのみながみなコイン投げをしていたのなら、これだけの連続勝利はきわめてまれになる。[9] そのため、連続勝利の終盤には、ミラーが特別なことをしているというのは異論の余地がないほどだった。

ところが、連勝記録が途切れた直後の二〇〇六年から二〇〇八年の三年間、ミラーの実績はそれまでの多額の利益を帳消しにしてしまうほど悪化し、一〇年間の平均はS&P500のそれを下まわるところまで落ちこんだ。では、ミラーは運が悪かっただけの卓越した投資家なのだろうか。それともその反対で、どちらかと言えば平凡な投資家なのに、いずれ失敗に終わる戦略がたまたま長期にわたってうまくいったのだろうか。

問題は、ミラーの投資記録のみから判断するかぎりでは、おそらくなんとも言えないということだ。マイケル・レイナーがビジネス戦略で説明したのとまったく同じで、7章で述べたソニーと松下電器のビデオ戦争がそうであるように、投資戦略が何年か連続で成功したり失敗したりするのも実力とはまったく関係がなく、すべて運が関係している場合もありうる。もちろん、運のようには思えないが、その成功を説明するために作られた物語がハロー効果のまたひとつの現れにすぎないと知るすべはない。

ハロー効果にだまされないためには、まったく異なる実績の測定基準がどうしても必要になる。結果は個人の手が及ばない力によって左右されかねないから、個人の実力を結果から推測するのではなく、直接それを評価する方法が要る。ミラーは連続勝利の終盤、一九四一年のシーズンで五六試合連続安打を達成したことで知られるジョー・ディマジオとたびたび比較された。見かけは両者の連続記録は似ているが、ディマジオの場合は生涯打率が歴代四四位の三割二分四厘六毛で、連続安打中は四割九分という驚異的な数字だったことも知られている。[10]だから、ディマジオの連続記録には運の要素もあったが、実力のおかげでほかの大部分の選手よりも「幸運」[11]になりやすかったのである。

それなら、さまざまな職業における実績を測定するために、打率に相当するものがあれば理想だ。だがあいにく、スポーツ以外では、そうした統計をまとめるのはさほど容易ではない。[12]その理由として、一般にスポーツの結果はほぼ理想的な状況で何度も繰り返される。野球選手は一シーズンでおよそ六〇〇回、現役中に数千回も打席に立つが、おおざっぱに言って、そのどれもが個人の実力を試す独立した機会になっている。バスケットボールのプロ選手のすぐれたポジショニングといった、直接には測定しにくいがチームの勝利に貢献するもっと瞬間的な実力であっても、一シーズンにNBAの試合は一〇〇近くもあるので、その選手がチームや結果に及ぼした効果は観察できる。[13]

一見すると、ある年にS&P500をうわまわるといった実績は、ファンドマネージャーにとっての打率に等しいように思える。事実、勝利を長くつづけているファンドマネージャーは打率の高い野球選手と同じで、S&P500をうわまわる成績を平均よりも出しやすい。しかしながら、これを測定基準にしても、ファンドマネージャーは四〇年間のキャリアでのべ四〇回しか「打席」に立てない。これは確実性を持って真の値を推定するのにじゅうぶんなデータだとはとても言えない。[14]

マタイ効果

ちなみに金融は多くの点でまだましなほうである。S&P500のような指数があるおかげで、個々の投資家の実績を測定できる共通の基準が少なくとも提供されているからだ。しかしながら、ビジネスや政治、エンターテインメントの世界では、個人の実力を測定する共通の方法ははるかに少なく、それを測定する独立した試みはなおのこと少ない。何より重要なのは、連続した実績がたいていは実力の独立した証明にならないことである。

たとえばテニスで通算グランドスラムを達成したロジャー・フェデラーの各大会での優勝は独立している。対戦相手が評判に怖じ気づくおかげでフェデラーが心理面で優位に立てるとか、最有力選手が最後まで戦わないようにトーナメントの対戦組み合わせが決められているとかと主張することはできる。こうしたことはフェデラーのこれまでの成功がもたらした強みだと見なせる。しかしながら、コートに歩み入ったらいつだってフェデラーは、プロとしてのデビュー戦のときとおおむね同じ状況で勝利しなければならない。過去に勝利を重ねたという理由だけで、サーブの回数を増やすとか、審判の判断を無効にさせるといった優位を与えるのは、だれも公正だとは思わない。

同じように、NBAプレイオフで七試合の第一試合に勝ったチームに、第二試合の開始時に一〇点を与えるなどということも、著しく良識に反する。つまりスポーツでは、われわれは戦いの場をなるべく対等にし、実力を問う機会のひとつひとつをほかのそういう機会から独立させることをはなはだ重視する。

しかしながら、人生の多くの部分は、社会学者のロバート・マートンのいう「マタイ効果」に支配されている。この名は、マタイによる福音書の「持っている人はさらに与えられて豊かになるが、持っていない人は持っているものまでもとりあげられる」という一節にちなんでいる。マタイは明らかに富のことを言っていたのだが（「金持ちはさらに金持ちになり、貧乏人はさらに貧乏になる」という文句はここから来ている）、マートンは同じルールがもっと広い意味での成功にもあてはまると論じた。個人がキャリアの早いうちに成功をおさめると、一定の構造的優位を得られるので、本来の能力にかかわりなく、その後も成功する見こみがずっと大きくなるということだ。

たとえば、一流の大学に職を得た若い科学者は、二流や三流の大学に行き着いた同業者に比べ、講義の負担が軽く、優秀な大学院生を集めやすいうえに、研究助成金を得たり論文を発表したりするのが楽になる。その結果、同じ分野を研究するふたりが、キャリアのはじめのうちは同じようなレベルにいたにもかかわらず、異なった機関に採用されたという理由だけで、五年先や一〇年先には成功のレベルが大きく変わってくる。そしてそこから先も、ますます差が開く一方になる。そのうえ、成功した科学者は、自分が関係していることであれば実際以上に功績を認められやすい。たとえば、無名の大学院生と共同で書いた論文で、実はその大学院生が研究の大部分をおこなっていたり、鍵となる発想を持っていたりといったことがある。要するに、いったんスターとして認められたら、より多くの資金やより優秀な共同研究者を集められる――そしてそのために実力をはるかにうわまわるものが生み出せる――だけでなく、それによる成果についても功績を過大に認められやすい。[15]

マートンがとりあげたのは科学者のキャリアだが、社会学者のダニエル・リグニーが近著の『マタイ効果』（未訳）で論じるように、同じ力はほかの大部分のキャリアでも働いている。成功は名声と評価につながり、今度はそれが成功の機会と成功するための資源を増やし、その後の成功が注目されて功績が認められる可能性を高める。

この累積的優位の効果と生まれながらの才能や努力の差とを区別するのはむずかしいが、似た能力の人々をどれだけ慎重に選ぼうとも、マートンの理論が示すとおり、その成功の度合いは時間とともに大きく異なってくることが、数々の研究によって明らかにされている。たとえば、不況時に大学を卒業した人は、好況時に卒業した人より、稼ぎが平均して少ないことが知られている。これだけならさして驚きではないよう思えるが、意外にも、この差は不況時だけに限定されるのではなく、何十年も累積されつづける。卒業の時期は生まれながらの才能と明らかになんの関係もないのだから、こうした傾向がずっとつづくことはマタイ効果があらゆるところで働いていることの強力な証拠になる。[16]

われわれは概して、世界がこのような仕組みになっているのを好まない。実力主義の社会では、成功した人々はあまり成功していない人々より才能があるか、努力をした――少なくともうまく好機に乗じた――にちがいないとわれわれは信じたがる。ある本がベストセラーになった理由を理解しようとしたり、ある人物が金持ちや成功者になった理由を説明しようとしたりするとき、常識はその品や人物に固有の特質から結果が生じたのだと主張するが、それと同じである。ベストセラーになった本はなんらかの形ですぐれているにちがいないし、さもなければ人々が買うはずがない。裕福な人はなんらかの形で賢いにちがいないし、さもなければ金持ちになるはずがない。

だがハロー効果とマタイ効果が教えるのは、こうした常識に基づく説明が大きな思いちがいをしているということだ。たしかに、絶望的なまでに無能な人々が成功することはめったにないだろうし、驚くほどの才能を持った個人が完全な失敗者になることもめったにないだろうが、そういう極端な結果になる人もわずかだがいる。

われわれの大部分にとって、偶然と累積的優位の組み合わせが意味するのは、わりあい平凡な個人が大きく成功するときも大きく失敗するときもあり、その中間になるときもあるということだ。だがどの個人の物語も独自のものなので、自分の目にした結果はその個人の独自の特質がなんらかの形でもたらしたのだと、われわれはいつだって自分を納得させることができる。

もちろん、こう述べたからといって、人々や製品や発想や企業の質や能力に差がないと言っているのではない。質が成功を導くはずだと信じるべきではないと言っているのでもない。何が言いたいのかというと、才能はそれそのものとして評価されるべきだということである。

ロジャー・フェデラーのランキングを知らなくても、フェデラーが偉大なテニス選手であることは理解できる。試合を観戦しさえすればわかることだ。同じように、ビル・ミラーは並はずれて聡明で思慮深い投資家だと知り合い全員が言うのなら、きっとそのとおりなのだろう。ミラー自身が強調しているように、一五年間連続勝利のような統計の数字は才能の目印であると同時にカレンダーの所産でもある。[17] ミラーがキャリアで積みあげた成功から才能を判断すべきでもない。これもただ一度の不運な出来事によって台なしになってしまうからだ。だから、納得がいかないかもしれないが、ミラーの才能を評価するいちばんの方法は、単に投資の過程そのものを観察することだろう。[18]

われわれの結論はミラーの実績と一致するかもしれないし、一致しないかもしれないうえに、こういう評価がむずかしいのはまずまちがいない。しかし、だれかの能力を、その人が何ができるかからではなく社会的な成功基準、つまり賞や富、華々しい肩書きから述べるときは、それがまやかしである可能性をつねに疑ったほうがいい。別の表現をすれば、そんなに頭がいいのならなぜ金持ちになっていないのかという皮肉屋の問いは的をはずしている。物質的な富以外の報酬を気にかける賢明な人もいるという明白な理由からだけでなく、才能は才能であり成功は成功であって、後者は必ずしも前者を反映しないからである。[19]

企業の救世主という神話

才能と成功を切り離して考えるのはむずかしい。それがいっそう際立つのは、投資銀行員のポートフォリオのような個人の行動からではなく、組織全体の行動から実績を評価するときである。

この問題をわかりやすく示すために、銀行員からはいったん離れ、こんな問いを考えてみよう。アップル社の設立者にしてCEOであるスティーヴ・ジョブズは、最近のアップルの成功に関して、どれほどの功績が認められるべきだろうか（本書は故ジョブズ氏がアップルCEOだった時期に書かれている）。

世間一般の通念によれば、アップルの成功の大部分はジョブズのおかげであり、そう見なされるのも無理はない。アップルは一九七六年にジョブズがスティーヴ・ウォズニアックとともにシリコンヴァレーのガレージで設立した会社で、一九九〇年代後半にジョブズが復帰して以来、社運は劇的に好転し、iMacやiPodやiPhoneのようなヒット製品をつぎつぎに生み出した。二〇〇九年末の時点で、アップルは六年連続で株式市場全体と同業他社の株価指数をおよそ一五〇パーセントうわまわり、二〇一〇年五月にはマイクロソフトを追い抜いて世界で最も時価総額の高いテクノロジー企業になった。この間ずっと、ジョブズは給料も現金のボーナスも受けとっていないとされる（報酬はすべてアップルの株式らしい）[20]。

これは説得力のある話だし、アップルの成功のリストは、それがすべて偶然によるものだとは考えにくいほどに長い。それでも、アップルの歴史は一度しか起こらないので、われわれがハロー効果に支配されていないとは言い切れない。たとえば、7章で論じたとおり、iPodの戦略はあっさり失敗に終わるだけの要素をいくつも持っていたし、それはiPhoneも同じだった。マイクロソフトのCEOであるスティーヴ・バルマーが、AT&Tとの二年契約を強制するうえにキーボードもない電話に五〇〇ドルも払わせるという発想を鼻で笑ったことは、いまでは愚かな行為に思えるが、当時はかなり理にかなった反対意見だった。

どちらの製品も現在では天才の作品のように見なされているが、それはひとえに成功したからである。もし大失敗に終わっていたら、ジョブズの卓越した戦略とリーダーシップがうまくいかなかっただけだとは言われなかっただろう。そのかわり、ジョブズの傲慢さと市場の要求に注意を払おうとしない姿勢が取り沙汰されていたはずだ。既知の結果に基づいてある戦略の優劣を論じる説明がみなそうであるように、アップルの最近の成功に関する世間一般の通念も、ハロー効果に左右されがちなのである。

しかしながら、ハロー効果を別にしても、アップルについての世間一般の通念には別の問題がひそんでいる。それは、企業は何万もの有能なエンジニア、デザイナー、マネージャーを雇っているのに、われわれがその成功の最も大きな部分をひとりの個人に帰そうとすることである。

常識に基づく説明はどれもそうだが、スティーヴ・ジョブズはアップルの成功のかけがえのない立役者だと主張するのは、いかにも筋が通っている。一九八六年から一九九六年までの一〇年間の追放期間を経てジョブズが復帰するとともに、アップルの復調がはじまっただけでなく、卓越したイノベーション、デザイン、エンジニアリングをあくまでも追求する要求の厳しい経営者だというその評判のために、ジョブズのリーダーシップとアップルの成功はそのままつながっていそうに見える。そのうえ、アップルのような大企業では、多数の個人の活動を共通の目標に向かって束ねていく方法が求められ、この連携という離れ業を成し遂げるためには強力なリーダーが必要であるように思える。リーダーのこういう役割は明らかに独自のものなので、リーダーも独自の存在であるかのように思え、だから企業が成功したときに最も大きな功績を認められても当然に思える。

スティーヴ・ジョブズは実際にそういう個人なのかもしれない――アップルにとって必要不可欠《シネ・クァ・ノン》の存在なのかもしれない。しかし、もしそうだとしたら、ジョブズは団体生活の通例ではなく例外である。

社会学者でハーヴァード・ビジネス・スクールの教授であるラケシュ・クラーナも、著書の『カリスマ幻想』（加護野忠男監訳、税務経理協会）で、一般に企業の実績はCEOの行動よりも、個々のリーダーにはどうすることもできない業界全般や経済全体の好不調のような外部の要因によって決まってくると論じている。[21] 4章で論じたハブやインフルエンサーとちょうど同じように、成功についての従来の説明が精神的指導者の力を持ち出すのは、そういう断定を支持する証拠があるからではなく、この種の人物がいなければ、複雑で大規模な組織体がどのように機能しているのかを直観的に理解できないからだとクラーナは結論している。その説明によれば、ひとりの偉大な個人というレンズを通して企業の成功を見てしまうのは、心理バイアスと文化に基づく信念が組み合わさった結果である。特にアメリカのような文化では、個人の偉業が盛んに褒めたたえられる。メディアも、社会や経済や政治の力に基づく抽象的な説明よりも、人間中心の単純な物語を好む。かくしてわれわれは、驚くほど複雑な組織や出来事を方向づける力として特別な個人の影響を強調する説明に惹かれると同時に、そういう説明にばかりさらされる。[22]

この心理傾向に拍車をかけるのが、企業のリーダーを選ぶ独特の方法である。通常の市場はたくさんの買い手と売り手がいて、価格が一般に公開され、代替性に富んでいるのが特徴だ。これに対し、CEOの労働市場は参加者の少なさが特徴であり、その参加者もたいていはすでに社会的、職業的につながっていて、大衆の視線がほぼ及ばないところで活動する。その結果は自己成就予言じみたものになる。

企業の取締役会、アナリスト、メディアはみな、特定の重要な人物だけが「正しい」決断をくだせると信じている。そのため、最初からそういう少数の人々しかCEOの候補に挙がらない。この人為的に作られた候補者不足が、きわめて気前のいい待遇を引き出す権利を勝者に与え、今度はその待遇が似た者同士の一団ではなく「市場」からその候補者が評価されている証拠として示される。

最後に、企業が成功した場合は当然「正しい」リーダーが選ばれたことになり、成功しなかった場合は取締役会が誤りを犯したことになって新しいリーダーが捜される。「失敗した」CEOが会社を去る際に巨額の退職金が支払われるときがあり、このような例には世間の注目が集まりやすい。

しかしながら、クラーナの見方によれば、こういう例によく向けられる憤慨も、企業の業績は何よりもひとりの個人によって――たとえそれが失敗したCEOでも――決まりうるという誤った信念を根強いものにする。もし取締役会が取り替えのきかないCEOという考え方そのものをもっと疑う気になり、結果としてもっと幅広い候補者のあいだでCEOが捜されるようになれば、候補者がはじめにあれほど法外な報酬を交渉するのはむずかしくなるだろう。[23]

個人と社会

答が出せるかどうかはともかく、どのようにして運と才能を切り離し、個人の貢献と集団の実績を切り離すのかという問いは、社会全体の公正と正義についてのわれわれの考え方も特徴づけている。

この問題は、表現こそいくらかちがうが、政治哲学者のロバート・ノージックとジョン・ロールズの公正な社会の要件をめぐる有名な論争で提起されたものだ。ノージックは、人々が基本的に自分で働いただけのものを得ていて、それゆえたとえ著しく不平等な社会を強いられることになろうとも、だれもそれを奪う権利はないと考える自由至上主義者《リバタリアン》だった。ひるがえってロールズは、自分が社会経済上のどの階層に属するかを前もって知らないとき、どのような社会で生きていくのを選ぶかと問うた。非常に裕福な人々にはいれる見こみはきわめて少ないので、合理的な人間ならわずかな人々が非常に裕福で多くの人々が非常に貧しい社会よりも、平等主義の社会、つまり最も貧しい者でもなるべく豊かになれる社会を選ぶはずだとロールズは推論した。[24]

人の成果の少なくとも一部をその人物の努力ではなく社会に帰していることだった。もし個人が自分の才能や努力の産物を所持しつづけられないのであれば、自由意思に反して他人のために働かされるのと同じであり、自分自身を完全には「所有」できないとノージックは論を進めた。だから課税も、そのほかの富の再分配の試みも、道徳にかなった奴隷制に等しく、それゆえいかなる恩恵を他人に与えようとも認められない。

ノージックの主張は多くの人々を惹きつけたが、それは低い税金を哲学で正当化しているからだけではなかった。架空の「自然状態」で何が公正と考えられるかを推論することで、個人の成功と失敗についての常識に基づく考え方とも嚙み合ったからだ。つまり、自然状態でだれかが時間と労力をつぎこんで魚釣りのための丸木船を造ったとしたら、たとえ丸木船のない人が苦しもうが死のうが、だれにもその船を奪う権利はない。言い換えれば、個人の結果は、個人の努力と実力の産物にほかならないのである。

そして自然状態では、ノージックは正しいのかもしれない。だがロールズの主張の肝心な点は、われわれはそのような世界に生きていないということだ。われわれが生きているのは高度に発展した社会であり、そこではたまたまある特質を備えていたり適切な機会を得たりした個人が、並はずれて大きな報酬を手にしうる。

たとえばアメリカでは、実力にも積み重ねた訓練にも変わりはないのに、世界一流の体操選手と世界一流のバスケットボール選手というふたりの運動選手の名声や富が、本人たちの失敗や実績にかかわりなく、大きく変わってくる可能性がある。同じように、遺伝的な資質に変わりのないふたりの子供でも、ひとりが裕福で高学歴の名家に生まれ、もうひとりが教育でなんら見るべき過去のない貧しく疎外された家庭に生まれたら、生涯で成功する見こみは劇的に変わってくる。[25] さらに、キャリアの初期における機会の偶然のちがいがマタイ効果によって累積し、生涯にわたって結果に大きなちがいをもたらしうる。生まれにせよ、才能にせよ、機会にせよ、不平等が起こる仕組みは本質が偶然の産物であるのだから、公正な社会とはこうした偶然の不利な効果が最小化される社会だとロールズは主張した。

ロールズの主張は、いかなる不平等も望ましくないと訴えるものだとしてよく誤解されているが、ロールズはそんなことはまったく言っていない。努力し、才能を活用すればほかの人より成功できるという道を開くのが、社会全体の利益になるのはまちがいない――リバタリアンがそう信じるように。だから、ロールズの世界では、人々は望むことをなんでもしてかまわないし、ゲームのルールにしたがってなんでも得る権利を完全に認められている。そしてバスケットボール選手は体操選手よりも稼ぎが多く、投資銀行員は教師よりも稼ぎが多いというのがゲームのルールであるのなら、それはそれでいい。ロールズが言いたいのは、ゲームのルールそのものは個人ではなく社会の目的にかなうように選ばれるべきだということである。換言すれば、銀行員は雇用主とあらゆる交渉をする権利があるが、金融業界がほかの業界よりもはるかに利益の大きい経済システムを求める権利はない。

この主張は、個人の報酬をめぐる論争は個人レベルでおこなうべきではないという、直観に反した結論をもたらす。つまり、もしほんとうに銀行員の報酬が多すぎるのなら、個人の報酬を規制するという面倒な問題に踏みこんでも解決にはならない。実際、金融業界もそう主張している。むしろ、銀行やヘッジファンドが借入金でレバレッジできる倍率を制限したり、いわゆる店頭デリバティブ取引を公開の取引所で取引するように義務づけたりして、銀行業全体の利益を抑えることが解決になる。むろん金融業界は、レバレッジや店頭取引は自分たちだけでなく顧客や広く経済にも利益になると主張できる。そしてこういう主張は手前勝手だが一理あるのかもしれない。

しかし、経済システム全体に対するリスクが増したせいで、その見こみの利益よりもコストが勝るのであれば、社会がルールを変えても本質的に不公正なところは何もない。銀行業の利益を抑えることが社会にとって結局いいことなのか悪いことなのかは断言できないが、議論すべきなのはまさにそこである。ある個人が一〇〇〇万ドルのボーナスに値するかどうかではない。リバタリアンは自然状態で何が公正で何が公正でないかを論じるが、自然状態ではだれも一〇〇〇万ドルのボーナスを受けとったりしないのだから、これは完全に的をはずしている。

おおむね同じ理由から、いわゆる富の再分配についての主張も、すでにある分配は物事の自然な状態であり、そこからはずれるのは不自然であって、それゆえ道徳面から望ましくないと想定している点で、誤っている。現実には、あらゆる富の分配は社会がおこなった一連の選択を反映している。つまり、ある能力にほかの能力よりも価値を置くとか、ある活動に課税したりそれを禁止したりしつつ別の活動には助成金を出したり奨励したりするとか、あるルールを実施しつつほかのルールは形ばかりのものにしたり骨抜きにしたりするのを認めるとかといった選択を反映している。

こうした選択はどれも、だれが金持ちになってだれがならないかにかなりの影響を及ぼす――最近明らかになった、学生向けローン会社や国際石油資本に対して政府が陰に陽におこなった援助が実証しているように[26]。だが、これらの選択に「自然」なところなどどこにもなく、どれも経済的合理性や社会の要求の産物であると同時に、歴史の偶然や政治の便宜や企業のロビー活動の産物でもある。大統領や連邦議会などの政治主体が、税金を労働者階級よりも富裕層に負担させたり、収入よりも消費に課税したり、さまざまな産業への補助金を打ち切ったりして、こうした選択を変更しようとするとき、変更の提案がその利点から見て理にかなっているかどうかを議論するのはもちろん妥当である。だが、富の分配を変えることそのものが原理上まちがっているという理由のみに基づいて、提案に反対するのは妥当ではない。

利益の私有化と損失の公有化

社会がその構成員に対して正当におこなえる要求についての議論は、責任にも関係している。たとえば、システミックリスクを有する銀行やほかの金融機関がそもそも存在を許されるのかという問題をめぐって、昨今では盛んに議論が交わされている。[27]

この議論の多くで中心となっているのは、金融機関が倒産したときに経済全体に与えるリスクの大きさを決めるのは、その金融機関の規模やほかの機関との結びつきといった特質のどれなのかという点である。システミックリスクの見定め方を正しく理解し、できれば慎重な規制によってそれを抑えるために、こうした問題に取り組むのは重要だ。しかし、金融システムからシステミックリスクを取り除くすべがないことも考えられるし、金融にかぎらず、複雑に結びついたシステムではその堅牢性や安定性を保証するすべがないことも考えられる。

一般に送電系統は個々の送電線や発電機の不具合には強い。だが、アメリカ、ヨーロッパ、ブラジルで近ごろ何度か起こったように一見無害な不具合がシステム全体に連鎖し、何百もの発電所を麻痺させ、数百万の消費者に影響を及ぼすことがある。[28] 同様に、われわれの技術の最も精巧な結晶である原子炉、商用航空機、スペースシャトルなども、安全最優先で設計されているが、大惨事を引き起こすことがある。インターネットも、物理的な不具合には総じて強いものの、執拗なスパムやワームやボットネットやサービス妨害攻撃といった非物理的な脅威にはきわめて弱い。実際のところ、システムが一定の複雑性に達したら、不具合の可能性を除く方法はないのかもしれない。[29]もしそうなら、システミックリスクについての適切な考え方が求められるだけでなく、不可避的に起こるシステムの不具合にどう対応するかについての適切な考え方も求められる。

例として、納税者の出した緊急援助金を回収するために、一部の営業利益への課税をオバマ政権が提案した際に、銀行業界がどう反応したかを考えてみよう。銀行員に言わせるなら、緊急援助金はすでに（利子をつけて）返済ずみであるのだから、これ以上何かを要求される筋合いはないことになる。しかし、銀行業界は政府の数千億ドルにのぼる資金から直接的にも間接的にも恩恵を受けたが、もしこれがなかったら二〇〇九年の銀行業界の利益がどうなっていたかを少し考えていただきたい。もちろんそういう実験をおこなったわけではないので、確実なところはわからないが、経験に基づいた推測をすることはできる。

たとえばＡＩＧはおそらく存在していないだろうし、ゴールドマン・サックスなどのさまざまなＡＩＧの取引相手は、ＡＩＧを通じて注入されることになる数百億ドルの資金が不足していただろう。シティグループも破綻していたかもしれないし、メリルリンチ、ベアー・スターンズ、リーマン・ブラザーズはどれもほかの銀行に買収されるのではなく解体されていたかもしれない。

銀行業界は二〇〇九年にのべ数百億ドルを失ったかもしれないし――実際はそれと反対に数百億ドルを稼いだのだが――現実にはボーナスを受けとった数千もの銀行員が失業したかもしれない。ここで二〇〇八年の秋にゴールドマン・サックスやJ・P・モルガンやシティグループなどの幹部が、政府による支援が保証された「システムによる支援」の世界と、見せしめとしてほうっておかれる「リバタリアン」の世界のどちらかを選ばされたと想像してみよう。経済全体がこうむる大打撃のことはいったん忘れ、銀行が破綻から救ってもらうために先々の報酬をどれだけ抑える気になるかと考えていただきたい。これも仮定の問いだが、不安定な状態で生き残るためなら直接の融資額以上の金額を約束するはずだと想定しても問題はないだろう。

したがって、自分たちが政府の重苦しい干渉と手のつけられないポピュリズムの犠牲者であるかのように銀行やその味方が演じているのは不正直だし、それは銀行が直接の融資以外にも政府の寛大な援助から恩恵を受けているという明らかな理由からだけではない。[30] 真の理由は哲学上の一貫性である。好況時の銀行は、みずからがリスクを負う独立した存在であって、苦労して得た果実のすべてをもらう権利があると思いたがる。だが危機のあいだは、みずからが大きなシステムの決定的に重要な要素であり、破綻すればシステムの存亡を脅かしかねないと扱われたがる。

後者の主張が銀行の規模の大きさや結びつきの強さゆえに事実なのか、それともほかの理由から事実なのかは、実はさほど重要ではない。肝心なのは、銀行がリバタリアンなら成功の重みも失敗の重みもすべて引き受けるべきであり、さもなければロールズ主義者として自分の面倒を見てくれるシステムに税を払うべきだという点である。みずからの都合しだいで哲学を切り替えるべきではない。

互いの重荷を負う

政治哲学者のマイケル・サンデルは近著の『これからの「正義」の話をしよう』（鬼澤忍訳、早川書房）で同様の指摘をおこない、公正や正義に関するあらゆる問いはわれわれが互いにどれだけ依存しているかに照らして（最もわかりやすいのは友人や家族や同僚や同期生のネットワークだが、共同体、国家的アイデンティティや民族的アイデンティティ、さらには遠い先祖までも含めて）裁定されなければならないと論じている。

われわれは「仲間」の人々の成果を誇りに思い、よそ者から仲間の人々を守り、必要なときは助けに駆けつける。自分と結びついているという理由だけで忠誠の義務があるように感じ、向こうがそれに報いてくれることを期待する。だから、社会的ネットワークがわれわれの生活できわめて重要な役割を演じていて、われわれを資源に結びつけ、情報と支援を提供し、相互の信頼としかるべき敬意に基づく取引を促進するのも、不思議ではない。われわれは社会的関係のネットワークに深く埋めこまれているので、その外にいる自分は想像しがたいほどだ。[31]

ここまではこの考え方に異論の余地はないように思える。「社会などというものは存在しない」と主張したマーガレット・サッチャーでさえ、個人だけでなく家族も重要だと認めていた。

だが社会的ネットワークの重要性は、個人の自由という観念に対して、直観に反する影響を与えているとサンデルは論じる。おのおのがどう思いたがろうと、われわれは完全には自由ではないし、完全な自由を求めもしない。人生に意義を与えるつながりそのものがわれわれを拘束し、拘束するからこそ意義を与える。

サンデルの見方によれば、架空の自然状態からの類推のみによって何が公正かを推論するのが理にかなっていないのと同じように、個人の自由という観点のみから公正や正義について推論するのも理にかなっていない。どちらも、われわれが現実に暮らす世界を正しく表現していない。好むと好まざるとにかかわらず、われわれの正義についての観念は、この個人と社会全体との緊張関係を組み入れなければならない。だがこれは言うほどやさしくない。

たとえば、アメリカの奴隷制の歴史を恥ずかしく思わずに、アメリカ人として受け継いでいる伝統に誇りを持つべきではないとサンデルは論じる。リバタリアンなら、そうした忌むべき行為に手を染めたのは先祖であって自分ではないのだから、謝罪する理由はないと言い張るかもしれない。だがその同じ人々がたぶん先祖を誇りに思い、他国ではなくアメリカで暮らしたいと思っている。サンデルの見方では、自分の都合しだいで先祖と自分を結びつけたり切り離したりすることはできない。先祖なども含む大きな共同体の一員であるのなら、便益《ベネフィット》だけでなく費用《コスト》も分かち合わなければならないし、一員でないのなら、どちらも得られない。

われわれの個人としての行動が、社会的関係のネットワークに逃れようもなく埋めこまれているとするサンデルの主張は、公正と正義に関する議論だけでなく、道徳と美徳に関する議論にも影響を及ぼす。実際、サンデルは、対立する主張を道徳面から評価せずに何が公正かを決めることはできないと論じている。そしてそのためには、社会制度の道徳的な目的を明らかにしなければならない。たとえば、結婚の目的をまず明らかにしなければ、同性婚が正しいかどうかは判断できない。大学の目的をまず明らかにしなければ、ある大学の入学基準が公正かどうかは判断できない。そして銀行が社会のためになすべきことを明らかにしなければ、銀行員への報酬が適切かどうかは判断できない。

この点でサンデルの考え方は、古代のアリストテレス哲学を彷彿させる。アリストテレスもまた、正義を問うためには物事の目的を推論しなければならないと考えていた。しかしながら、サンデルはアリストテレスとは異なり、目的が社会システムそのものの外で（たとえば神意によって）決められるという考え方を支持しない。目的は、社会の構成員が集団で決めなければならないものである。ここからサンデルは、公正な社会とは道徳の曖昧な観点から個人の論争を裁定しようとする社会ではなく、何が適切な道徳的観点かについての論争を促進する社会であると結論する。サンデルも認めるとおり、これは事態を紛糾させやすいし、終わりも見えないが、避けて通る道はない。

サンデルの主張でとりわけ興味深いのは——少なくとも社会学者にとって——その社会学的なところである。たとえば社会学者も、個人の行動の意味は関係の重なり合ったネットワークのなかでのみ正しく理解できると昔から信じている。この概念は埋めこみ《エンベディッドネス》と呼ばれる。[32]

そのうえ、公正の判断基準となる価値観は所与のものではなく社会の産物にほかならないというサンデルの主張は、一九六〇年代に社会学者がはじめて唱えた、われわれが生きる社会の「現実」は当の社会によって「構築」されたものであり、なんらかの外部の世界からもたらされたのではないとする思想を映し出している。[33] したがって、サンデルの主張は、政治哲学の根本にある問いは社会学の問いでもあるという重要な示唆を与えている。

それなら、われわれはどのようにしてこうした問いに答えるべきなのだろうか。

サンデルのように考えるのはたしかにひとつのアプローチだし、社会学者もだいたいそういうアプローチをとってきた。しかし、なんの助けもなく直観に頼ってこうしたたぐいの問いを考えるのは限界がある。最近よく言われるように、行動がシステミックリスクにつながる銀行は、「システミックリスク」保険を契約したり資本準備金を増やしたりして、リスクに対して責任を持つべきだと主張するのはかまわない。

だが、システミックリスクを適切に理解しなければ、ある行動がどれだけシステミックリスクを生むかは判定できないし、それゆえリスクを冒したときにどれだけの罰を科すべきかも判定できない。同じように、われわれは過程を評価するときに結果を重視しすぎるとか、「特別な人々」が結果を決めるのに果たす役割を重視しすぎるなどと指摘するのはかまわない。しかし、実績の適切な測定基準を見つけたり、企業や市場や社会などの複雑な社会システムの仕組みを適切に理解したりするのは、それとまったく別物だ。

言い換えれば、こうした問題を熟慮するのは重要だが、議論だけで終わらせないことも重要である。そしてその意味で、社会科学に提供できるものがあるのか、あるとすればそれは何かと問うのは価値がある。

10 人間の正しい研究課題

ゆえに汝自身を知れ、神の謎を解こうなどと思いあがるな
人間の正しい研究課題は人間である

——アレグザンダー・ポープ『人間論』

一七三二年にアレグザンダー・ポープが『人間論』を発表したとき、世界に対する人々の理解は今日のそれと大きく異なっていた。ポープの小論が世に出たのは、アイザック・ニュートンの代表作である『自然哲学の数学的諸原理』が天体の運行の数学的原理を示してからわずか数十年後のことで、知識人たちは当時は信じがたかったにちがいない概念にまだ頭を悩ませていた。地球上のありふれた物体の運動を支配する法則が、天体を支配する法則とまったく同じだという概念である。それどころか、なんらかの物理「法則」が数

学の方程式の形で書き出すことができ、その方程式を使えば翌日の満潮からはるか彼方の彗星の接近まで、ありとあらゆる未来の動きを神秘的なまでに正確に予測できるという考えと、知識人たちはいまだに格闘していた。

ずっと謎に包まれていた宇宙がたったひとりの知性によっていきなり解明されたように見えたのだから、当時の人間にとっては奇跡の時代に思えたにちがいない。ポープ自身もこう述べている。

自然と自然の法則は闇に隠れていた
神がニュートンあれと言うとすべては明るくなった[1]

それからの三世紀にわたり、人類の知識は増大の一途をたどり、立ちはだかっていた世界の謎を打ち破りつづけてきた。その結果には目を瞠《みは》るものがある。いまやわれわれは、はるかビッグバンにまでさかのぼる宇宙の理論や、銀河の彼方をとらえる望遠鏡を手にしている。われわれは太陽系外に宇宙探査機を送りこみ、月面に人間を立たせた。ひとつの都市を壊滅させうる爆弾や、恐ろしく命中精度の高いミサイルを造った。地球をきわめて正確に測定し、内部の仕組みを学んだ。巨大な建物や橋を設計し、山河やさらには海岸線の形を変えた。一〇億分の一秒単位で時間を測定できる時計や、たった一語を書くのにも満たない時間でこれまでに書かれたすべての語を検索できるコンピューターを造った。科学の世界でなら、針の上で天使たちを踊らせることもできるように思える（中世の神学者は針の上で天使が何人踊れるかを考えたとされる。現在では、無意味な議論に時間を空費することのたとえとしても使われる）。

社会科学がついていけていないのは明らかだが、この事実からは誤った教訓が引き出されやすい。わたしも最近、社会学の文献を数多く読んだ物理学者の同僚が不満を漏らしたことで、この問題を思い起こした。同僚に言わせるなら、社会学の問題は、人間の行動に関して、物理学では当たり前になっているような一般性のある法則や正確な法則をなんら見いだしていないことだった。社会学は、だれかがあるときなんらかの理由で何かをし、別のだれかが別のときに別の理由で別の何かをするといった特殊な例を無数に集めただけだと、同僚の目には映った。物理学者として、法則にのっとった行動のないことがとりわけ苛立たしいらしかった。

なんと言っても、時空を超えて広く適用されるニュートンのそれのような法則がなければ、物理学のめざましい進歩があったとは想像しにくい。それどころか、こうした法則は科学の成功に不可欠だったので、科学という概念そのものに結びついているくらいだ。それに少しでも匹敵するものを社会学者がなんら提供できていないことは、社会科学に科学として扱われる資格がまったくないことを意味するにほかならないと同僚は感じていた。

物理学羨望

実のところ、物理学を基準にして社会学を判断しようとするこの傾向は昔からあり、一九世紀の哲学者でしばしば社会学の祖とされるオーギュスト・コントにまでさかのぼる。コントはみずからが社会物理学とも呼んだ社会学が、数学、天文学、物理学、化学、生物学に並ぶ地位を獲得し、すべての現実を説明する六つの基本科学のひとつになると想像した。コントの考える社会学は、人間の全経験の「総合理論」であり、ほかのすべての科学を包含し、拡張して、文化や組織や経済や政治などのあらゆるものを説明するはずだった。まさしくわたしの物理学者の友人が探したような一般理論になるはずだった。コントはこの理論を詳しく述べるところまでは至らなかったが、その実証哲学、つまり社会的な存在や力は物理的な存在や力と同じように記述、分析できるという思想はその後のすべての大理論の舞台を整えた。

そうした理論の先駆けのひとつは、コントのすぐあとに、ダーウィンの同時代人であるハーバート・スペンサーが提示した。スペンサーが唱えたのは、社会は有機体として理解できるという思想だった。そこでは個々の人間は細胞と見なすことができ、組織が器官の役割を持ち、発展は自然選択の一種によってもたらされる。実は、「最適者生存」の語をはじめて使ったのはダーウィンではなくスペンサーである。スペンサーの個々の思想は幼稚だとしてすぐさま退けられたが、社会は全体のなんらかの機能を果たすように組織されるというその基本にある哲学的主張は、コントの実証主義と並んで根強く残り、エミール・デュルケームなどの社会学者の思想を特徴づけた。デュルケームは、現在でもこの分野の大家のひとりとして見なされている。

しかしながら、大理論の究極形が現れたのは二〇世紀半ばになってからで、ハーヴァードの社会学者タルコット・パーソンズが構造機能主義と呼ばれることになる理論を唱えた。パーソンズによれば、社会組織は「役割」が重なり合ったネットワークで構成されており、その役割は個人が合理的な目的から担う。だが同時に、個人の行動は社会的規範や法律などの制御メカニズムに制約されており、このメカニズムは個人がその一部となっている組織に暗号化されて組みこまれている。[2] 異なった種類の行動が果たすさまざまな機能と、その場となるさまざまな社会構造や文化構造を徹底的に分類することにより、パーソンズはまさしく社会のすべてを説明しようと試みた。それは壮大な体系だったし、パーソンズは当時の偉大な社会理論家に名を連ねると言っていい。

しかし、それより前のスペンサーやコントがそうだったように、パーソンズの「一般理論」もインクが乾くやいなや酷評の嵐にさらされた。「人々はそうしたいから何かをする」と言っているに等しく、理論どころかただの「概念と定義の集まり」で、複雑すぎてだれも理解できないとこきおろされた。[3]

何年かのちにパーソンズの理論の残骸を振り返ったロバート・マートン（前章で論じた

マタイ効果を研究した社会学者だ）は、社会理論家が、物理学者の同僚たちの理論面における成功に負けまいとして焦りすぎていると結論した。マートンは、物理学者がほかの学者にいだかせる羨望に共感しなかったわけではなく、こう述べている。「多くの社会学者は、物理学の業績が自分を評価するときの基準になるととらえている。兄と力比べをしたがっている。自分も一目置かれたいと思っている。そして兄ほどのたくましい体格も強力なパンチ力もないのが明らかになったとき、絶望する社会学者もいる。そしてこんなふうに問いはじめる。社会学の総合体系を作らずに、社会の科学などというものがほんとうに可能なのか？」

しかしながら、マートンは共感を示しながらも、「この考え方は、二〇世紀の物理学と二〇世紀の社会学のあいだには研究の維持、洗練、蓄積の点で膨大な時間の差があるという事実を無視している」と釘を刺した。

物理学では、コペルニクスやブラーエをはじめとするおおぜいの人々が何世紀も骨の折れる観測をおこなってはじめて、ケプラーのような天文学者が受け継がれたデータを説明できる数学的規則性を見つけ出した。そしてそれからようやく、ニュートンのような並はずれた天才がこうした規則性を真の法則にまとめる者として登場した。これに対して、マートンがとりあげている社会理論家は逆の方向から取り組んでおり、まず考察の全体系を提示してから、何を測定しなければならないのかと悩んでいる。[4]

「おそらく」とマートンは嘆いている。「社会学は自分たちのアインシュタインを迎える準備がまだできていないのだろう。いまだに自分たちのケプラーを見いだしていないのだから――ニュートン、ラプラス、ギブズ、マックスウェル、プランクは言うまでもなく」

したがって、社会学者は人間の行動の大理論や普遍法則を探求するのではなく、「中範囲の理論」を発展させることに集中すべきだとマートンは説いた。中範囲の理論とは、孤立した現象以上のものを説明できるほどに適用範囲が広いが、具体的で有用なことが言えるほどに限定的な理論を意味する。

たとえば「相対的剝奪理論」は、人々が境遇に苦しむのは自分たちの苦難が周囲の人々の苦難より大きいときにかぎられると示す。だから、自分の家が大火で焼け落ちたら打ちのめされるが、もし街全体が地震で壊滅し、数百人もの住民が死亡していたら、自分は生きていただけでも幸運だと思う。これは完全に一般性のある理論ではなく、人々が逆境にどう反応するかを予測しているにすぎないが、逆境の概念にかなり広く適用されることも意図している。同様に「役割群理論」は、それぞれの個人が学校では教師、家では父親、週末のソフトボールのチームではキャッチャーといった具合に多種多様な役割を果たしているだけでなく、こうした各役割も教師と生徒、自分と同僚、自分と校長といった関係の集まりであると強調する。

この理論もある程度は限定的で、市場や政府やそのほかの実社会の重要な特徴については何も語っていないものの、ある程度の一般性も持ち、あらゆる人々に適用できる。[6]

マートンが中範囲の理論を呼びかけたことはおおむね賢明だと見なされたが、大がかりな理論への熱意を鎮《しず》めたわけではなかった。事実、マートンが論評を発表してから一年と経たないうちに、ゲーム理論についての研究で一九九四年にノーベル経済学賞を共同受賞するジョン・ハーサニが、合理的選択理論（2章で論じた人間の意思決定の理論）はマートンが時期尚早にすぎると結論したばかりの、まさにその一般理論を提供できると言いだした。そしてまた一連の流れがはじまり、合理的選択理論の支持者は自分たちの成果とニュートン力学を同列に論じ、批判者は合理的選択理論の支持者自身が前回のパーソンズらの理論に対して述べたのと同じ不満を向けるようになった。[7]

合理的選択理論がその先達と同じで人間の行動の普遍的な理論を提供しえないことは、徐々に認められつつある。しかしだからといって、社会科学が物理学羨望という嫉妬の怪物から解放されたわけではない。[8] それどころか、わたしの物理学者の同僚の不満が正当なもので、社会学者が大理論からとうとう手を引いたのだとしても、まるまる一世代の物理学者が代役を買って出ようとしている。[9]

人間の行動の純粋な複雑性を考えれば、社会科学に対するこのアプローチは受け入れがたく思える。2章で論じたとおり、個人の行動にはいくつもの心理バイアスがからんでおり、その多くはわれわれが意識しないところで働き、未知の形で影響を及ぼし合っている。

そして3章で論じたとおり、個人が互いに影響を与えるとき、個人の特質やインセンティブをどれほど知り尽くしていようとも、集団の行動をけっして推論できない場合がある。実社会、つまり人々や集団だけでなく、われわれが自分たちのために作り出した多種多様な市場、政府、企業、そのほかの組織も含めた社会がここで少し触れたよりも現実にはずっと複雑だということを考えれば、いったいなぜ、そのすべてが説明可能な一連のルールを書き出せるなどとおこがましくも考える者がいるのだろうか。

わたしなりの答を言うと、それは社会理論家も人間だからだ。人間だからこそ、計画者や政治家やマーケティング担当者やビジネス戦略研究者と同じ誤りを犯し、自分がやろうとしていることのむずかしさをあまりにも甘く見る。そして計画者や政治家などと同じように、大理論が何度つまずこうとも、それほどむずかしい理論のはずがないと考える者が必ず新たに出てくる——何せ「ロケット科学ではない」のだから。

言い換えれば、社会学の提供するものの多くが常識のように思えるとき、それはひとたび答を知ってしまえば人間の行動のすべてが自明に見えるからだけではない。この問題には、社会学者もほかの人と同じく社会生活に参加していて、よく考えさえすれば人々の行動の理由が理解できるように感じていることも関係している。だから、社会科学の説明の多くが、合理性の事後主張、代表的個人、特別な人々、因果関係と相関関係の混同といった常識に基づく説明に広く見られる欠点を共通して持っていても不思議ではない。

測定不能なものを測定する

この問題に対するひとつの答は、ラザーズフェルドの同僚のサミュエル・ストウファーが六〇年以上も前に指摘したように、社会学者が常識に頼る部分を増やすのではなく減らし、かわりに反常識を培うことである。[10] だが、社会学で常識に基づく推論から逃れるのは言うほどやさしくない。これが困難である大きな理由は、社会科学の歴史の大半にわたって、社会現象の要素を測定するのは不可能であり、物理現象や生物現象の要素を測定するのとはわけがちがったからである。すでに指摘したとおり、社会現象は交流したり影響を及ぼし合ったりしている多数の人々と、その人々の作り出した組織や政府によって構成されている。どれも実験室に持ちこむのはおろか、直接観察するのもやさしくない。[11]

しかしながら、最近では、長きにわたる社会科学のこの制約が解かれるかもしれない方向へと世界は変化しはじめている。Eメールや携帯電話、インスタントメッセンジャーなどの通信技術は、数十億人の個人の社会的ネットワークと情報の流れを暗黙のうちに追跡している。

フェイスブック、ツイッター、ウィキペディア、〈ワールド・オブ・ウォークラフト〉などのオンラインのコミュニティは、人々の交流をうながし、新しい種類の社会活動を促進するとともに記録もしている。アマゾンメカニカルタークなどのクラウドソーシングのサイトは、研究者が心理実験や行動実験をおこなえる「仮想ラボ」としてしだいに利用されるようになっている。[12] そしてウェブ検索やオンラインメディアや電子商取引は、あらゆる場所の人々の意図や行動に対する洞察をつぎつぎに生み出しつづけている。数十億もの人々の行動と交流を観察できる能力は、個人の権利やプライバシーに関して深刻な問題を提起するので、われわれは慎重に進まなければならない。[13]

それでも、こうしたテクノロジーは科学の巨大な可能性を示しており、われわれはそのおかげで歴史上はじめて、大きな集団やさらには社会全体のリアルタイムの行動をかなり正確に観察できる。

たとえば、3章で論じたミュージックラボの実験には三万人近くが参加し、社会的影響が重要な成功要因になることを示した。五〇年前にもこの実験を夢見ることはできた——そのころ社会心理学者がはじめて、影響や集団の意思決定に関する実証研究の道を切り開いていた——のだが、それほどの多くの人々を現実のラボに入れるのは無理だという単純な理由で、実際におこなうのは不可能だった。同じように、4章で論じたツイッターにおける「インフルエンサー」の研究は、何十年も前からあった、特別な人々が情報を広げているのかどうかという問いに答えることが目的だった。

しかしながら、これに答えるには、二カ月にわたってツイッターの全ネットワークで七〇〇〇万以上のURLの拡散を追跡しなければならなかった。ツイッターやフェイスブックのようなソーシャルネットワーキング・サービスが出現してからわずか数年しか経っていないが、その前にはこれほどの規模と精密さは望むべくもなかった。[14]

4章で論じたスモールワールド実験のようなほかの実験は、前インターネット時代でもたしかに可能だったが、現在ほどの規模で実行するのは不可能だった。たとえば、原点となったミルグラムの実験は実体のある手紙を使っており、わずか三〇〇人がボストンにいるひとりの人物をめざした。わたしが同僚とともに二〇〇二年におこなった実験はEメールを使い、六万人以上が一三カ国にいる一八人のひとりにメッセージを届けようとした。伝達の過程で、メッセージの鎖は一六〇カ国以上を経由した。つまり、限界はあったにせよ、少なくともこの実験はスモールワールド仮説をまさに世界規模で実地検証するものだった。

同じように、8章で論じたデイヴィッド・ライリーやランドゥル・ルイスらによる広告効果についての現場実験も、過去におこなわれた実験と構想は似ていたが、規模は何倍も大きく、参加者は一六〇万人にのぼった。大規模な実験はそれが実施できたというだけでも印象に残るが、科学的にも重要な意味がある。効果が現実にあっても小さい場合は、ノイズとより分けるために非常に多くの観察対象が必要になってくるからだ。[15]

類は友を呼ぶ

最近まで不可能だったもうひとつの研究に、社会生活で最も広く観察されるパターンに関するものがあり、このパターンは社会学では「同類志向原理《ホモフィリー》」と呼ばれている。「類は友を呼ぶ」という概念である。社会学者は数十年前から、どこに目を向けても、友人や配偶者や同僚や知人は、あらゆる特質、つまり人種、年齢、性別、収入、教育などの点から見て、他人同士よりも互いに似ており、考え方も似ていることを発見していた。

だが、この類似性はいったいどこから来ているのだろうか。一見すると、答は自明に思える。人々が自分と似た人々と親交を結びたがるのは、その是非はともかく、そういう相手と過ごしたいからである。しかし、この常識に基づく説明が見落としているのは、友人は実際に知り合った人々からしか選べないという点であり、知り合う人の多くはともに働いている人や、同じ組織に属している人や、共通の知人に紹介された人などになってくる。そして社会学者が明らかにしているように、こうした社会環境の多くは人種、性別、年齢、教育の点で同質性が高い傾向にある。そのため、われわれがよく目にする類似性は、心理上の選好よりも機会の制約という世の中の現状に関係しているともじゅうぶんに考えられる。[16]

こうした問題に決着をつけるのは、人種差別や差別是正措置《アファーマティブ・アクション》のような物議を醸す問題への対処にかかわってくるので重要だ。しかしながら、データから答を出すのは、さまざまな因果関係を見つけ出すために長期にわたって個人やネットワークやグループを追跡調査しなければならないから、きわめてむずかしい。[17]

そもそも、こういったデータはずっと入手不可能だった。だが、Eメールなどの通信技術には、そのすべてを変える力がある。Eメールのやりとりはたいてい現実の関係を反映しているので、これを目に見えにくい社会的ネットワークの観察手段として用いることはできる。そしてEメールのサーバーは数千数万の個人の交流を長期にわたって容易に記録できるから、非常に大きなネットワークでもその発展を詳細に再現できる。この種の情報と、企業や大学などの組織が日ごろから集めている、そこに所属する人々についてのそのほかのデータを組み合わせれば、実像におおむね近いものが現れてくる。

しばらく前に、わたしは自分が指導していた大学院生のゲオルギー・コシネッツとともに、まさしくこのようなアプローチを用いて、大学のコミュニティで学生や教職員に見られる同類志向の起源を研究した。これまでの研究が明らかにしたのと同じで、知人同士――定期的にEメールをやりとりしている人々――は年齢、性別、専攻などの特質が他人同士よりかなり似ていた。また、似ていない人々よりも似ている人々のほうが、いまは知り合いでなくてもやがて親しくなりやすかった。常識が説くとおりだったわけだ。

ところが、共通の友人がいるからであれ、同じグループに属しているのであれ、はじめから「近い」個人同士は近くない個人同士よりも似ていて、近さの効果を計算に入れると、似た個人を結びつけるバイアスのほとんどは消えた。結論を言うと、われわれのコミュニティの個人は似た他人に対する選好をいくらかは示したが、わりあい弱い選好が時間とともに選択の「回」を重ねるうちに増幅され、ネットワークを観察したときに非常に強い選好があるように見えていた。[18]

同類志向に関係していて、インターネットが解決を助けてくれるかもしれない問題はもうひとつある。それはアメリカ人が、選択の結果であれ環境の結果であれ、考え方の同じ隣人や知人とますます付き合うようになっていることであり、これについては政治学者や社会学者がずっと前から懸念を示している。事実ならば、この傾向は多くの問題をはらんでいると考えられる。同質性の高い社会集団は小集団が反目し合う社会につながりやすく、見解の相違が対等な意見の交換よりも政治的衝突をもたらすからである。

しかし、現実にそのような傾向があるのだろうか。連邦議会が史上類を見ないほどに両極化していて、この傾向はメディアも似たり寄ったりだという点では、政治学者たちの意見はおおむね一致している。しかしながら、一般市民の両極化の研究は、矛盾した結論に達しがちだ。両極化が急激に進んでいるという結果を見いだした者もいれば、同意の度合いは数十年間でほとんど変わっていないと指摘する者もいる。[19]

こうした矛盾する結果は、思いこみの同意のほうが実際の同意よりもずっと多いのであれば説明できる。つまり、両極化はもっぱら現実というより認識の問題なのかもしれない。しかし、この仮説を検証するのは、理論的にはたやすいが現実的にはむずかしい。思いこみの同意と実際の同意が同じくらいなのかどうかを測定するためには、関心のある問題ひとつひとつについて、友人のひと組ひと組に対し、友人Aはその問題をどう思うか、友人Bはその問題をどう思うか、友人Aは友人Bがどう思っているかと思うかと尋ねなければならないからだ。数多くの問題について、数多くの友人同士に対し、これをおこなうのはとてつもなく骨の折れる調査だし、各回答者の挙げた友人を捜し出さなければならないことになったらなおさら手間がかかる。[20]

しかしながら、フェイスブックではこれがかなり簡単になる。だれもが自分の友人を明らかにしているし、共通の友人を数えれば友人としてのつながりの強さも区別がつく。[21]同じくらい重要な点として、二〇〇七年にフェイスブックはサードパーティーの開発者用に「プラットフォーム」を発表し、これによって外部のプログラマーが自分でアプリケーションを作り、フェイスブックの基本ネットワークで「実行」することが可能になった。

そこでわたしのヤフーの同僚のシャラード・ゲールとウィンター・メイソンは、二〇〇八年はじめに数週間をかけて〈フレンド・センス〉というアプリケーションを作った。これはさまざまな社会問題や経済問題をどう思うかと人々に尋ねるとともに、友人がそれらについてどう考えていると思うかと尋ねるアプリケーションだった。フェイスブックの基準からすると、〈フレンド・センス〉はまずまずの成功をおさめた――およそ一五〇〇人が利用登録をおこない、一〇万件近くの回答をしてくれた。だが、ネットワーク調査の基準からすると、これはかなりの数だった。従来の面接方法では、これだけの規模の研究を計画し、資金を調達し、実行するには二、三年はかかるし、費用も数十万ドルにのぼる（ほとんどは面接担当者への報酬である）。フェイスブックでは、数千ドルの広告費用で数週間のうちにデータが得られた。

明らかになったのは、友人同士は他人同士よりもたしかに似ており、親しい友人同士もしくは政治について話す友人同士はちょっとした知り合い同士よりも似ていることだった。同類志向原理が予測するとおりの結果である。しかしながら、親しいかどうかにかかわりなく、友人同士は決まって実際よりも自分たちが似ていると思いこんでいた。回答者はとりわけ、どういうときに友人と意見が分かれるか——たとえそれが政治を論じ合う親しい友人であっても——を推測するのが非常に下手だった。

その数字上の結果は、〈フレンド・センス〉に参加した人々の体験談とも重なっており、参加者は友人や恋人にどう見られているかを知ってたびたびうろたえた。「自分がそう考えているなどと、どうしてあの人は思うのだろう」というのがしょっちゅう繰り返される文句だった。また参加者の多くは、よく知っているはずの人物がどう考えているかを尋ねられても、答を知らないのがわかっただけだったとも報告した。教養があって政治に関心を持っている友人同士なら、話し合っているはずのテーマであっても、それは同じだった。[22]

それなら、政治について話しても、どういうときに友人と意見が分かれるかを察知する能力がわずかしか高まらないのであれば、いったい何を話しているのだろうか。もっと端的に言えば、ある問題について友人がどう考えているかの明確な情報がないときに、われわれはどんな情報を使ってそれを推測しているのだろうか。

わたしは同僚とさらに分析を重ね、友人の意見が定かでないときはわれわれが思っているより多いのだが、そういうときはひとつには単純な固定観念を使ったり（たとえば「自分の友人の大半はリベラル左派だから、きっとリベラル左派の典型意見を支持するはずだ」と考えたり）、またひとつには自分の意見を友人に「投影」したりすることで、友人の意見を推測すると結論した。[23]

この最後の発見には重要な意味合いがある。ラザーズフェルドの時代から、政治学者もマーケティング学者も、政治意見の変化はマスメディアで見聞きする内容よりも口コミで決まってくると考えてきたからだ。しかし、友人の信念を考えることが、実は自分自身の信念の鏡像を見ることにすぎないのであれば、それにどれほどの影響力があるのかは考えてみなければならない。〈フレンド・センス〉はあいにく社会的影響についての疑問に答えるように作られていなかったが、すでにほかの研究者がフェイスブックにおける影響の実証研究をはじめているので、うまくいけば近いうちに望ましい答が得られるだろう。[24]

言うまでもなく、Eメールのやりとりを調べるのであれフェイスブックの友人を調べるのであれ、電子的記録を「本物の」社会的関係の代用品として使うことには、難点がいろいろとある。たとえば、フェイスブックのつながりがどんな関係を意味しているのかや、ふたりの人物のコミュニケーション全体をEメールのやりとりからどれだけ把握できるのかはわからない。

わたしも同僚には日に何度もEメールを送り、母親には週に一、二度しかEメールを送らないときがあるが、この事実からだけではふたつの関係の性質や重要性についてほとんど何も言えない。また、あるコミュニケーションのためにはEメールを使うが、別のコミュニケーションのためには携帯電話のテキストメッセージやフェイスブックや顔を合わせての会議が好ましいときもある。たとえちがう人々に対して同じコミュニケーション手段を用いる場合でも、ほかより意味の深いコミュニケーション行為もある。

したがって、コミュニケーションの頻度だけからでは、ある関係について推測できることはかぎられてくる。そもそも、どの関係に注目すべきかも正確にはわからない。たとえば、目的が仕事上のチームの効率を調べるといったことなら、重要なのは仕事仲間のつながりだけだろうが、目的が宗教的信念や政治的信念を調べるといったことなら、仕事上の関係はずっと意味が薄くなる。噂が急速に広まっていくさまを調べるためには、過去数日間でコミュニケーションをとった相手だけが重要になってくるだろうが、信頼できる者同士のネットワークのみを通じて広まる情報については、何年もつづいている結びつきが重要になってくるだろう。[25]

このような未解決の問題はたくさんあり、電子的データがいくらあろうと、そこから社会学的に意味のある推測を引き出すわれわれの能力は制限されている。量があるだけでは万能の解決策にならないのはまちがいない。

それでも、観察データが飛躍的に得やすくなり、かつては想像しがたかったほどの規模で実験がおこなえるようになったおかげで、社会学者もほかの分野の科学者がずっと慣れ親しんできたのと同じ形で、人間の集団行動を測定、理解し、うまくすれば予測可能な世界を想像できるようになっている。

扱いにくい問題

こうした新しい力が社会科学を導く先はわからない。だが、たぶんコントやパーソンズなどの社会理論家が夢見たような純然たる普遍法則ではないだろうし、そうなるはずもない。理由は簡単で、実社会はそのような法則におそらく支配されていないからだ。

いつでもどこでも同じように働く重力とは異なり、同類志向原理は心理的選好から生じる部分と構造的制約から生じる部分がある。明白に定義される質量や加速度と異なり、影響は集中したり分散したりするし、成功は個人の選択と社会の制約と偶然が複雑に混ざり合ったものから生まれる。全体としての作用を整然と計算できる物理学の力と異なり、仕事ぶりは外的なインセンティブと内的な動機の複雑な相互作用によって決まる。そしてわれわれの存在にかかわりなく動いていく物理的な現実と異なり、社会的「現実」とわれわれの認識を切り離すことはできない。認識は外部から観察可能な特質だけでなく、われわれ自身の心理バイアスにも左右されるからである。

要するに、実社会は物理世界よりずっと扱いにくく、学べば学ぶほどになおさら扱いにくく思える。だから、社会学は物理学に匹敵する科学にはおそらくけっしてならないだろう。だがそれはそれでかまわない。物理学が一般性に富む少数の法則のおかげであれほどの大きな成功をおさめているからといって、それが科学の進む唯一の道だとはかぎらない。

実際のところ、生物学にも普遍法則はないが、それでも生物学者は前に進んでいる。科学の本質はある特定の形をとることではなく、理論、観察、実験という科学的手順を踏んで、世界の謎を少しずつ確実に切り崩していくことであるはずだ。そして、この手順の目的は特定の法則を発見することではなく、物事を理解することであるはずだ——問題を解決するために。だから、社会科学で一般法則を探すのに頭を使わなければ、現実の問題を解決するのに頭を使えるし、もっと前に進める。

とはいえ、どういう問題なら解決が望めるのだろうか。より端的に言えば、つまりまえがきで提起した疑問に立ち返れば、一般の聡明な人物が頭を働かせても理解できないもので、社会科学者なら発見できそうなものとはなんだろうか。

思慮深い人物なら、われわれがみな家族や友人の意見から影響を受けていることや、状況が重要であることや、万事が関係していることは内省するだけで理解できる。そういう人物なら、社会科学の助けを借りずとも、認識が重要であることや、人々が金ばかりを気にかけるのではないことも知っている。

同じように、少し内省すれば、成功が少なくとも部分的には運の産物であることや、予言が自己成就予言になりがちなことや、よく練られた計画も意図せざる成り行きという法則に苦しめられやすいことも見当がつく。思慮深い人物なら、未来が予測不能で、過去の実績は未来の利益を保証しないことももちろん知っている。人間が偏見を持っていてときには理性を失うことや、政治システムが非効率や矛盾に満ちていることや、情報操作がときとして実態を葬ることや、単純な物語が複雑な真実を覆い隠しがちであることも知っている。すべての人間がほかの人間とわずか「六次の隔たり」でつながっていることも知っているかもしれない。少なくとも何度も聞いているうちにそう信じているかもしれない。つまり、こと人間の行動に関するかぎり、思慮深い人間にとっては自明に思えるもの以外で、社会科学者が発見できそうなものというのは、たとえそれが見つけがたいものであっても、現実には想像しにくい。

しかしながら、自明でないのは、こうした「自明の」事柄がどう組み合わさっているかである。たとえば、われわれは人々が影響を与え合っていて、ヒットした映画や本や曲は平均の何倍もの成功をおさめると知っている。だが、個人レベルで働いている社会的影響の力が、市場全体の規模で不均衡性と予測不能性をどのようにしてもたらすのかは——そもそもたらすのかどうかも——知らない。同じように、われわれは社会的ネットワーク内の人々が同質性の比較的高いグループでまとまりやすいことも知っている。しかし、世界を自分の目で観察しても、このパターンが心理的選好によるものなのか、それとも構造的制約によるものなのかは推論できない。個人が巨大なネットワークを経由してはるか彼方の他人にわずかなステップでたどり着けるとき、こうした局地的な集団はその促進要因なのか、あるいは妨害要因なのかも自明ではない。

われわれは未来が予測不能であることをいくらかなりとも受け入れてはいるものの、可能性を慎重に考えるだけでその予測不能性を抑えられるのか、またサイコロの目がランダムであるのと同じ意味で未来ももとからランダムであるのかは知らない。予測可能性と予測不能性のこのバランスが、未来の偶発事件に備えて用意した戦略や、観察した結果についての説明をどう変えるのかはなおさらはっきりしない。

社会科学を使えば、常識や直観だけを頼りにしたときよりもはるかに大きな前進を望めるのは、このような難問を解決するときだ。そのうえ、難問を解決するほどに、似た仕組みが多くの難問にも働いていることがわかり、もしかするとロバート・マートンが一九六〇年代に考えた「中範囲」の理論へとわれわれを導いてくれるかもしれない。

文化市場における社会的影響の研究からは何が学べるだろうか。金銭的インセンティブと個人の仕事ぶりの関係についても有益なことを学べるのでは？　政治的態度の実際の類似性と見かけの類似性のちがいについての発見は、社会的ネットワークにおける類似性の起源についての発見にどうすれば結びつけられるのだろうか。こうした発見は社会的影響や集団の行動について何を教えてくれるのだろうか。そしてネットワークの検索と社会的影響、意思決定、インセンティブと仕事ぶり、認識と両極化は、社会科学における「大きな」問い、つまり不平等や社会正義や経済政策などにどうすれば結びつけられるのだろうか。

われわれにこれができるかどうかはわからない。社会学者やそのほかの科学者が興味を持っている問題でも、正確な測定の及ばないところにいつまでもとどまりつづけるものがあることはほぼまちがいない。だから、インターネットなどの新しいテクノロジーがこの分野にどれほど影響を与えようと、社会科学の伝統的なツール、つまり文献調査、実地調査、理論モデル、深い内省などは重要な役割を果たしつづけるだろう。また、どれほど基礎科学を学ぼうと、現実世界の最も複雑で差し迫った問題――社会正義をめぐって合意に達するとか、不確実性に対処する組織を作るといった――がエンジニアの使うような意味で「解決」できるともかぎらない。

それでも、このような問題についても、ほかより有効な解決策を見つけることはできる。たとえば、8章で概説したブートストラップや実験のアプローチを用いたり、ジョン・ロールズやマイケル・サンデルらの政治哲学者がずっと主張している熟議というアプローチを民主主義に用いることによって。しかし、原因と結果の仕組みそのものは、永遠にとらえられないかもしれない。

結局のところ、おそらくわれわれはこれらすべてのアプローチを同時に進め、人々の行動と世界の仕組みを上からも下からも理解することに集中し、利用できるすべての手段と資源をつぎこむ必要がある。これはたいへんな作業に思えるし、実際そのとおりだろう。しかし、マートンが四〇年前に指摘したとおり、われわれはまず物理学で、つぎに生物学で、さらに医学でこれをすでにおこなっている。最も新しい例として、五〇年以上前にDNAの発見とともにはじまったゲノム革命は、医療面で多大な期待をずっとかけられつづけているが、実際の成果は少ない。だがそれでも、われわれは膨大な資源を科学の追究につぎこむのをやめてはいない。[26]なぜ都市部の貧困や経済発展や公教育といった社会問題の理解に必要な科学が、注目に値しないことになるのか。もっと注目に値するはずだ。必要なツールがないと言い張ることもできない。望遠鏡の発明が天空の研究に革命をもたらしたように、携帯電話やウェブやインターネットを介したコミュニケーションなどの技術革命も、測定不能なものを測定可能にすることで、われわれの自分自身についての理解や交流の仕方に革命をもたらす力がある。

マートンのことばは正しい。社会科学はいまだに自分たちのケプラーを見いだしていない。しかし、アレグザンダー・ポープが人間の適切な研究課題は天上ではなくわれわれのなかにあると説いてから三〇〇年後、われわれはようやく自分たちの望遠鏡を手に入れたのである。[27]

さあ、革命をはじめるとしよう……

謝辞

本書を書きはじめてから三年以上になるが、自分のなかではその二倍の年数が過ぎたように感じる。この間、いくつかのすばらしい機関で、それにまさるとも劣らぬほどすぐれた多くの人々と研究ができたのは幸運だった。各位に感謝しているが、一部のかたがたの名前は特に挙げておかなければならない。

まず何より、この三年にわたって刺激的で協力的な研究環境を提供してくれているヤフーに深謝する。今日のアメリカの大企業が、基礎科学の発展と発表のための研究機関に好んで投資するというのは、多くの人々にとって驚きだが、まさしくそれがヤフー・リサーチの使命になっている。一〇〇名を超えるここの科学研究員が、企業の収益に大きな貢献をしていないわけではない（株主のかたがたへ――しっかり貢献している）。だがそれでも、われわれが享受している自由と柔軟さは――このような本を書けることもそうだが――

―特筆すべきもので、設立者で代表のプラバーカー・ラガーヴァンのリーダーシップの賜物である。また、支援し、激励してくれたプレストン・マカフィー、ロン・ブラックマン、それから実に多くのことを学ばせてくれた同僚のシャラード・ゲール、ダン・ゴールドスタイン、ジェイク・ホフマン、セバスチャン・ラーエ、ウィンター・メイソン、デイヴ・ペノック、デイヴィッド・ライリー、ダン・リーヴズ、シド・スーリーに感謝する。これほど議論好きでありながら、いっしょに働いていて楽しい人々にはかつて会ったことがない。

ヤフーに加わる前、わたしはコロンビア大学の社会学科で数年間の研鑽を積んだのだが、何よりも（社会学の学位を持っていない）わたしを採用し、わたしの社会学に対する無知に辛抱強く耐え、この分野の教育をほどこしてくれた恩は忘れられない。自分が「本物の」社会学者になれたとはとても言えないが、ちがうところへ行ったときよりもずっとましな社会学者になれたのはまちがいない。とりわけ、何年も支援と助言を与えつづけてくれたピーター・ベアマン、ジョナサン・コール、マイケル・クロウ、ジェフリー・サックス、デイヴィッド・スターク、ハリソン・ホワイトに感謝するとともに、学生で共同研究者のピーター・ドッズ、ゲオルギー・コシネッツ、ロビー・ムハマッド、マット・サルガニックにもお礼を申しあげる。コロンビア大学の社会学の歴史で抜きんでた存在だった故ロバート・K・マートンにも謝意を表したい。キャリアの最初のころにマートンから激励されたことは、その著作とともに、わたしを奮起させてくれた。

コロンビア大学時代、わたしはアメリカ国立科学財団から研究費を交付されたほか（SES-0094162とSES-0339023）、ジェームズ・S・マクダネル財団、レッグ・メイソン・ファンズからも資金援助を受けた。また、ピーター・ベアマンが代表をつとめる社会経済研究所からは事務面で貴重な支援を受け、研究スペースも提供してもらった。こうした機関がなければ、本書で述べた研究の多くは不可能だった。のちにいくつかの場所を訪問したことからも恩恵を受けた。二〇〇七年のサバティカル休暇にはオックスフォード大学のナフィールド・カレッジでふた月のあいだあたたかいもてなしを受け、二〇〇八年と二〇〇九年の夏にはサンタフェ研究所――わたしの知の故郷――で数週間を過ごした。日々の決まり切った仕事から解放されるこうした大切な時間がなければ、これほど長い執筆作業をやり遂げられたとは思えない。わたしを迎え入れる準備をしてくれたナフィールドのピーター・ヘッドストームと、サンタフェ研究所のジェフリー・ウェストとクリス・ウッドにお礼を申しあげる。

最後に、この本を形にするために直接力を貸してくれた多くの人々に感謝したい。クラウンの編集者ロジャー・ショールは、チアリーダーとしてもコーチとしても名人級であるのを示し、長く苦しい編集作業のあいだ、たびたびわたしの熱意を取り返してくれるとともに、わたしが墓穴を掘らないようにしてくれた。ウィリアム・モリス・エンデヴァーのエージェントであるスーザン・グルックとエリック・ルプファーは、最初の企画をまとめるのに尽力してくれたし、執筆作業中は貴重な意見を述べてくれた。シャラード・ゲール、ダン・ゴールドスタイン、ヴィクトリア・ジョンソン、マイケル・モーブッサン、トム・マッカーシー、スコット・ペイジ、チャック・セイベルは快く本書の草稿を読み、無数の誤りと見落としを訂正してくれた。それから、「あの本」に対する愚痴に何年も耐えてくれた友人と家族に対して、その寛容さにありがとうと言いたい。何をそんなに騒いでいるのか、うまく説明できていたとは思えないが、それもこれでようやくはっきりすると思う。いや、自明になるかもしれない……

参考文献

Abe, Sumiyoshi, and Norikazu Suzuki. 2004. "Scale-free Network of Earthquakes." *Europhysics Letters* 65 (4):581–86.

Abraham, Magid M., and Leonard M. Lodish. 1990. "Getting the Most out of Advertising and Promotion." *Harvard Business Review* 68 (3):50.

Abraham, Magid. 2008. "The Off-line Impact of Online Ads." *Harvard Business Review* (April):28.

Abramowitz, Alan, and Kyle L. Saunders. 2008. "Is Polarization a Myth?" *Journal of Politics* 70 (2):542–55.

Adamic, Lada A., and Eytan Adar. 2005. "How to Search a Social Network." *Social Networks* 27 (3):187–203.

Adar, Eytan, and Lada A. Adamic, 2005. "Tracking Information Epidemics in Blogspace." Paper read at 2005 IEEE/WIC/ACM International Conference on Web Intelligence, Sept. 19–22, at Compiègne University of Technology, France.

Adler, Moshe. 1985. "Stardom and Talent." *American Economic Review* 75 (1):208–12.

Alicke, Mark D., and Olesya Govorun. 2005. "The Better-Than-Average Effect." In *The Self in Social Judgment*, ed. M. D. Alicke, D. A. Dunning, and J. I. Krueger. 85–106.

Alterman, Eric. 2008. "Out of Print: The Death and Life of the American Newspaper." *The New Yorker*, March 31.

Anagnostopoulos, Aris, Ravi Kumar, and Mohammad Mahdian. 2008. "Influence and Correlation in Social Networks" Pages 7–15 In *Proceedings of the 14th ACM SIGKDD International Conference on Knowledge Discovery and Data Mining*. Las Vegas, USA.

Anderson, Philip W. 1972. "More Is Different." *Science* 177 (4047):393–96.

Andreozzi, Luciano. 2004. "A Note on Paradoxes in Economics." *Kyklos* 57 (1):3–20.

Aral, Sinan, Lev Muchnik, and Arun Sundararajan. 2009. "Distinguishing

Influence-Based Contagion from Homophily-Driven Diffusion in Dynamic Networks." *Proceedings of the National Academy of Sciences* 106 (51):21544–21549.

Arango, Tim. 2010. "How the AOL-Time Warner Merger Went So Wrong." *New York Times*, Jan. 10.

Arbesman, Sam, and Steven H. Strogatz. 2008. "A Monte Carlo Approach to Joe DiMaggio and Streaks in Baseball." In http://arxiv. org/abs/0807.5082 [2008].

Arceneaux, Kevin, and David Nickerson. 2009. "Who Is Mobilized to Vote? A Re-Analysis of 11 Field Experiments." *American Journal of Political Science* 53 (1):1–16.

Ariely, Dan. 2008. *Predictably Irrational*. New York: HarperCollins.（『予想どおりに不合理』熊谷淳子訳、早川書房、2013）

Ariely, Dan, George Loewenstein, and Drazen Prelec. 2003. "Coherent Arbitrariness: Stable Demand Curves Without Stable Preferences." *Quarterly Journal of Economics* 118 (1):73–105.

Ariely, Dan, Uri Gneezy, George Lowenstein, and Nina Mazar. 2009. "Large Stakes and Big Mistakes." *Review of Economic Studies*, 76(2): 451–469.

Armstrong, J. Scott. 1985. *Long-Range Forecasting: From Crystal Ball to Computer*. New York: John Wiley.

Arrow, Kenneth J., Robert Forsythe, Michael Gorham, et al. 2008. "The Promise of Prediction Markets." *Science* 320 (5878):877–78.

Arthur, W. Brian. 1989. "Competing Technologies, Increasing Returns, and Lock-in by Historical Events." *Economic Journal* 99 (394): 116–31.

Asch, Solomon E. 1953. "Effects of Group Pressure Upon the Modification and Distortion of Judgments." In *Group Dynamics: Research and Theory*, ed. D. Cartwright and A. Zander. Evanston, IL: Row, Peterson and Co.（『グループ・ダイナミックス〔第２版〕』三隅二不二・佐々木薫編訳、誠信書房、1969）

Ayres, Ian. 2008. *Super Crunchers: Why Thinking-by-Numbers Is the New Way to Be Smart*. New York: Bantam.（『その数学が戦略を決める』山形浩生訳、文藝春秋、2007）

Baker, George P. 1992. "Incentive Contracts and Performance Measurement." *Journal of Political Economy* 100 (3):598–614.

Baker, Stephen. 2009. *The Numerati*. Boston, MA: Mariner Books.（『数字で世

界を操る巨人たち』伊藤文英訳、武田ランダムハウスジャパン、2010)

Bakshy, Eytan, Brian Karrer, and Lada A. Adamic. 2009. "Social Influence and the Diffusion of User-Created Content." Paper read at 10th ACM Conference on Electronic Commerce, July 6–10, Stanford, California.

Baldassari, Delia, and Peter S. Bearman. 2007. "Dynamics of Political Polarization." *American Sociological Review* 72 (5):784–811.

Baldassari, Delia, and Andrew Gelman. 2008. "Partisans Without Constraint: Political Polarization and Trends in American Public Opinion." *American Journal of Sociology* 114 (2):408–46.

Bandiera, Oriana, Iwan Barankay, and Imran Rasul. 2009. "Team Incentives: Evidence from a Field Experiment." Unpublished manuscript.

Barbera, Robert 2009. *The Cost of Capitalism: Understanding Market Mayhem and Stabilizing Our Economic Future*. New York: McGraw-Hill. (『資本主義のコスト』菊地正俊訳、洋泉社、2009)

Bargh, John A., and Tanya L. Chartrand. 1999. "The Unbearable Automaticity of Being." *American Psychologist* 54 (7):462–79.

Bargh, John A., Mark Chen, and Lara Burrows. 1996. "Automaticity of Social Behavior: Direct Effects of Trait Construct and Stereotype Activation on Action." *Journal of Personality and Social Psychology* 71:230–44.

Barnes, Brooks. 2009. "Audiences Laughed to Forget Troubles." *New York Times*, Dec. 29.

Bass, Frank M. 1969. "A New Product Growth for Model Consumer Durables." *Management Science* 15 (5):215–27.

Bassetti, Stefano, Werner E. Bischoff, and Robert J. Sherertz. 2005. "Are SARS Superspreaders Cloud Adults." *Emerging Infectious Diseases (serial on the Internet)*.

Beck, P. W. 1983. *Forecasts: Opiates for Decision Makers*. UK: Shell.

Becker, Gary S. 1976. *The Economic Approach to Human Behavior*. Chicago: University of Chicago Press.

Becker, Gary S., and Kevin M. Murphy. 2000. *Social Economics: Market Behavior in a Social Environment*. Cambridge, MA: The Belknap Press of Harvard University Press.

Becker, Howard. 1945. "Interpretive Sociology and Constructive Typology." In *Twentieth-Century Sociology*, ed. G. Gurvitch and W. E. Moore. New York:

Philosophical Library.
Becker, Howard S. 1998. *Tricks of the Trade: How to Think About Your Research While You're Doing it*. Chicago: University of Chicago Press.
Bengston, William F., and John W. Hazzard. 1990. "The Assimilation of Sociology in Common Sense: Some Implications for Teaching." *Teaching Sociology* 18 (1):39–45.
Berger, Jonah, and Grinne Fitzsimons. 2008. "Dogs on the Street, Pumas on Your Feet: How Cues in the Environment Influence Product Evaluation and Choice." *Journal of Marketing Research (JMR)* 45 (1):1–14.
Berger, Jonah, and Chip Heath. 2007. "Where Consumers Diverge from Others: Identity Signaling and Product Domains." *Journal of Consumer Research* 34 (2):121–34.
Berger, Peter L., and Thomas Luckman. 1966. *The Social Construction of Reality*. New York: Anchor Books.（『現実の社会的構成〔新版〕』山口節郎訳、新曜社、2003）
Berlin, Isaiah. 1960. "History and Theory: The Concept of Scientific History." *History and Theory* 1 (1):1–31.
———. 1997. *The Proper Study of Mankind: An Anthology of Essays*. London: Chatto and Windus.
Berman, Eli. 2009. *Radical, Religious, and Violent: The New Economics of Terrorism*. Cambridge, MA: MIT Press.
Bernard, H. Russell, Eugene C. Johnsen, Peter D. Killworth, and Scott Robinson. 1989. "Estimating the size of an average personal network and of an event population." In *The Small World*, ed. Manfred Kochen. Norwood, NJ: Ablex Publishing.
———. 1991. "Estimating the Size of an Average Personal Network and of an Event Population: Some Empirical Results." *Social Science Research* 20:109–21.
Bernard, H. Russell, Peter D. Killworth, David Kronenfeld, and Lee Sailer. 1984. "The Problem of Informant Accuracy: The Validity of Retrospective Data." *Annual Review of Anthropology* 13: 495–517.
Bernard, Tara S. 2010. "A Toolkit for Women Seeking a Raise." *New York Times*, May 14.
Berndt, Ernst R. 1991. *The Practice of Econometrics: Classic and Contemporary*.

Reading, MA: Addison Wesley.
Bertrand, Marianne, Dean S. Karlan, Sendhil Mullainathan, et al. 2010. "What's Advertising Content Worth? Evidence from a Consumer Credit Marketing Field Experiment." *Quarterly Journal of Economics*. 119(2): 353–402.
Bettman, James R., Mary Frances Luce, and John W. Payne. 1998. "Constructive Consumer Choice Processes." *Journal of Consumer Research* 25 (3):187–217.
Bielby, William T., and Denise D. Bielby. 1994. "'All Hits Are Flukes': Institutionalized Decision Making and the Rhetoric of Network Prime-Time Program Development." *American Journal of Sociology* 99 (5):1287–313.
Bishop, Bill. 2008. *The Big Sort: Why the Clustering of Like-Minded America Is Tearing Us Apart*. New York: Houghton Mifflin.
Bishop, Christopher M. 2006. *Pattern Recognition and Machine Learning*. New York: Springer. (『パターン認識と機械学習』元田浩・栗田多喜夫・樋口知之・松本裕治・村田昇監訳、シュプリンガー・ジャパン、2007)
Black, Donald. 1979. "Common Sense in the Sociology of Law." *American Sociological Review* 44 (1):18–27.
Blass, Thomas. 2009. *The Man Who Shocked the World: The Life and Legacy of Stanley Milgram*. New York: PublicAffairs Books. (『服従実験とは何だったのか』野島久雄・藍澤美紀訳、誠信書房、2008)
Bohman, James. 1998. "The Coming of Age of Deliberative Democracy." *The Journal of Political Philosophy* 6(4):400–425.
Bohman, James and William Rehg (eds). 1997. *Deliberative Democracy: Essays on Reason and Politics*. Cambridge, MA: MIT Press.
Bollen, Johan, Alberto Pepe, and Huina Mao. 2009. "Modeling Public Mood and Emotion: Twitter Sentiment and Socio-economic Phenomena." Arxiv preprint arXiv:0911.1583.
Bond, Sumuel D., Kurt A. Carlson, Margaret G. Meloy, et al. 2007. "Information Distortion in the Evaluation of a Single Option." *Organizational Behavior and Human Decision Processes* 102 (2):240–54.
Booher-Jennings, Jennifer. 2005. "Below the Bubble: 'Educational Triage' and the Texas Accountability System." *American Educational Research Journal* 42 (2):231–68.
———. 2006. "Rationing Education." *Washington Post*, Oct. 5.
Boudon, Raymond. 1988a. "Common Sense and the Human Sciences."

International Sociology 3 (1):1–22.

———. 1988b. "Will Sociology Ever Be a 'Normal Science?'" *Theory and Society* 17 (5):747–71.

———. 1998. "Limitations of Rational Choice Theory." *American Journal of Sociology* 104 (3):817–28.

Bowles, Samuel, Ernst Fehr, and Herbert Gintis. 2003. "Strong Reciprocity May Evolve With or Without Group Selection." *Theoretical Primatology Project Newsletter*, Dec. 11.

Brauers, Jutta, and Martin Weber. 1988. "A New Method of Scenario Analysis for Strategic Planning." *Journal of Forecasting* 7 (1):31–47.

Brill, Steven. 2009. "What's a Bailed-Out Banker Really Worth?" *New York Times Magazine*, Dec. 29.

———. 2010. "The Teachers' Unions' Last Stand." *New York Times Magazine* (May 23): 32–47.

Brooker, Katrina. 2010. "Citi's Creator, Alone with His Regrets." *New York Times*, Jan. 2.

Brown, Bernice B. 1968. "Delphi Process: A Methodology Used for the Elicitation of Opinions of Experts." Santa Monica, CA: RAND Corporation.

Brynjolfsson, Erik, and Michael Schrage. 2009. "The New, Faster Face of Innovation." *MIT Sloan Management Review*, August.

Buchanan, James. 1989. "Rational Choice Models in the Social Sciences." In *Explorations into Constitutional Economics*, ed. R. D. Tollison and V. J. Vanberg. College Station, TX: Texas A&M University Press.

Bumiller, Elisabeth. 2010. "Top Defense Officials Seek to End 'Don't Ask, Don't Tell.'" *New York Times*, Feb. 2.

Burson-Marsteller. 2001. "The E-fluentials." New York: Burson-Marsteller.

Cairns, Huntington. 1945. "Sociology and the Social Science." In *Twentieth-Century Sociology*, ed. G. Gurvitch and W. E. Moore. New York: Philosophical Library.

Camerer, Colin F., George Loewenstein, and Matthew Rabin. 2003. *Advances in Behavioral Economics*. Princeton, NJ: Princeton University Press.

Carlson, Jean M., and John Doyle. 2002. "Complexity and Robustness." *Proceedings of the National Academy of Sciences* 99:2538.

Carter, Bill. 2006. *Desperate Networks*. New York: Doubleday.

Cassidy, John. 2009. *How Markets Fail: The Logic of Economic Calamities*. New York: Farrar, Straus and Giroux.（『「世界大不況」は誰が引き起こしたか』松村保孝訳、講談社、2009）

Caves, Richard E. 2000. *Creative Industries: Contracts Between Art and Commerce*. Cambridge, MA: Harvard University Press.

Chapman, Gretchen B., and Eric J. Johnson. 1994. "The Limits of Anchoring." *Journal of Behavioral Decision Making* 7 (4):223–42.

Choi, Hyunyoung, and Hal Varian. 2008. *Predicting the Present with Google Trends*. Available from http://www.google.com/googleblogs/pdfs/google_predicting_the_present. pdf.

Christakis, Nicholas A., and James H. Fowler. 2009. *Connected: The Surprising Power of Social Networks and How They Shape Our Lives*. New York: Little, Brown.（『つながり』鬼澤忍訳、講談社、2010）

Cialdini, Robert B. 2001. *Influence: Science and Practice*, 4th ed. Needham Heights, MA: Allyn and Bacon.（『影響力の武器〔第2版〕』社会行動研究会訳、誠信書房、2007）

Cialdini, Robert B., and Noah Goldstein, J. 2004. "Social Influence: Compliance and Conformity." *Annual Review of Psychology* 55:591–621.

Clark, Kenneth. 1973. "Mona Lisa." *The Burlington Magazine* 115 (840):144–51.

Clauset, Aaron, and Nathan Eagle. 2007. Persistence and Periodicity in a Dynamic Proximity Network in *DIMACS Workshop on Compututional Methods for Dynamic Interaction Networks*.

Clifford, Stephanie. 2009. "Put Ad on Web. Count Clicks. Revise." *New York Times*, May 30.

———. 2010. "We'll Make You a Star (if the Web Agrees)." *New York Times*, June 4.

Cohen-Cole, Ethan, and Jason M. Fletcher. 2008a. "Are All Health Outcomes 'Contagious'? Detecting Implausible Social Network Effects in Acne, Height, and Headaches." Available at SSRN: ssrn.count/abstract=133901.

———. 2008b. "Is Obesity Contagious? Social Networks vs. Environmental Factors in the Obesity Epidemic." *Journal of Health Economics* 27 (5):1382–7.

Cohn, Jonathan. 2007. *Sick: The Untold Story of America's Health Care Crisis—and the People Who Pay the Price*. New York: HarperCollins.（『ルポ　アメリカの医療破綻』鈴木研一訳、東洋経済新報社、2011）

Coleman, James S. 1986. *Individual Interests and Collective Action*. Cambridge, UK: Cambridge University Press.

Coleman, James S., and Thomas J. Fararo. 1992. *Rational Choice Theory: Advocacy and Critique*. Thousand Oaks, CA: Sage.

Coleman, James Samuel. 1993. "The Impact of Gary Becker's Work on Sociology." *Acta Sociologica* 36:169–78.

Collins, Harry. 2007. "Bicycling on the Moon: Collective Tacit Knowledge and Somatic-Limit Tacit Knowledge." *Organization Studies* 28 (2):257.

Cook, Karen S., Richard M. Emerson, Mary R. Gillmore, and Toshio Yamagishi. 1983. "The Distribution of Power in Exchange Networks: Theory and Experimental Results." *American Journal of Sociology* 89:275–305.

Cook, Karen S., Linda D. Molm, and Toshio Yamagishi. 1993. "Exchange Relations and Exchange Networks: Recent Developments in Social Exchange Theory." In *Theoretical Research Programs: Studies in Theory Growth*, ed. J. Berger and M. Zelditch. Palo Alto, CA: Stanford University Press.

Cooper, William H. 1981. "Ubiquitous Halo." *Psychological Bulletin* 90 (2):218–44.

Corbusier, Le. 1923. "Towards a New Architecture." Trans. F. Etchells. New York: Dover. First published as Versune Architecture.（『建築へ』樋口清訳、中央公論美術出版、2003）

Cortes, Corinna, Daryl Pregibon, and Chris Volinsky. 2003. "Computational Methods for Dynamic Graphs." *Journal of Computational and Graphical Statistics* 12 (4):950–70.

Cox, Gary W. 1999. "The Empirical Content of Rational Choice Theory: A Reply to Green and Shapiro." *Journal of Theoretical Politics* 11 (2):147–69.

Cutting, James E. 2003. "Gustave Caillebotte, French Impressionism, and Mere Exposure." *Psychonomic Bulletin & Review* 10 (2):319.

Danto, Arthur C. 1965. *Analytical Philosophy of History*. Cambridge, UK: Cambridge University Press.（『物語としての歴史』河本英夫訳、国文社、1989）

Dawes, Robyn M. 2002. *Everyday Irrationality: How Pseudo-Scientists, Lunatics, and the Rest of Us Systematically Fail to Think Rationally*. Boulder, CO: Westview Press.

Dawes, Robyn. M. 1979. "The Robust Beauty of Improper Linear Models in

Decision Making." *American Psychologist* 34 (7):571–82.

De Choudhury, Munmun, Jake M. Hofman, Winter A. Mason, and Duncan J. Watts. 2010. "Inferring Relevant Social Networks from Interpersonal Communication." Paper read at 19th International World Wide Web Conference at Raleigh, NC.

de Mesquita, Bruce B. 2009. *The Predictioneer's Game: Using the Logic of Brazen Self-Interest to See and Shape the Future*. New York: Random House. (『ゲーム理論で不幸な未来が変わる！』田村源二訳、徳間書店、2010)

Dennett, Daniel C. 1984. "Cognitive Wheels: The Frame Problem of AI." In *Minds, Machines and Evolution*, ed. C. Hookaway. Cambridge, UK: Cambridge University Press.

De Vany, Arthur. 2004. *Hollywood Economics: How Extreme Uncertainty Shapes the Film Industry*. London: Routledge.

De Vany, Arthur, and W. David Walls. 1996. " Bose-Einstein Dynamics and Adaptive Contracting in the Motion Picture Industry." *The Economic Journal* 106 (439):1493–1514.

Denrell, Jerker. 2004. "Random Walks and Sustained Competitive Advantage." *Management Science* 50 (7):922–34.

Dholakia, Utpal M., and Silvia Vianello. 2009. "The Fans Know Best." *MIT Sloan Management Review*, August 17.

Diermeier, Daniel. 1996. "Rational Choice and the Role of Theory in Political Science." In *The Rational Choice Controversy: Economic Models of Politics Reconsidered*, ed. J. Friedman. New Haven, CT: Yale University Press.

DiMaggio, Paul, John Evans, and Bethany Bryson. 1996. "Have American's Social Attitudes Become More Polarized?" *American Journal of Sociology* 102 (3):690–755.

DiMaggio, Paul, and W. W. Powell. 1983. "The Iron Cage Revisited: Institutional Isomorphism and Collective Rationality in Organizational Fields." *American Sociological Review*:147–60.

DiPrete, Thomas A. 2002. "Life Course Risks, Mobility Regimes, and Mobility Consequences: A Comparison of Sweden, Germany, and the United States." *American Journal of Sociology* 108 (2):267–309.

DiPrete, Thomas A., and Gregory M. Eirich. 2006. "Cumulative Advantage as a Mechanism for Inequality: A Review of Theoretical and Empirical

Developments." *Annual Review of Sociology* 32 (1):271–97.

Dobbin, Frank. 1994. "Cultural Models of Organization: The Social Construction of Rational Organizing Principles." In *The Sociology of Culture: Emerging Theoretical Perspectives*, ed. D. Crane. Oxford: Basil Blackwell.

Dodds, Peter S., and Christopher M. Danforth. 2009. "Measuring the Happiness of Large-Scale Written Expression: Songs, Blogs, and Presidents." *Journal of Happiness Studies* 11(4): 44–56.

Dodds, Peter S., Roby Muhamad, and Duncan J. Watts. 2003. "An Experimental Study of Search in Global Social Networks." *Science* 301 (5634):827–29.

Duesenberry, James. 1960. "Comment on 'An Economic Analysis of Fertility.'" In *Demographic and Economic Change in Developed Countries: A Conference of the Universities*, ed. National Bureau of Economic Research. Princeton, NJ: Princeton University Press.

Dunning, David, Judith A. Meyerowitz, and Amy D. Holzberg. 1989. "Ambiguity and Self-Evaluation: The Role of Idiosyncratic Trait Definitions in Self-Serving Assessments of Ability." *Journal of Personality and Social Psychology* 57 (6):1082–90.

Eagle, Nathan, Alex Pentland, and David Lazer. 2007. "Inferring Social Network Structure Using Mobile Phone Data." *Proceedings of the National Academy of Sciences* 106(36): 15274–15278.

Easterly, William. 2006. *The White Man's Burden: Why the West's Efforts to Aid the Rest Have Done So Much Ill and So Little Good*. New York: Penguin. (『傲慢な援助』小浜裕久・織井啓介・冨田陽子訳、東洋経済新報社、2009)

Elster, Jon. 1993. "Some Unresolved Problems in the Theory of Rational Behavior." *Acta Sociologica* 36:179–90.

———. 2009. *Reason and Rationality*. Princeton, NJ: Princeton University Press.

Erikson, Robert S., and Christopher Wlezien. 2008. "Are Political Markets Really Superior to Polls as Election Predictors?" *Public Opinion Quarterly* 72 (2):190–215.

Farmer, Mary K. 1992. "On the Need to Make a Better Job of Justifying Rational Choice Theory." *Rationality and Society* 4 (4):411–20.

Fehr, Ernst, and Urs Fischbacher. 2003. "The Nature of Human Altruism."

Nature 425:785–91.

Fehr, Ernst, and Simon Gachter. 2000. “Cooperation and Punishment in Public Goods Experiments.” *American Economic Review* 90 (4): 980–94.

———. 2002. “Altruistic Punishment in Humans.” *Nature* 415:137–40. Feld, Scott L. 1981. “The Focused Organization of Social Ties.” *American Journal of Sociology* 86 (5):1015–35.

Feld, Scott L. “The Focused Organization of Social Ties” *American Journal of Sociology* 86(5):1015–1035.

Ferdows, Kasra, Michael A. Lewis, and Jose A. D. Machuca. 2004. “Rapid-Fire Fulfillment.” *Harvard Business Review* 82 (11).

Festinger, Leon. 1957. *A Theory of Cognitive Dissonance*. Palo Alto, CA: Stanford University Press.（『認知的不協和の理論』末永俊郎監訳、誠信書房、1965）

Fiorina, Morris P., Samuel J. Abrams, and Jeremy C. Pope. 2005. *Culture Wars? The Myth of a Polarized America*. New York: Pearson Longman.

Fischhoff, Baruch. 1982. “For Those Condemned to Study the Past: Heuristics and Biases in Hindsight.” In *Judgment Under Uncertainty: Heuristics and Biases*, ed. D. Kahneman, P. Slovic, and A. Tversky. New York: Cambridge University Press.

Fisher, Marshall. 2009. “Rocket Science Retailing: The 2006 Philip McCord Morse Lecture.” *Operations Research* 57 (3):527–40.

Fodor, Jerry. 2006. “How the Mind Works: What We Still Don’t Know.” *Daedalus* 135 (3):86–94.

Frank, Robert H. 2007. *The Economic Naturalist: In Search of Explanations for Everyday Enigmas*. New York: Perseus Books Group.（『日常の疑問を経済学で考える』月沢李歌子訳、日本経済新聞出版社、2008）

Freeman, Linton C. 2004. *The Development of Social Network Analysis*. Vancouver, British Columbia: Empirical Press.（『社会ネットワーク分析の発展』辻竜平訳、NTT 出版、2007）

Friedman, Jeffrey, ed. 1996. *The Rational Choice Controversy: Economic Models of Politics Reconsidered*. New Haven, CT: Yale University Press.

Frist, Bill, Mark McCellan, James P. Pinkerton, et al. 2010. “How the G.O.P. Can Fix Health Care.” *New York Times*, Feb. 21.

Gabel, Jon R. 2009. “Congress’s Health Care Numbers Don’t Add Up.”*New York*

Times, Aug. 25.

Gaddis, John Lewis. 2002. *The Landscape of History: How Historians Map the Past*. Oxford, UK: Oxford University Press.（『歴史の風景』浜林正夫・柴田知薫子訳、大月書店、2004）

Gawande, Atul. 2008. *Better: A Surgeon's Notes on Performance*. London: Profile Books.

Geertz, Clifford. 1975. "Common Sense as a Cultural System." *The Antioch Review* 33 (1):5–26.

Gelb, Leslie. 2009. *Power Rules: How Common Sense Can Rescue American Foreign Policy*. New York: Harper Collins.

Gelman, Andrew, David Park, Boris Shor, et al. 2008. *Red State, Blue State, Rich State, Poor State: Why Americans Vote the Way They Do*. Princeton, NJ: Princeton University Press.

Gerber, Alan S., Dean Karlan, and Daniel Bergan. 2009. "Does the Media Matter? A Field Experiment Measuring the Effect of Newspapers on Voting Behavior and Political Opinions." *American Economic Journal: Applied Economics* 1 (2):35–52.

Gigerenzer, Gerd. 2007. *Gut Feelings: The Intelligence of the Unconscious*. New York: Viking.（『なぜ直感のほうが上手くいくのか?』小松淳子訳、インターシフト、2010）

Gigerenzer, Gerd, Peter M. Todd, and ABC Research Group. 1999. *Simple Heuristics That Make Us Smart*, ed. S. Rich. New York: Oxford University Press.

Gilbert, Daniel. 2006. *Stumbling on Happiness*. New York: Alfred A. Knopf.（『明日の幸せを科学する』熊谷淳子訳、早川書房、2013）

Gilovich, Thomas, Dale Griffin, and Daniel Kahneman, eds. 2002. *Heuristics and Biases: The Psychology of Intuitive Judgment*. Cambridge, UK: Cambridge University Press.

Ginsberg, Jeremy, Matthew H. Mohebbi, Rajan S. Patel, et al. 2008. "Detecting Influenza Epidemics Using Search Engine Query Data." *Nature* 457 (7232):1012–14.

Giuliani, Elisa, Roberta Rabellotti, and Meine P. van Dijk. 2005. *Clusters Facing Competition: The Importance of External Linkages*. Farnham, UK: Ashgate Publishing Co.

Gladwell, Malcolm 1999. "Six Degrees of Lois Weisberg." *New Yorker* 11: 52–63.

——— 2000. *The Tipping Point: How Little Things Can Make a Big Difference*. New York: Little, Brown. (『急に売れ始めるにはワケがある』高橋啓訳、ソフトバンククリエイティブ、2007)

Gelman, Andrew, Jeffery Lax, and Justin Phillips. 2010. "Over Time, a Gay Marriage Groundswell." *New York Times*, August 21.

Gleick, James. 1987. *Chaos: Making a New Science*. New York: Viking Penguin. (『カオス』上田睆亮監修、大貫昌子訳、新潮社、1991)

Glenn, David. 2009. "Senator Proposes an End to Federal Support for Political Science." *Chronicle of Higher Education*, Oct. 7.

Gneezy, Uri, Kenneth L. Leonard and John A. List. 2009. "Gender Differences in Competition: Evidence from a Matrilineal and a Patriarchal Society." *Econometrica* 77(5):1637–1664.

Goel, Sharad, Sebastien Lahaie, Jake Hofman, et al. 2010. "Predicting Consumer Behavior with Web Search." *Proceedings of the National Academy of Sciences* (DOI: 10.1073/pnas.1005962107).

Goel, Sharad, Winter Mason, and Duncan J. Watts. 2010. "Perceived and Real Attitude Similarity in Social Networks." *Journal of Personality and Social Psychology*, 99(4): 611-621.

Goel, Sharad, Roby Muhamad, and Duncan J. Watts. 2009. "Social Search in 'Small-World' Experiments." In *Proceedings of the 18th International Conference on World Wide Web*. Madrid, Spain: Association of Computing Machinery.

Goel, Sharad, Daniel Reeves, David M. Pennock, and Duncan J. Watts. 2010. "Prediction Without Markets." In *11th ACM Conference on Electronic Commerce*. Harvard University, Cambridge, MA: Association of Computing Machinery, pp. 357–366.

Goldstein, Daniel G., Eric J. Johnson, Andreas Herrmann, and Mark Heitmann. 2008. "Nudge Your Customers Toward Better Choices." *Harvard Business Review* 86 (12):99–105.

Goldthorpe, John H. 1998. "Rational Action Theory for Sociology." *British Journal of Sociology* 49 (2):167–92.

Goodman, Peter S. 2009. "Reluctance to Spend May Be Legacy of Recession." *New York Times*, August 28.

Granovetter, Mark. 1978. "Threshold Models of Collective Behavior." *American Journal of Sociology*, 83(6):1420–1443.

———. 1985. "Economic Action and Social Structure: The Problem of Embeddedness." *American Journal of Sociology*, 91 (3):481–510.

Green, Donald P., and Ian Shapiro. 1994. *Pathologies of Rational Choice Theory*. New Haven, CT: Yale University Press.

———. 2005. "Revisiting the Pathologies of Rational Choice." In *The Flight from Reality in the Human Sciences*, ed. I. Shapiro. Princeton, NJ: Princeton University Press.

Gribbin, John. 1998. "Review: How Not to Do It." *New Scientist*, January 10.

Griffin, Dale, Wendy Liu, and Uzma Khan. 2005. "A New Look at Constructed Choice Processes." *Marketing Letters* 16 (3):321.

Gurerk, Ozgur, Bernd Irlenbusch, and Bettina Rockenbach. 2006. "The Competitive Advantage of Sanctioning Institutions." *Science* 312 (5770):108–11.

Hall, Brian, and Jeffrey B. Liebman. 1998. "Are CEOs Really Paid Like Bureaucrats?" *The Quarterly Journal of Economics* 113(3) 653–691.

Harding, David J., Cybelle Fox, and Jal D. Mehta. 2002. "Studying Rare Events Through Qualitative Case Studies: Lessons from a Study of Rampage School Shootings." *Sociological Methods & Research* 31 (2):174.

Harford, Timothy. 2006. *The Undercover Economist*. New York: Oxford University Press.（『まっとうな経済学』遠藤真美訳、ランダムハウス講談社、2006）

Harmon-Jones, Eddie, and Judson Mills, eds. 1999. *Cognitive Dissonance: Progress on a Pivotal Theory in Social Psychology*. Washington, DC: American Psychological Association.

Harsanyi, John C. 1969. "Rational-Choice Models of Political Behavior vs. Functionalist and Conformist Theories." *World Politics* 21 (4):513–38.

Hayek, Friedrich A. 1945. "The Use of Knowledge in Society." *American Economic Review* 35(4):519–530.

Heath, Chip, and Dan Heath. 2010. *Switch: How to Change Things When Change Is Hard*. New York: Broadway Business.（『スイッチ！』千葉敏生訳、早川書房、2010）

Helft, Miguel. 2008. "Changing That Home Page? Take Baby Steps." *New York*

Times, October 17.

Helper, Susan, John Paul MacDuffie, and Charles F. Sabel. 2000. "Pragmatic Collaborations: Advancing Knowledge While Controlling Opportunism." *Industrial and Corporate Change* 9:443–83.

Henrich, Joseph, Robert Boyd, Samuel Bowles, et al. 2001. "In Search of Homo Economicus: Behavioral Experiments in 15 Small-Scale Societies." *American Economic Review* 91 (2):73–78.

Herszenhorn, David M. 2009. "Plan to Change Student Lending Sets Up a Fight."*New York Times*, April 12.

Herzberg, Frederick. 1987. "One More Time: How Do You Motivate Employees?" *Harvard Business Review* 65(5):109–120.

Higginbotham, Don. 2001. *George Washington Reconsidered*. University of Virginia Press.（『将軍ワシントン』和田光弘ほか訳、木鐸社、2003）

Hodgson, Geoffrey M. 2007. "Institutions and Individuals: Interaction and Evolution." *Organization Studies* 28 (1):95–116.

Holmstrom, Bengt, and Paul Milgrom. 1991. "Multitask Principal-Agent Analyses: Incentive Contracts, Asset Ownership, and Job Design." *Journal of Law, Economics & Organization* 7:24–52.

Hoorens, Vera. 1993. "Self-Enhancement and Superiority Biases in Social Comparison." *European Review of Social Psychology* 4 (1):113–39.

Howard, Philip K. 1997. *The Death of Common Sense*. New York: Warner Books.（『常識の死』廣瀬克哉・山根玲子訳、リブロス、1998）

Howe, Jeff. 2006. "The Rise of Crowdsourcing." *Wired Magazine* 14 (6):1–4.

———. 2008. *Crowdsourcing: Why the Power of the Crowd Is Driving the Future of Business*. New York: Crown Business.（『クラウドソーシング』中島由華訳、早川書房、2009）

Hu, Ye, Leonard M. Lodish, and Abba M. Krieger. 2007. "An Analysis of Real World TV Advertising Tests: A 15-year Update." *Journal of Advertising Research* 47 (3):341.

Huckfeldt, Robert, Paul E. Johnson, and John Sprague. 2004. *Political Disagreement: The Survival of Disagreement with Communication Networks*. Cambridge, UK: Cambridge University Press.

Huckfeldt, Robert, and John Sprague. 1987. "Networks in Context: The Social Flow of Political Information." *American Political Science Review* 81

(4):1197–1216.

Ijiri, Yuji, and Herbert A. Simon. 1975. "Some Distributions Associated with Bose-Einstein Statistics." *Proceedings of the National Academy of Sciences of the United States of America* 72 (5):1654–57.

Jackson, Matthew O. 2008. *Social and Economic Networks*. Princeton, NJ: Princeton University Press.

Jacobs, Jane. 1961. *The Death and Life of Great American Cities*. New York: Random House.（『アメリカ大都市の死と生〔新版〕』山形浩生訳、鹿島出版会、2010）

James, William. 1909. *Pragmatism*. New York: Longmans, Green and Co.（『プラグマティズム』桝田啓三郎訳、岩波書店、1957）

Janiak, Andrew, ed. 2004. *Newton: Philosophical Writings*. Cambridge, UK: Cambridge University Press.

Johnson, Eric J., and Daniel Goldstein. 2003. "Do Defaults Save Lives?" *Science*, 302:1538–39.

Kadlec, Dan. 2010. "Attack of the Math Brats." *Time* June 28:36–39.

Kahn, Lisa B. 2010. "The Long-Term Labor Market Consequences of Graduating from College in a Bad Economy." *Labour Economics* 17 (2):303–16.

Katz, Elihu, and Paul Felix Lazarsfeld. 1955. *Personal Influence: the Part Played by People in the Flow of Mass Communications*. Glencoe, IL: Free Press.（『パーソナル・インフルエンス』竹内郁郎訳、培風館、1965）

Keay, Douglas. 1987. "Aids, Education and the Year 2000!" *Woman's Own*. October 31.

Keller, Ed, and Jon Berry. 2003. *The Influentials: One American in Ten Tells the Other Nine How to Vote, Where to Eat, and What to Buy*. New York: Free Press.

Khurana, Rakesh. 2002. *Searching for a Corporate Savior: The Irrational Quest of Charismatic CEOs*. Princeton, NJ: Princeton University Press.（『カリスマ幻想』橋本碩也訳、税務経理協会、2005）

Kindleberger, Charles. 1978. *Manias, Panics, and Crashes: A History of Financial Crises*. New York: Basic Books.（『熱狂、恐慌、崩壊』吉野俊彦・八木甫訳、日本経済新聞社、2004）

Kirman, Alan D. 1992. "Whom or What Does the Representative Individual Represent?" *Journal of Economic Perspectives* 6 (2):117–36.

Kiser, Edgar, and Michael Hechter. 1998. "The Debate on Historical Sociology: Rational Choice Theory and Its Critics." *American Journal of Sociology* 104 (3):785–816.

Kittur, Aniket, Ed H. Chi, and Bongwon Suh. 2008. "Crowdsourcing User Studies with Mechanical Turk." *Proceedings of the Twenty-sixth Annual SIGCHI Conference on Human Factors in Computing Systems*. Florence, Italy, pp. 453–56.

Klar, Yechiel, and Eilath E. Giladi. 1999. "Are Most People Happier Than Their Peers, or Are They Just Happy?" *Personality and Social Psychology Bulletin* 25 (5):586.

Klein, Lisl. 2006. "Applied Social Science: Is It Just Common Sense?" *Human Relations* 59 (8):1155–72.

Kleinberg, Jon M. 2000a. "Navigation in a Small World— It Is Easier to Find Short Chains Between Points in Some Networks Than Others." *Nature 406* (6798):845.

Kleinberg, Jon M. 2000b. "The Small-World Phenomenon: An Algorithmic Perspective." Paper read at Proceedings of the 32nd Annual ACM Symposium on Theory of Computing, at New York.

Kleinberg, Jon, and David Easley. 2010. *Networks, Crowds, and Markets: Reasoning About a Highly Connected World*. Cambridge, UK: Cambridge University Press.

Kleinfeld, Judith S. 2002. "The Small World Problem." *Society* 39 (2):61–66.

Knee, Jonathan A., Bruce C. Greenwald, and Ava Seave. 2009. *The Curse of the Mogul: What's Wrong with the World's Leading Media Companies*. New York: Portfolio.

Kocieniewski, David. 2010. "As Oil Industry Fights a Tax, It Reaps Subsidies." *New York Times*, July 3.

Kohavi, Ron, Roger Longbotham, and Toby Walker. 2010. "Online Experiments: Practical Lessons." *Computer*, 82–85.

Kohn, Alfie. 1993. "Why Incentive Plans Cannot Work." *Harvard Business Review* 71 (5):54–63.

Kossinets, Gueorgi, and Duncan J. Watts. 2006. "Empirical Analysis of an Evolving Social Network." *Science* 311 (5757):88–90.

Kramer, Adam D. I. 2010. "An Unobtrusive Model of 'Gross National Happiness'"

Proceedings of CHI. ACM Press. 287–290.

Krueger, Joachim, and Russell W. Clement. 1994. "The Truly False Consensus Effect: An Ineradicable and Egocentric Bias in Social Perception." *Journal of Personality and Social Psychology* 67:596–610.

Krueger, Joachim I. 2007. "From Social Projection to Social Behaviour." *European Review of Social Psychology* 18 (1):1–35.

Kumar, Nirmalya, and Sophie Linguri. 2006. "Fashion Sense." *Business Strategy Review*. 17(2): 80–84.

Kuran, Timur. 1991. "Now Out of Never: The Element of Surprise in the East European Revolution of 1989." *World Politics* 44 (1):7–48.

Landsburg, Steven E. 1993. *The Armchair Economist: Economics and Everyday Life*. New York: Free Press.（『ランチタイムの経済学』吉田利子訳、日本経済新聞社、2004）

———. 2007. *More Sex Is Safer Sex*. New York: Simon and Schuster.（『ランズバーグ先生の型破りな知恵』清宮真理訳、バジリコ、2010）

Laumann, Edward O. 1969. "Friends of Urban Men: An Assessment of Accuracy in Reporting Their Socioeconomic Attributes, Mutual Choice, and Attitude Agreement." *Sociometry* 32 (1):54–69.

Lawless, John. 2005. "The Interview: Nigel Newton: Is There Life After Harry Potter? You Bet Your Hogwarts There Is." *Independent*, July 3.

Layman, Geoffrey C., Thomas M. Carsey, and Juliana M. Horowitz. 2006. "Party Polarization in American Politics: Characteristics, Causes, and Consequences." *Annual Review of Political Science* 9: 83–110.

Lazarsfeld, Paul F. 1949. "The American Soldier— An Expository Review." *Public Opinion Quarterly* 13 (3):377–404.

Lazarsfeld, Paul, and Robert Merton. 1954. "Friendship as Social Process: A Substantive and Methodological Analysis." In *Freedom and Control in Modern Society*, ed. M. Berger, T. Abel and C. Page. New York: Van Nostrand.

Lazear, Edward P. 2000. "Performance Pay and Productivity." *American Economic Review* 90 (5):1346–61.

Lazer, David, Alex Pentland, Lada Adamic, et al. 2009. "Social Science: Computational Social Science." *Science* 323 (5915):721.

Leonhardt, David. 2009. "Medical Malpractice System Breeds More Waste." *New York Times*, Sept. 22.

———. 2010. "Saving Energy, and Its Cost." *New York Times*, June 15.

Lerner, Josh. 2009. *Boulevard of Broken Dreams: Why Public Efforts to Boost Entrepreneurship and Venture Capital Have Failed— and What to Do About It:* Princeton, NJ: Princeton University Press.

Leskovec, Jure, and Eric Horvitz. 2008. "Planetary-Scale Views on a Large Instant-Messaging Network." 17th International World Wide Web Conference, April 21–25, 2008, at Beijing, China.

Levitt, Steven D., and Stephen J. Dubner. 2005. *Freakonomics: A Rogue Economist Explores the Hidden Side of Everything*. New York: William Morrow & Co.（『ヤバい経済学〔増補改訂版〕』望月衛訳、東洋経済新報社、2007）

Lewis, Michael. 2009. "The No-Stats All-Star." *New York Times Magazine*, February 13.

Lewis, Randall, and David Reiley. 2009. "Retail Advertising Works! Measuring the Effects of Advertising on Sales via a Controlled Experiment on Yahoo." Working paper, Yahoo.

Lodish, Leonard M., Magid Abraham, Stuart Kalmenson, et al. 1995a. "How TV Advertising Works: A Meta-analysis of 389 Real World Split Cable TV Advertising Experiments." *Journal of Marketing Research* 32: 125–39.

Lodish, Leonard M., Magid Abraham, Jeanne Livelsberger, et al. 1995b. "A Summary of Fifty-five In-Market Experimental Estimates of the Long-term Effect of TV Advertising." *Marketing Science* 14 (3):133–40.

Lohmann, Susanne. 1994. "The Dynamics of Informational Cascades: The Monday Demonstrations in Leipzig, East Germany, 1989–91." *World Politics* 47 (1):42–101.

Lombrozo, Tania. 2006. "The Structure and Function of Explanations." *Trends in Cognitive Sciences* 10 (10):464–70.

———. 2007. "Simplicity and Probability in Causal Explanation." *Cognitive Psychology* 55 (3):232–57.

Lowenstein, Roger, 2000. *When Genius Failed: The Rise and Fall of Long-Term Capital Management*. New York: Random House.（『最強ヘッジファンドLTCMの興亡』東江一紀・瑞穂のりこ訳、日本経済新聞社、2005）

Lukes, Steven. 1968. "Methodological Individualism Reconsidered." *British Journal of Sociology* 19 (2):119–29.

Luo, Michael. 2004. "'Excuse Me. May I Have Your Seat?'" *New York Times*, Sept. 14.

Lyons, Russell. 2010. "The Spread of Evidence-Poor Medicine via Flawed Social-Network Analysis." Working paper, Indiana University.

Mackay, Charles. 1932. *Extraordinary Popular Delusions and the Madness of Crowds*. Boston: L.C. Page & Company.（『狂気とバブル』塩野未佳・宮口尚子訳、パンローリング、2004）

Makridakis, Spyros, and Michele Hibon. 2000. "The M3-Competition: Results, Conclusions and Implications." *International Journal of Forecasting* 16:451–76.

Makridakis, Spyros, Michele Hibon, and Claus Moser. 1979. "Accuracy of Forecasting: An Empirical Investigation." *Journal of the Royal Statistical Society*, Series A 142 (2):97–145.

Makridakis, Spyros, Robin M. Hogarth, and Anil Gaba. 2009a. *Dance with Chance: Making Luck Work for You*. Chino Valley, AZ: One World Press.

———. 2009b. "Forecasting and Uncertainty in the Economic and Business World." *International Journal of Forecasting* 25(4), 794–812.

Malmgren, R. Dean, Jacob M. Hofman, Luis A. N. Amaral, and Duncan J. Watts. 2009. "Characterizing Individual Communication Patterns." 15th ACM SIGKDD Conference on Knowledge Discovery and Data Mining, at Paris, pp. 607–16. ACM Press.

Mandel, Naomi, and Eric J. Johnson. 2002. "When Web Pages Influence Choice: Effects of Visual Primes on Experts and Novices." *Journal of Consumer Research* 29 (2):235–45.

Marcus, Gary. 2008. *Kluge: The Haphazard Construction of the Human Mind*. New York: Houghton Mifflin.（『脳はあり合わせの材料から生まれた』鍛原多惠子訳、早川書房、2009）

Marra, Alexandre, R. Luciana Reis Guastelli, Carla Manuela Pereira de Araújo. 2010. "Positive Deviance: A New Strategy for Improving Hand Hygiene Compliance." *Infection Control and Hospital Epidemiology* 31 (1):12–20.

Marsh, David R., Dirk G. Schroeder, Kirk A. Dearden, et al. 2004. "The Power of Positive Deviance." *British Medical Journal* 329 (7475):1177.

Mason, Winter A., and Duncan J. Watts. 2009. "Financial Incentives and the Performance of Crowds." *Proceedings of the ACM SIGKDD Workshop on*

Human Computation, 77–85.

Masuda, Naoki, Norio Konno, and Kazuyuki Aihara. 2004. "Transmission of Severe Acute Respiratory Syndrome in Dynamical Small-World Networks." *Physical Review E* 69 (3): 03197.

Mathisen, James A. 1989. "A Further Look at 'Common Sense' in Introductory Sociology." *Teaching Sociology* 17 (3):307–15.

Mauboussin, Michael J. 2006. *More Than You Know: Finding Financial Wisdom in Unconventional Places*. New York: Columbia University Press. (『投資の科学』早稲田大学大学院応用ファイナンス研究会訳、日経 BP 社、2007)

———. 2009. *Think Twice: Harnessing the Power of Counterintuition*. Cambridge, MA: Harvard Business School Press. (『まさか!?』関谷英里子訳、ダイヤモンド社、2010)

———. 2010-1. "Flutter on Equities Could Prove a Winner." *Financial Times*, Nov. 23.

———. 2010-2. "Smart People, Dumb Decisions." *The Futurist Magazine*, March.

———. 2010-3. "Surge in the Urge to Merge: M&A Trends and Analysis." *Journal of Applied Corporate Finance* 22(2):83–93.

Mayhew, Bruce H. 1980. "Structuralism Versus Individualism: Part 1, Shadowboxing in the Dark." *Social Forces* 59 (2):335–75.

McCormick, Tyler, Matthew J. Salganik, and Tian Zheng. 2008. "How Many People Do You Know? Efficiently Estimating Personal Network Size." *Journal of the American Statistical Association* 105:59–70.

McCotter, Trent. 2008. "Hitting Streaks Don't Obey Your Rules." *New York Times*, March 30.

McDonald, Ian. 2005. "Bill Miller Dishes on His Streak and His Strategy." *Wall Street Journal*, Jan. 6.

McDonald, Lawrence G., and Patrick Robinson. 2009. *A Colossal Failure of Common Sense: The Inside Story of the Collapse of Lehman Brothers*. New York: Crown Business. (『金融大狂乱』峯村利哉訳、徳間書店、2009)

McFadden, Daniel. 1999. "Rationality for Economists?" *Journal of Risk and Uncertainty* 19 (1–3):73–105.

McPherson, Miller J., and Lynn Smith-Lovin. 1987. "Homophily in Voluntary

Organizations: Status Distance and the Composition of Face-to-Face Groups." *American Sociological Review* 52:370–79.

McPherson, Miller, Lynn Smith-Lovin, and James M. Cook. 2001. "Birds of a Feather: Homophily in Social Networks." *Annual Review of Sociology* 27:415–44.

Mearian, Lucas 2009. "CDC Adopts New, Near Real-Time Flu Tracking System." *Computer World*, Nov. 5.

Menand, Luis. 2001. *The Metaphysical Club: A Story of Ideas in America*. New York: Farrar, Straus and Giroux.（『メタフィジカル・クラブ』野口良平・那須耕介・石井素子訳、みすず書房、2011）

Merton, Robert K. 1968. "The Matthew Effect in Science." *Science* 159 (3810):56–63.

——— 1968a. "On Sociological Theories of the Middle Range." In *Social Theory and Social Structure*. New York: Free Press, pp. 39–72.（『社会理論と社会構造』森東吾ほか訳、みすず書房、1961 所収）

——— 1968b. "Patterns of Influence: Local and Cosmopolitan Influentials." In *Social Theory and Social Structure*, ed. R. K. Merton. New York: Free Press, pp. 441–47.（『社会理論と社会構造』森東吾ほか訳、みすず書房、1961 所収）

Mervis, Jeffrey. 2006. "Senate Panel Chair Asks Why NSF Funds Social Sciences." *Science* 312(575): 829.

Meyer, John W., and Brian Rowan. 1977. "Institutionalized Organizations: Formal Structure as Myth and Ceremony." *American Journal of Sociology* 83 (2):340.

Meyer, Marshall W. 2002. *Rethinking Performance Measurement: Beyond the Balanced Scorecard*. Cambridge, UK: Cambridge University Press.

Milgram, Stanley. 1969. *Obedience to Authority*. New York: Harper and Row.（『服従の心理』山形浩生訳、河出書房新社、2008）

Milgram, Stanley, and John Sabini. 1983. "On Maintaining Social Norms: A Field Experiment in the Subway." In *Advances in Environmental Psychology*, ed. Andrew Baum, Jerome E. Singer, and S. Valins. Hillsdale, NJ: Lawrence Erlbaum Associates.

Milgram, Stanley. 1992. *The Individual in a Social World*. Second ed. New York: McGraw Hill.

Millett, Stephen M. 2003. "The Future of Scenarios: Challenges and

Opportunities." *Strategy & Leadership* 31 (2):16–24.

Minsky, Marvin. 2006. *The Emotion Machine*. New York: Simon & Schuster. （『ミンスキー博士の脳の探検』竹林洋一訳、共立出版、2009）

Mintzberg, Henry. 2000. *The Rise and Fall of Strategic Planning*. Upper Saddle River, NJ: Pearson Education.（『「戦略計画」創造的破壊の時代』中村元一監訳、黒田哲彦・崔大龍・小高照男訳、産能大学出版部、1997）

Mitchell, Melanie. 2009. *Complexity: A Guided Tour*. New York: Oxford University Press.（『ガイドツアー複雑系の世界』高橋洋訳、紀伊國屋書店、2011）

Moyo, Dambias. 2009. *Dead Aid: Why Aid Is Not Working and How There Is Another Way for Africa*. New York: Farrar, Straus and Giroux.（『援助じゃアフリカは発展しない』小浜裕久監訳、東洋経済新報社、2010）

Murphy, Kevin J. 1999. *"Executive Compensation." Handbook of Labour Economics* 3(2) 2485–2563.

Newman, M.E.J. 2003. "The Structure and Function of Complex Networks." *SIAM Review*, 45(2): 167–256.

Nielsen. 2009. "Global Faces and Networked Places: A Neilsen Report on Social Networking's New Global Footprint." Feb. 27.

Nickerson, Raymond S. 1998. "Confirmation Bias: A Ubiquitous Phenomenon in Many Guises." *Review of General Psychology* 2:175–220.

Nishiguchi, Toshihiro, and Alexandre Beaudet. 2000. "Fractal Design: Self-Organizing Links in Supply Chain." In *Knowledge Creation: A New Source of Value*, ed. G. , I. Nonaka and T. Nishiguchi. London: MacMillan.

North, Adrian C., David J. Hargreaves, and Jennifer McKendrick. 1997. "In-Store Music Affects Product Choice." *Nature* 390:132.

Norton, Michael I., Jeana H. Frost, and Dan Ariely. 2007. "Less Is More: The Lure of Ambiguity, or Why Familiarity Breeds Contempt." *Journal of Personality and Social Psychology* 92 (1):97–105.

Nozick, Robert. 1974. *Anarchy, State, and Utopia*. New York: Basic Books.（ロバート・ノージック『アナーキー・国家・ユートピア』嶋津格訳、木鐸社、1995）

Onnela, J. P., J. Saramäki, J. Hyvönen, et al. 2007. "Structure and Tie Strengths in Mobile Communication Networks." *Proceedings of the National Academy of Sciences* 104 (18):7332.

Orrell, David. 2007. *The Future of Everything: The Science of Prediction*. New York: Basic Books.

O'Toole, Randal. 2007. *Best-Laid Plans: How Government Planning Harms Your Quality of Life, Your Pocketbook, and Your Future*. Washington, D.C.: Cato Institute.

Ostrom, Elinor. 1999. "Coping with Tragedies of the Commons." *Annual Review of Political Science* 2 (1):493–535.

Paolacci, Gabriele, Jess Chandler, and Panos G. Ipeirotis. 2010. "Running Experiments on Amazon Mechanical Turk." *Judgment and Decision Making* 5 (5):411–19.

Parish, James Robert. 2006. *Fiasco: A History of Hollywood's Iconic Flops*. Hoboken, NJ: John Wiley.

Payne, John W., James R. Bettman, and Eric J. Johnson. 1992. "Behavioral Decision Research: A Constructive Processing Perspective." *Annual Review of Psychology* 43 (1):87–131.

Perrottet, Charles M., 1996. "Scenarios for the Future." *Management Review* 85 (1):43–46.

Perrow, Charles. 1984. *Normal Accidents*. Princeton, NJ: Princeton University Press.

Pink, Sarah. 2011. "Multimodality, Multisensoriality and Ethnographic Knowing: Social Semiotics and the Phenomenology of Perception." *Qualitative Research* 11(3):261–276.

Plosser, Charles I. 1989. "Understanding Real Business Cycles." *The Journal of Economic Perspectives* 3 (3):51–77.

Polgreen, Philip M. Yiling Chen, David M. Pennock, and Forrest D. Nelson. 2008. "Using Internet Searches for Influenza Surveillance." *Clinical Infectious Diseases* 47 (11):1443–48.

Pollack, Andrew. 2010. "Awaiting the Genome Payoff." *New York Times*, June 14.

Pontin, Jason. 2007. "Artificial Intelligence, with Help from the Humans." *New York Times*, March 25.

Powell, Walter W., and Paul J. DiMaggio (eds). 1991. *The New Institutionalism in Organizational Analysis*. Chicago: University of Chicago Press.

Prendergast, Carice. 1999. "The Provision of Incentives in Firms." *Journal of*

Economic Literature 37 (1):7–63.

Quadagno, Jill, and Stan J. Knapp. 1992. "Have Historical Sociologists Forsaken Theory? Thoughts on the History/Theory Relationship." *Sociological Methods & Research* 20 (4):481–507.

Ramirez, Anthony, and Jennifer Medina. 2004. "Seeking a Favor, and Finding It, Among the Strangers on a Train." *New York Times*, Sept. 14.

Rampell, Catherine. 2010. "Stiffening Political Backbones for Fiscal Discipline." *New York Times*, Feb. 12.

Rand, Paul M. 2004. "Identifying and Reaching Influencers." Available online at http://www.marketingpower.com/content20476.php.

Ravitch, Diane. 2010. "The Death and Life of the Great American School System." New York: Basic Books.

Rawls, John. 1971. *A Theory of Justice*. Cambridge, MA: Belknap Press.（『正義論〔改訂版〕』川本隆史・福間聡・神島裕子訳、紀伊國屋書店、2010）

Raynor, Michael. 2007. *The Strategy Paradox: Why Committing to Success Leads to Failure*. New York: Doubleday.（『戦略のパラドックス』松下芳生・高橋淳一監修、櫻井祐子訳、翔泳社、2008）

Reid, T. R. 2009. *The Healing of America: A Global Quest for Better, Cheaper, and Fairer Health Care*. New York: Penguin.

Reinhart, Carmen M., and Kenneth Rogoff. 2009. *This Time Is Different: Eight Centuries of Financial Folly*. Princeton, NJ: Princeton University Press.（『国家は破綻する』村井章子訳、日経 BP 社、2011）

Rescher, Nicholas. 2005. *Common-Sense: A New Look at Old Tradition*. Milwaukee, WI: Marquette University Press.

Rice, Andrew. 2010. "Putting a Price on Words." *New York Times Magazine*, May 10.

Riding, Alan. 2005. "In Louvre, New Room with View of 'Mona Lisa.'" *New York Times*, April 6.

Rigney, Daniel. 2010. *The Matthew Effect: How Advantage Begets Further Advantage*. New York: Columbia University Press.

Robbins, Jordan M., and Joachim I. Krueger. 2005. "Social Projection to Ingroups and Outgroups: A Review and Meta-analysis." *Personality and Social Psychology Review* 9:32–47.

Rogers, Everett M. 1995. *Diffusion of Innovations*, 4th ed. New York: Free

Press.（『イノベーション普及学』青池愼一・宇野善康監訳、浜田とも子ほか訳、産能大学出版部、1990）

Roese, Neal J., and James M. Olson. 1996. "Counterfactuals, Causal Attributions, and the Hindsight Bias: A Conceptual Integration." *Journal of Experimental Social Psychology* 32 (3):197–227.

Rosen, Emmanuel. 2000. *The Anatomy of Buzz: How to Create Word-of-Mouth Marketing*. New York: Doubleday.

Rosenbloom, Stephanie. 2009. "Retailers See Slowing Sales in Key Season." *New York Times*, Aug. 15.

Rosenzweig, Phil. 2007. *The Halo Effect*. New York: Free Press.（『なぜビジネス書は間違うのか』桃井緑美子訳、日経 BP 社、2008）

Rothschild, David, and Justin Wolfers. 2008. "Market Manipulation Muddies Election Outlook." *Wall Street Journal*, October 2.

Sabel, Charles F. 2007. "Bootstrapping Development." In *On Capitalism*, ed. V. Nee and R. Swedberg. Palo Alto, CA: Stanford University Press.

Sachs, Jeffrey. 2006. *The End of Poverty: Economic Possibilities for Our Time*. New York: Penguin.（『貧困の終焉』鈴木主税・野中邦子訳、早川書房、2006）

Saldovnik, Alan, Jennifer O'Day, and George Bohrnstedt. 2007. *No Child Left Behind and the Reduction of the Achievement Gap: Sociological Perspectives on Federal Educational Policy*. New York: Routledge.

Salganik, Matthew J., Peter Sheridan Dodds, and Duncan J. Watts. 2006. "Experimental Study of Inequality and Unpredictability in an Artificial Cultural Market." *Science* 311 (5762):854–56.

Salganik, Matthew J., and Duncan J. Watts. 2009a. "Social Influence: The Puzzling Nature of Success in Cultural Markets." In *The Oxford Handbook of Analytical Sociology*, ed. P. Hedstrom and P. Bearman. Oxford, UK: Oxford University Press, pp. 315–41.

——— 2009b. " Web-Based Experiments for the Study of Collective Social Dynamics in Cultural Markets." *Topics in Cognitive Science* 1:439–68.

Sandel, Michael J. 2009. *Justice: What's the Right Thing to Do?* New York: Farrar Straus & Giroux.（『これからの「正義」の話をしよう』鬼澤忍訳、早川書房、2011）

Santayana, George. 1905. *Reason in Common Sense*, Vol. 1. New York: George

Scribner's Sons.

Sassoon, Donald. 2001. *Becoming Mona Lisa: The Making of a Global Icon*. New York: Harcourt, Inc.

Schacter, Daniel L. 2001. *The Seven Sins of Memory: How the Mind Forgets and Remembers*. Boston, MA: Houghton Mifflin.（『なぜ、「あれ」が思い出せなくなるのか』春日井晶子訳、日本経済新聞社、2004）

Schnaars, Steven P. 1989. *Megamistakes: Forecasting and the Myth of Rapid Technological Change*. New York: Free Press.（『メガミステイク』平野勇夫訳、日本実業出版社、1989）

Schoemaker, Paul J. H. 1991. "When and How to Use Scenario Planning: A Heuristic Approach with Illustration." *Journal of Forecasting* 10 (6):549–64.

Schumpeter, Joseph. 1909. "On the Concept of Social Value." *Quarterly Journal of Economics* 23 (2):213–32.

Schwarz, Norbert. 2004. "Metacognitive Experiences in Consumer Judgment and Decision Making." *Journal of Consumer Psychology* 14 (4):332–48.

Scott, James C. 1998. *Seeing Like a State: How Certain Schemes to Improve the Human Condition Have Failed*. New Haven, CT: Yale University Press.

Seabrook, John. 2000. *Nobrow: The Culture of Marketing, the Marketing of Culture*. New York: Vintage Books.

Segal, David. 2010. "It's Complicated: Making Sense of Complexity." *New York Times*, April 30.

Sethi, Rajiv, and Muhamet Yildiz. 2009. "Public Disagreement." In *MIT Department of Economics Working Paper Series*, Cambridge, MA.

Sewell, William H. 1996. "Historical Events as Transformations of Structures: Inventing Revolution at the Bastille." *Theory and Society* 25 (6):841–81.

Shalizi, Cosma, and Andrew C. Thomas. 2010. "Homophily and Contagion Are Generically Confounded in Observational Social Network Studies." arxiv: 1004–1104.

Sheng, Victor S., Foster Provost, and Panos G. Ipeirotis. 2008. "Get Another Label? Improving Data Quality and Data Mining Using Multiple, Noisy Labelers." 14th ACM SIGKDD International Conference on Knowledge Discovery and Data Mining. Las Vegas, NV. ACM Press.

Sherden, William A. 1998. *The Fortune Sellers: The Big Business of Buying and Selling Predictions*. New York: John Wiley.（『予測ビジネスで儲ける人び

と』森孝恵訳、ダイヤモンド社、1999)

Sherif, Muzafer. 1937. "An Experimental Approach to the Study of Attitudes." *Sociometry* 1:90–98.

Shneiderman, Ben. 2008. "Science 2.0." *Science* 319 (5868):1349–50.

Small, Michael, Pengliang L. Shi, and Chi Kong Tse. 2004. "Plausible Models for Propagation of the SARS Virus." *IEICE Transactions on Fundamentals of Electronics Communications and Computer Sciences* E87A (9):2379–86.

Snow, Rion, Brendan O'Connor, Daniel Jurafsky, and Andrew Y. Ng. 2008. "Cheap and Fast— But Is It Good? Evaluating Non-Expert Annotations for Natural Language Tasks." In *Empirical Methods in Natural Language Processing*. Honolulu, Hawaii: Association for Computational Linguistics.

Somers, Margaret R. 1998. "'We're No Angels': Realism, Rational Choice, and Relationality in Social Science." *American Journal of Sociology* 104 (3):722–84.

Sorkin, Andrew Ross (ed). 2008. "Steve & Barry's Files for Bankruptcy." *New York Times*, July 9.

——— 2009a. *Too Big to Fail: The Inside Story of How Wall Street and Washington Fought to Save the Financial System from Crisis— and Themselves*. New York: Viking Adult.（『リーマン・ショック・コンフィデンシャル』加賀山卓朗訳、早川書房、2010)

———(ed). 2009b. "A Friend's Tweet Could Be an Ad." *New York Times*, November 23.

Staw, Barry M. 1975. "Attribution of the "Causes" of Performance: A General Alternative Interpretation of Cross-Sectional Research on Organizations." *Organizational Behavior & Human Performance* 13 (3):414–32.

Stephen, Andrew. 2009. "Why Do People Transmit Word-of-Mouth? The Effects of Recipient and Relationship Characteristics on Transmission Behaviors." Marketing Department, Columbia University.

Stouffer, Samuel A. 1947. "Sociology and Common Sense: Discussion." *American Sociological Review* 12 (1):11–12.

Sun, Eric, Itamar Rosenn, Cameron A. Marlow, and Thomas M. Lento. 2009. "Gesundheit! Modeling Contagion Through Facebook News Feed." Third International Conference on Weblogs and Social Media, at San Jose, CA. AAAI Press.

Sunstein, Cass R. 2005. "Group Judgments: Statistical Means, Deliberation, and Information Markets." *New York Law Review* 80 (3):962–1049.

Surowiecki, James. 2004. *The Wisdom of Crowds: Why the Many Are Smarter Than the Few and How Collective Wisdom Shapes Business, Economies, Societies, and Nations*. New York: Doubleday.（『「みんなの意見」は案外正しい』小高尚子訳、角川書店、2009）

Svenson, Ola. 1981. "Are We All Less Risky and More Skillful Than Our Fellow Drivers?" *Acta Psychologica* 47 (2):143–48.

Tabibi, Matt. 2009. "The Real Price of Goldman's Giganto-Profits." July 16 http://trueslant.com/

Taleb, Nassim Nicholas. 2001. *Fooled by Randomness*. New York: W. W. Norton.（『まぐれ』望月衛訳、ダイヤモンド社、2008）

———. 2007. *The Black Swan: The Impact of the Highly Improbable*. New York: Random House.（『ブラック・スワン』望月衛訳、ダイヤモンド社、2009）

Tang, Diane, Ashish Agarwal, Dierdre O'Brien, and Mike Meyer. 2010. "Overlapping Experiment Infrastructure: More, Better, Faster Experimentation." 16th ACM SIGKDD International Conference on Knowledge Discovery and Data Mining, Washington, DC. ACM Press.

Taylor, Carl C. 1947. "Sociology and Common Sense." *American Sociological Review* 12 (1):1–9.

Tetlock, Philip E. 2005. *Expert Political Judgment: How Good Is It? How Can We Know?* Princeton, NJ: Princeton University Press.

Thaler, Richard H., and Cass R. Sunstein. 2008. *Nudge: Improving Decisions about Health, Wealth, and Happiness*. New Haven, CT: Yale University Press.（『実践　行動経済学』遠藤真美訳、日経 BP 社、2009）

Thompson, Clive. 2010. "What Is I.B.M.'s Watson?" *New York Times Magazine* (June 20):30–45.

Thorndike, Edward L. 1920. "A Constant Error on Psychological Rating." *Journal of Applied Psychology* 4:25–9.

Tomlinson, Brian, and Clive Cockram. 2003. "SARS: Experience at Prince of Wales Hospital, Hong Kong." *The Lancet* 361 (9368):1486–87.

Tuchman, Barbara W. 1985. *The March of Folly: From Troy to Vietnam*. New York: Ballantine Books.（『愚行の世界史』大社淑子訳、中央公論新社、

2009）

Tucker, Nicholas. 1999. "The Rise and Rise of Harry Potter." *Children's Literature in Education* 30 (4):221–34.

Turow, Joseph, Jennifer King, Chris J. Hoofnagle, et al. 2009. "Americans Reject Tailored Advertising and Three Activities That Enable It." Available at SSRN: http://ssrn.com/abstract-1478214

Tversky, Amos, and Daniel Kahneman. 1983. "Extensional Versus Intuitive Reasoning: The Conjunction Fallacy in Probability Judgment." *Psychological Review* 90 (4):293–315.

———. 1974. "Judgment Under Uncertainty: Heuristics and Biases." *Science* 185 (4157):1124–31.

Tyler, Joshua R., Dennis M. Wilkinson, and Bernardo A. Huberman. 2005. "Email as Spectroscopy: Automated Discovery of Community Structure Within Organizations." *The Information Society* 21(2): 143–153.

Tziralis, George, and Ilias Tatsiopoulos. 2006. "Prediction Markets: An Extended Literature Review." *Journal of Prediction Markets* 1 (1).

Wack, Pierre. 1985a. "Scenarios: Shooting the Rapids." *Harvard Business Review* 63 (6):139–50.

———. 1985b. "Scenarios: Uncharted Waters Ahead." *Harvard Business Review*, 63(5).

Wade, Nicholas. 2010. "A Decade Later, Genetic Map Yields Few New Cures." *New York Times*, June 12.

Wadler, Joyce. 2010. "The No Lock People." *New York Times*, Jan. 13.

Wasserman, Noam, Bharat Anand, and Nitin Nohria. 2010. "When Does Leadership Matter?" In *Handbook of Leadership Theory and Practice*, ed. N. Nohria and R. Khurana. Cambridge, MA: Harvard Business Press.

Watts, Duncan J. 1999. *Small Worlds : The Dynamics of Networks Between Order and Randomness*. Princeton, NJ: Princeton University Press.（『スモールワールド』栗原聡・佐藤進也・福田健介訳、東京電機大学出版局、2006）

———. 2003. *Six Degrees: The Science of a Connected Age*. New York: W. W. Norton.（『スモールワールド・ネットワーク』辻竜平・友知政樹訳、阪急コミュニケーションズ、2004）

———. 2004. "The 'New' Science of Networks." *Annual Review of Sociology*,

30:243–270.

———. 2007. "A 21st Century Science." *Nature* 445:489.

———. 2009. "Too Big to Fail? How About Too Big to Exist?" *Harvard Business Review*, 87(6):16.

Watts, Duncan J., P. S. Dodds, and M. E. J. Newman. 2002. "Identity and Search in Social Networks." *Science* 296 (5571):1302–1305.

Watts, Duncan J., and Peter Sheridan Dodds. 2007. "Influentials, Networks, and Public Opinion Formation." *Journal of Consumer Research* 34:441–58.

Watts, Duncan J., and Steve Hasker. 2006. "Marketing in an Unpredictable World." *Harvard Business Review* 84(9).:25–30.

Watts, Duncan J., and S. H. Strogatz. 1998. "Collective Dynamics of 'Small-World' Networks." *Nature* 393 (6684):440–42.

Weaver, Warren. 1958. "A Quarter Century in the Natural Sciences." *Public Health Reports* 76:57–65.

Weimann, Gabriel. 1994. *The Influentials: People Who Influence People*. Albany, NY: State University of New York Press.

Whitford, Josh. 2002. "Pragmatism and the Untenable Dualism of Means and Ends: Why Rational Choice Theory Does Not Deserve Paradigmatic Privilege." *Theory and Society* 31 (3):325–63.

Wilson, Eric. 2008. "Is This the World's Cheapest Dress?" *New York Times*, May 1.

Wimmer, Andreas, and Kevin Lewis. 2010. "Beyond and Below Racial Homophily: ERG Models of a Friendship Network Documented on Face book." *American Journal of Sociology* 116 (2):583–642.

Wolfers, Justin, and Eric Zitzewitz. 2004. "Prediction Markets." *Journal of Economic Perspectives* 18 (2):107–26.

Wortman, Jenna. 2010. "Once Just a Site with Funny Cat Pictures, and Now a Web Empire." *New York Times*, June 13.

Wright, George, and Paul Goodwin. 2009. "Decision Making and Planning Under Low Levels of Predictability: Enhancing the Scenario Method." *International Journal of Forecasting* 25 (4):813–25.

Zelditch, Morris. 1969. "Can You Really Study an Army in the Laboratory?" In A. Etzioni and E. N. Lehman (eds) *A Sociological Reader on Complex Organizations*. New York: Holt, Rinehent, and Winston. pp. 528–39.

Zheng, Tian, Matthew J. Salganik, and Andrew Gelman. 2006. "How Many People Do You Know in Prison?: Using Overdispersion in Count Data to Estimate Social Structure in Networks." *Journal-American Statistical Association* 101 (474):409.

Zuckerman, Ezra W., and John T. Jost. 2001. "What Makes You Think You're So Popular? Self-Evaluation Maintenance and the Subjective Side of the 'Friendship Paradox.'" *Social Psychology Quarterly* 64 (3):207–23.

原　注

まえがき　ある社会学者の謝罪

1. たとえば、現代の金融、戦争、政策の複雑さに関する最近の記事を参照(Segal 2010)。
2. Lazarsfeld (1949) を参照。
3. 「ロケット科学ではない」という思考パターンの例は Frist et al. (2010) を参照。
4. 車の運転者に対する調査結果は Svenson (1981) を参照。錯覚された優秀性のバイアスのそのほかの例は Hoorens (1993)、Klar and Giladi (1999)、Dunning et al. (1989)、Zuckerman and Jost (2001) を参照。リーダーシップについての調査結果は Alicke and Govorun (2005) を参照。

1　常識という神話

1. 詳細はミルグラムの *Obedience to Authority* (Milgram 1969) を参照。Blass (2009) にはミルグラムの生涯と研究の興味深い解説が載っている。
2. ミルグラムの反応は *Psychology Today* による 1974 年のインタビューに記されており、Blass (2009) に転載されている。この地下鉄の実験を最初に報告したのは Milgram and Sabini (1983) で、Milgram (1992) に転載されている。30 年後、*New York Times* のふたりの記者が、ミルグラムの実験の再現を試みた。ふたりはほぼ同じ体験をしたと報告している。乗客は困惑し、怒りだすときもあった。記者たち自身はきわめて強い不快感を覚えた (Luo 2004、Ramirez and Medina 2004)。
3. 常識の性質と限界は社会学の入門書で論じられているものの (Mathisen 1989 によれば、社会学の教科書を調べたところ、およそ半数が常識に言及していたという)、このテーマは社会学の専門誌ではめったに論じられない。とはいえ、社会学者はいろいろな見方を示しているので、Taylor (1947)、Stouffer (1947)、Lazarsfeld (1949)、Black (1979)、Boudon (1988a)、Mathisen (1989)、Bengston and Hazzard (1990)、Dobbin (1994)、Klein (2006) を参照されたい。経済学者は社会学者よりもなおさら常識への関心が薄いが、Andreozzi (2004) には社会的直観と物理的直観に関する興味深い言

及がある。

4. Geertz (1975, p.6) を参照。
5. とりわけ哲学者は、世界を理解するときの常識の位置づけに頭を悩ませており、常識をどれだけ重んじるべきかという問題をめぐって哲学的見解は揺れ動いている。かいつまんで言うと、この議論は経験そのものの根本的な信頼性にかかわっているように思える。つまり、どういうときなら何か――物体や経験や観察――をそのまま受け入れてよく、どういうときなら自分の認識のよりどころに疑いを持たなければならないのかという問題である。一方の端には極端な懐疑主義者がいて、すべての経験は事実上、精神によってフィルターにかけられるのだから、何事も客観的な現実を表すものとしてそのまま受け入れることはできないと断じる。他方の端にはスコットランド常識学派のトマス・リードのような哲学者がいて、自然哲学はおしなべて世界を「あるがままに」とらえるべきだと説く。アメリカでは、19世紀はじめに実用主義学派によって、いわば折衷案がおおまかに示された。特に有名なのはウィリアム・ジェームズとチャールズ・サンダース・パースで、科学分野の抽象的な知識と日常経験の知識を調和させる必要があると強調したが、常識で通っているものの多くは疑いの目で見なければならないとも主張した (James 1909, p.193)。哲学における常識の歴史に関する議論は Rescher (2005)、Mathisen (1989) を参照。
6. 常識に基づく推論には、一般原則さながらに働くバックアップのシステムがあるように思えることにも注意しなければならない。つまり、かつて遭遇したことのない偶発事件などのために、ある状況に対処するための常識のルールが機能しなくなっても、われわれは必ずしも途方に暮れるわけではなく、単純にもっと一般性のあるルールを持ち出して手引きにする。しかしながら、このバックアップのシステムを形にしようとする試みは、いままでのところ成功しておらず、それは人工知能の研究に最もよく表れている (Dennett 1984)。したがって、バックアップのシステムがどのような仕組みになっているのであれ、科学や数学の論理的な構造には似ていないことになる。
7. 常識と人工知能に関する議論は Minsky (2006) を参照。
8. 異文化における最後通牒ゲームの研究は Henrich et al. (2001) を参照。工業化社会における最後通牒ゲームの結果は Camerer, Loewenstein, and Rabin (2003) を参照。

9．Geertz (1975) を参照。

10.「無施錠派」についての記事は Wadler (2010) を参照。

11. ギアツの引用は Geertz (1975, p. 22) を参照。意見が相違したときの人々の反応についての議論は Sethi and Yildiz (2009) を参照。意見の不一致に関する興味深い理論的説明も述べられている。

12. 注意すべき事実として、政治家や政治評論家や政党幹部といった政治の専門家は、一貫してリベラルな立場あるいは保守的な立場をとる傾向にある。そのため、たとえば連邦議会は、リベラルか保守かという点では一般大衆よりもずっと両極化している (Layman et al. 2006)。個人の政治的信念の相関や矛盾に関する詳しい議論は Baldassari and Gelman (2008) を参照。また、Gelman et al. (2008) は、政治的信念や投票行動に対するよくある誤解を広く論じている。

13. Le Corbusier (1923, p. 61)。

14. Scott (1998) を参照。

15. Jacobs (1961, p. 4) を参照。

16. 言うまでもなく、哲学にはこれと共通する伝統があり、わたしが常識と呼んでいるものへの懐疑的な見方をすでに出発点にしている。ロールズの政治的リベラリズムという研究課題全体や (Rawls 1971)、それと密接に関連した熟議民主主義の思想は (Bohman 1998、Bohman and Rehg 1997)、特定の考え方——宗教だろうと道徳だろうとなんだろうと——が正しいと決めてかからずに、全構成員に手続き的公正を提供できる政治体制を規定する試みだととらえられる。言い換えれば、常識が信頼できないと想定することによって、何が「正しい」かを決めることから、特定の考え方を優遇しない政治体制を作ることへと目的を変えるのが熟議の基本理念である。この伝統は、本書が提起する常識批判に完全に一致するものの、力点はやや異なる。熟議は常識に基づく信念に矛盾があると見なし、どういう場合でも機能する政治体制を打ち立てようと試みるだけだが、わたしは常識に基づく推論が引き起こす特定の誤りにもっと関心を持っている。とはいえ、わたしも9章でこの課題のいろいろな面に触れ、公正と正義の問題を論じている。常識への疑念を足がかりにする哲学のもうひとつの流れは、ジェームズとデューイの実用主義である（たとえば James 1909, p. 193 を参照）。実用主義者は常識に埋めこまれた誤りが世界における効率的な行動の重大な障害であると見て、常識を疑って改める意思が有効な問題解決の条件だと考える。8章で一部の例をとりあげ

ているが、こうした実用主義は、慣例を終始疑って改めることによって、予測不能な変化に迅速に適応できる組織を作るという試みに影響を与えている。したがって、この伝統もここで述べた常識批判に一致するが、熟議の伝統と同じく、わたしが挙げているような認知バイアスを明確にせずとも論を展開できる。しかしながら、常識に基づく推論に固有のバイアスについての議論は、熟議と実用主義のどちらの課題にとっても有用な補足であり、常識に基づく推論に頼らずに機能する組織や手続きの必要性を別の形で主張しているのだと言っておきたい。

2　考えるということを考える

1. 臓器提供率のオリジナル研究は Johnson and Goldstein (2003) を参照。意思表示率が実際の提供率と同じでないことには注意すべきであり、後者は家族の同意のようなそのほかの要因にしばしば左右される。最終的な提供率の差はずっと縮まるものの―― 16 パーセント程度だが――それでも大きな開きがある。
2. 原文は Duesenberry (1960) を参照。ベッカー自身もこれを引用して賛意を示している (Becker and Murphy 2000, p. 22)。
3. 協力と処罰の相互作用についての詳細は Fehr and Fischbacher (2003)、Fehr and Gachter (2000 and 2002)、Bowles et al. (2003)、Gurerk et al. (2006) を参照。
4. 社会学では、合理的選択理論をめぐる論争は過去 20 年間にわたって繰り広げられている。双方の立場を述べた初期の文献を皮切りに (Coleman and Fararo 1992)、*American Journal of Sociology* (Kiser and Hechter 1998、Somers 1998、Boudon 1998) や *Sociological Methods and Research* (Quadagno and Knapp 1992) などの専門誌で引き継がれた。この間、政治学でも Green and Shapiro (1994) の反論 *Pathologies of Rational Choice Theory* が引き金となって同種の論争が繰り広げられた。Green と Shapiro の批判に対して多数の合理的選択理論の支持者が試みた反論と、それに対する Green と Shapiro の再反論は Friedman (1996) を参照。そのほかの興味深い解説に Elster (1993、2009)、Goldthorpe (1998)、McFadden (1999)、Whitford (2002) がある。
5. 行動を説明するときに合理的選択理論が発揮する力に関しては Harsanyi (1969)、Becker (1976)、Buchanan (1989)、Farmer (1992)、Coleman (1993)、Kiser and Hechter (1998)、Cox (1999) を参照。

6. 詳細は *Freakonomics* (Levitt and Dubner 2005) を参照。ほかの同様の例は Landsburg (1993 and 2007)、Harford (2006)、Frank (2007) を参照。
7. 社会学の生みの親のひとりであるマックス・ヴェーバーは、合理的な行動を理解可能な行動として定義したと言っていいし、合理的選択理論の主唱者であるジェームズ・コールマンも、「合理的な行動という概念は、それ以上問う必要のない『理解可能な』行動という概念にほかならない」と述べた (Coleman 1986, p. 1)。そして Goldthorpe (1998, pp. 184-85) は興味深い主張を述べており、まず合理的な行動の意味を明らかにしなければ、不合理な行動をどう扱うべきかがわからないのだから、たとえすべての行動を説明するわけではないにせよ、合理的な行動の理論にはほかの理論にない「特権」が与えられるべきだとしている。
8. テロリズムの経済的分析は Berman (2009) を参照。医療従事者のインセンティブに関する議論は Leonhardt (2009) を参照。
9. デフォルトの例と詳しい議論は Goldstein et al. (2008) と Thaler and Sunstein (2008) を参照。
10. 心理学の文献に載った主要な研究成果は Gilovich, Griffin, and Kahneman (2002) と Gigerenzer et al. (1999) が詳しい。近年になって確立された行動経済学に関しては Camerer, Loewenstein, and Rabin (2003) を参照。最近では、こうした学術論文に加え、一般向けにもおおむね同じ分野の本が出版されている。たとえば Gilbert (2006)、Ariely (2008)、Marcus (2008)、Gigerenzer (2007) を参照。
11. ワインに関する研究の詳細は North et al. (1997) を、ゲーターレードに関する研究は Berger and Fitzsimons (2008) を、オンラインショッピングに関する研究は Mandel and Johnson (2002) を参照。事前刺激のそのほかの例は Bargh et al. (1996) を参照。
12. アンカリングと修正の例の詳細は Chapman and Johnson (1994)、Ariely et al. (2003)、Tversky and Kahneman (1974) を参照。
13. 消費行動におけるフレーミング効果の例は Griffin et al. (2005)、Bettman et al. (1998) を参照。Payne, Bettman, and Johnson (1992) は、選好の逆転も含め、著者たちが選好形成と呼ぶものを論じている。
14.「可用性バイアス」に関する議論は Tversky and Kahneman (1974) を参照。Gilbert (2006) は著者が「現在主義」と呼ぶものを論じている。「流暢性」の重要性に関する詳細は Bargh and Chartrand (1999)、Schwarz (2004) を参照。

15. 確認バイアスの概説は Nickerson (1998) を参照。製品の評価に見られる確認バイアスの例は Bond et al. (2007) を参照。動機づけされた推論と確認バイアスに関する議論は Marcus (2008, pp. 53-57) を参照。また、どちらのバイアスも認知的不協和という現象と密接に関連しており (Festinger 1957、Harmon- Jones and Mills 1999)、それによれば、個人は矛盾する信念があるとき（「わたしが買った車はわたしには分不相応だ」と「わたしが買った車はすばらしい」)、一方を支持して他方を否定する情報を都合よく持ち出すことによって、矛盾を解消しようとする。
16. Dennett (1984) を参照。
17. 哲学者の Jerry Fodor (2006) によれば、フレーム問題の核心は計算の「局所的」な性質にある。計算はなんらかの変数と条件を仮定し、こうしたインプットになんらかの演算をほどこしてアウトプットを得る——少なくとも現在ではそう理解されている。たとえば、合理的選択理論の場合、「変数と条件」は効用関数であり、「演算」は最適化手段だととらえることができるが、ほかの条件や演算も考えられる。ヒューリスティックや慣習といった理性によらない問題解決のアプローチである。要するに、どんな計算を書き出すのであっても、まずは何が関係しているかを仮定しなければならないが、その判断は同じようには（つまり局所的には）くだせない。たとえば、ある計算そのものに何が関係しているかを独立して仮定しようとしても、同じ問題にちがう形で突きあたることになり（そちらの計算には何が関係しているのか？)、一歩遠ざかるだけである。もちろん、この手順をひたすら繰り返せば、なんらかの明確な地点に行き着くことができるかもしれない。たしかに、既知の世界のすべての物体や概念を関係のありうる要因としてまとめ、最初は世界規模の問題に見えるものを形ばかりは局所的なものにすれば、いつだってこれを造作なく実行できる。あいにく、このアプローチが成功するのは計算の手順を手に負えないものにするという犠牲を払ったときだけである。
18. 機械学習の概論は Bishop (2006) を参照。〈ジェパディ！〉に登場したコンピューターの話は Thompson (2010) を参照。
19. Gilbert (2006) は、われわれの脳が過去の出来事の記憶についても、未来の出来事の予測体験についても、多くの点であてにならないことを説得力豊かに論じている。Becker (1998, p. 14) が指摘するとおり、社会科学者でさえもこの誤りに陥りやすく、直接の証拠がないときであっても、被

験者の動機や認識や意図を穴埋めする。記憶についての関連研究は Schacter (2001) と Marcus (2008) を参照。調査対象者の過去の行動や体験についての記憶が誤っていた数々の例は Bernard et al. (1984) を参照。未来の出来事に関して、個人がみずからの幸せを過大に予測したり、あるいは不幸せを過小に評価したりするそのほかの例は Ariely (2008) を参照。オンラインのデートについての調査結果は Norton, Frost, and Ariely (2007) を参照。

20. 仕事ぶりに基づいた報酬に関する議論は Hall and Liebman (1998) と Murphy (1999) を参照。
21. 機械仕掛けのトルコ人《メカニカルターク》という名は、ナポレオンを負かしたことで知られる 19 世紀のチェス対戦ロボットにちなんでいる。言うまでもなく、この元祖のタークはいかさまだった――実は中に人が隠れていて、すべての手を指していた――のだが、肝心なのはまさにその点である。メカニカルタークにある作業の多くは、人間にはわりあいこなしやすいがコンピューターにはこなしにくいという理由で募集がかけられている――アマゾンの設立者ジェフ・ベゾスはこの現象を「人工の人工知能」と呼んでいる。アマゾンメカニカルタークについての初期の報告は Howe (2006) を、ベゾスの「人工の人工知能」という造語については Pontin (2007) を参照。メカニカルタークに関するそのほかの情報は http://behind-the-enemy-lines.blogspot.com を参照。
22. 金銭的インセンティブに関する実験の詳細は Mason and Watts (2009) を参照。
23. 全体的に見て、実際のところ女性は男性の 75 パーセントの報酬しか得ていないが、この「報酬ギャップ」の多くは、女性が男性と異なる選択をするという理由に基づいている――たとえば、報酬の低い職に就くとか、家族の世話をするために休暇をとるといった選択である。こうした変数を考慮に入れたうえで、比較可能な条件下で比較可能な仕事に就いている男女のみを比較すると、ギャップはおよそ 9 パーセントになる。詳細は Bernard (2010) と http://www.iwpr.org/pdf/C350.pdf を参照。
24.「マルチタスク」の研究は Prendergast (1999)、Holmstrom and Milgrom (1991)、Baker (1992) を参照。「窒息」効果の研究は Gneezy et al. (2009) を参照。金銭的な報酬に関する一般的な批評は Herzberg (1987)、Kohn (1993)、Pink (2009) を参照。
25. Levitt and Dubner (2005, p. 20)。

26. 落ちこぼれ防止法の意図せざる結果は Saldovnik et al. (2007) が詳しい。全体的な教育の質に影響を与えずに及第率をあげる「教育的トリアージ」に関する議論は Booher-Jennings (2005、2006) を参照。仕事ぶりを測定して報いることのむずかしさに関する一般的な議論は Meyer (2002) を参照。
27. 政治家についての記事は Rampell (2010) を参照。
28. この主張を最も強く唱えているのはドナルド・グリーンとイアン・シャピロである。「意識的な計算から『文化的な慣性』まで、すべてが合理的選択理論の一形態として扱われるとき……意見の相違は単なる語義上のものになり、合理的選択理論は人類学や社会学や社会心理学が唱える妥当な説をすべて組み入れて永遠に広がりつづけるテントにすぎなくなる」(Green and Shapiro, 2005, p. 76)。

3　群衆の知恵（と狂気）

1. 来館者に関する統計は Riding (2005) を参照。〈モナ・リザ〉にまつわるそのほかの興味深い詳細は http://en.wikipedia.org/wiki/Mona_Lisa を参照。
2. Clark (1973, p. 150) を参照。
3. Sassoon (2001) を参照。
4. 「ハリー・ポッター」についての記事の全文は Tucker (1999) を参照。フェイスブックの分析の詳細は Nielsen (2009) を参照。映画についての記事は Barnes (2009) を参照。
5. 景気後退後の消費行動の変化についての記事は Goodman (2009) を参照。Bruce Mayhew (1980) と Frank Dobbin (1994) は、循環論法をめぐって同様の主張をしている。
6. この主張はずっと前に物理学者のフィリップ・アンダーソンが "More Is Different" (Anderson 1972) という有名な論文で述べている。
7. サッチャーのことばは Keay (1987) を参照。
8. 一般に「方法論的個人主義」の定義は、オーストリアの経済学者ヨーゼフ・シュンペーターが20世紀はじめに著した論文が原点だとされる (Joseph Schumpeter 1909, p. 231)。しかしながら、この思想はずっと古く、少なくともホッブズの著作にまでさかのぼることができ、啓蒙時代の思想家に好まれた。行動の個人主義的な見方は合理的な行動の新たな理論に申しぶんなくあてはまったからである。方法論的個人主義の知的起源と、その論理的土台に対する厳しい批判は Lukes (1968) と Hodgson

(2007) を参照。

9. ここでわたしは単純化して述べているが、それほど大きく単純化しているわけではない。景気循環の初期のモデルはひとりの代表的個人を想定していたが、最近のモデルは複数の代表的個人を考慮し、それぞれに経済の異なる部門を代表させている (Plosser 1989)。だがそれでも、こうしたモデルはどれも重大な問題をかかえている。個人がほかの人々や企業の行動に注意を払う本物の人々ではなく、全人口を代表して決断をくだす代表的個人になっているという問題である。

10. 代表的個人という思想に対するすぐれた批判は数多くなされているが、最も注目すべきは経済学者のアラン・キルマンによるものである (Kirman 1992)。しかしながら、この批判が非常に有名であるのに、実際の社会科学にほとんど影響をもたらしていないという事実は、この問題の抜きがたさを物語っていると言えよう。

11. 合理的選択理論の支持者でさえ——だれよりも方法論的個人主義の後継者に近いのに——実際には効用最大化の原則を個々の人々だけでなく家庭や企業や組合や「エリート」や政府の官僚といった社会的アクターに安易に適用している。合理的選択理論のモデルで代表的個人が用いられている数々の例は Becker (1976)、Coleman and Fararo (1992)、Kiser and Hechter (1998)、Cox (1999) を参照。

12.「暴動モデル」の詳細は Granovetter (1978) を参照。

13. 社会的影響の起源に関する詳細は Cialdini (2001) と Cialdini and Goldstein (2004) を参照。

14. 累積的優位のモデルの例は Ijiri and Simon (1975)、Adler (1985)、Arthur (1989)、De Vany and Walls (1996)、De Vany (2004) を参照。

15.「ラボで軍隊をほんとうに研究できるのか?」の原文は Zelditch (1969) を参照。社会学に実験が必ずしも無縁ではないことには注意すべきである。たとえば、「ネットワーク交換」と呼ばれる社会学の分野ではラボで実験をおこなうのがふつうだが、このネットワークはたいてい4人から5人の個人で構成されるにすぎない (Cook et al. 1983、Cook et al. 1993)。行動経済学や政治学や社会学における協力の研究も実験を用いるが、ここでもかかわる集団は小さい (Fehr and Fischbacher 2003)。

16. オリジナルのミュージックラボ実験の詳しい解説は Salganik, Dodds, and Watts (2006) を参照。

17. ミュージックラボ実験の背景や実験の続編の詳細は Salganik and Watts

(2009a、2009b) を参照。

4　特別な人々

1. フェイスブックの誕生を描いた映画〈ソーシャル・ネットワーク〉は2010年に公開された。フォスターズのビールのコマーシャルは http://www.youtube.com/watch?v=nPgSa9djYU8 で視聴できる。
2. 社会的ネットワークの分析の歴史は Freeman (2004) を参照。ネットワーク科学に関する最近の文献の概要は Newman (2003)、Watts (2004)、Jackson (2008)、Kleinberg and Easley (2010) を参照。一般向けの解説は Watts (2003) と Christakis and Fowler (2009) を参照。
3. マイクロソフトのインスタントメッセンジャーに関する研究の詳細は Leskovec and Horvitz (2008) を参照。
4. Jacobs (1961, pp. 134-35) を参照。
5. ミルグラムは「六次の隔たり」という語を考案したわけではなく、「スモールワールド問題」をとりあげただけである。劇作家のジョン・グエアが1990年にこの題名の戯曲を書いている。グエアは奇妙にも、この語の生みの親はイタリアの発明家グリエルモ・マルコーニだとしている。無線電信を発明したマルコーニは、電信でつながった世界ではだれもがわずか六次の隔たりを経て結びつくと言ったとされる。ウェブに数多く載っている引用によれば(たとえば http://www.megastarmedia.us/mediawiki/index.php/Six_degrees_of_separation を参照)、マルコーニは1909年のノーベル賞授賞式の講演でそう主張したらしい。だがあいにく、講演そのものを調べても (http://nobelprize.org/nobel_prizes/physics/laureates/1909/marconi- lecture.html) まったくそのような概念は出てこないし、ほかをあたっても出所は突き止められなかった。とはいえ、この語の生みの親がだれであれ、裏づけとなるなんらかの証拠をはじめて示したのはミルグラムである。
6. 数多くの批判者が指摘しているとおり、ミルグラムの実験結果は言われているほど決定的なものではない (Kleinfeld 2002)。とりわけ、ターゲットをめざした300本の鎖のうち、3分の1はほかでもないボストンから出発したし、別の3分の1は株式市場に投資しているオマハの人々から出発した——当時の投資家には、株式仲買人との付き合いが欠かせなかった。実験の唯一のターゲットがボストンの株式仲買人だったことを考えれば、こうした鎖がターゲットにたどり着けたところで驚くにはあたら

ない。したがって、スモールワールド仮説の最も有力な証拠は、無作為に選ばれたオマハの人々から出発した96本の鎖になるが、このうち成功したのはわずか17本だった。こうした不確実さを考慮すれば、ミスター・ジェイコブズのような人々は統計上の偶然だともじゅうぶんに考えられるのだから、その役割を重視しすぎるのは注意しなければならない。実際、ミルグラム自身も同様の指摘をしており、「伝達の鎖が共通の個人を経て収束するのはスモールワールド網の重要な特徴であり、それは理論的に説明されるべきである」と主張しているだけである。

7. Gladwell (1999) を参照。

8. 言うまでもなく、友人の人数をどう考えるかは、「友人関係」をどう定義するかに大きく左右される。友人関係は昔から漠然とした概念だったが、ソーシャルネットワーキング・サイトの時代となった現代ではますますそれに拍車がかかっており、知らない人とさえ「友人」になることもできる。その結果、「真の」友人関係とでも呼ぶべきものと単なる「知人関係」が区別しがたくなっており、その知人関係も「一方通行の知人関係」(つまり、「わたしはあなたのことを聞いているが、あなたはわたしを全然知らない」) というなおのこと限定的な概念によってあいまいになっている。マイスペースには100万人の「友人」を持つユーザーもいるが、ファーストネームで呼び合える仲といった程度のごくゆるやかな友人の定義を持ちこむだけで、とたんにその人数は数百人から数千人の範囲に落ちこむ。興味深いことに、1980年代末にはじめて研究がおこなわれて以来、この範囲は意外なほど変化していない (McCormick et al. 2008、Bernard et al. 1989, 1991、Zheng et al. 2006)。

9. スモールワールド実験の鎖の長さをめぐっては数々の微妙な問題があり、証拠から何が結論できて何が結論できないかについて、いくらか混乱を生んでいる。実験そのものの詳細はDodds, Muhamad, and Watts (2003) を、証拠を整理した議論と鎖の長さの詳しい分析はGoel, Muhamad, and Watts (2009) を参照。

10. 社会的ネットワークの捜索能力の詳細はWatts and Strogatz (1998)、Kleinberg (2000a、2000b)、Watts, Dodds, and Newman (2002)、Watts (2003, ch. 5)、Dodds, Muhamad, and Watts (2003)、Adamic and Adar (2005) を参照。

11. インフルエンサーはいろいろな名前で通っている。オピニオンリーダーや重要人物《インフルエンシャル》と呼ばれるときが多いが、Eフルエンシャル、目利き《メイヴン》、ハブ、媒介者《コネクター》、アルファ・マム、さらにはパッショニスタなどとも呼ばれる。

これらの呼び名がまったく同じものを指しているのではないにせよ、基本的な考えは共通しており、少数の特別な個人が多数の「一般の」個人の意見や信念や消費習慣に重要な影響を与えるとしている（インフルエンシャルに関連したいろいろな呼び名はKatz and Lazarsfeld 1955、Merton 1968b、Weimann 1994、Keller and Berry 2003、Rand 2004、Burson-Marsteller 2001、Rosen 2000、Gladwell 2000 を参照）。エド・ケラーとマイケル・ベリーは「アメリカ人の10人にひとりがほかの9人に対し、どこへ投票するかやどんなところで食事をするかや何を買うかを教える」と主張している。ふたりは「早いうちにインフルエンシャルを経ずして大勢となる重要な流行はほとんどないし、インフルエンシャルは流行しそうなものを途中でさえぎることができる」とまで結論している (Keller and Berry 2003, pp. 21-22)。マーケティングリサーチ会社のバーソン・マーステラも同意見で、「この有力な男女の広範な影響はブランドの運命を左右したり、企業や消費者の問題に対して支持を結集もしくは解消したり、その問題の成り行きに対する考え方を教えたりすることができる」と主張している。必要なのは、こうした個人を見つけて影響を与えることだけであるかのようだ。その結果、「インフルエンサーは今日のマーケティング担当者にとって『聖杯』になっている」(Rand 2004)。

12. 原文は Gladwell (2000, pp. 19-21) を参照。

13. Keller and Berry (2003, p. 15) を参照。

14. たとえば Christakis and Fowler (2009)、Salganik et al. (2006)、Stephen (2009) を参照。

15. 実際のところは、これでもはっきりしたことは言えない。AとBが友人同士なら、好みは似ているものだし、似たテレビ番組を観るので似た情報にさらされやすい。そのため、影響を与えたり受けたりしているように見えても、類は友を呼ぶという現象にすぎない場合がある。だから、Aが選んだものをAの友人が選ぶたびに、それをAの影響とするのは、Aの影響力をおそらく過大に評価していることになる。類似性と影響の問題についての詳細は Aral (2009)、Anagostopoulos et al. (2008)、Bakshy et al. (2009)、Cohen-Cole and Fletcher (2008a、2008b)、Shuliti and Thomas (2010)、Lyons (2010) を参照。

16. 影響を測定することのむずかしさについての議論と、個人の影響力とオピニオンリーダーのもっと包括的な概論は Katz and Lazarsfeld (1955) を参照。影響の代用品の測定に関する議論は Weimann (1994) を参照。

17. 社会的ネットワークにおける感染の議論は Watts (2003)、Christakis and Fowler (2009) を参照。
18. インフルエンシャルと感染の結びつきが最もはっきりと表れているのはグラッドウェルの「社会的伝染」の比喩だが、同様の結びつきはインフルエンシャルについてのどの文献でもうかがえる。Everett Rogers (1995, p. 281) はこう主張する。「オピニオンリーダーの行動はシステムがイノベーションをどれだけ採用するかの決定要因である。実際、イノベーションがS字カーブを描いて広まるのは、オピニオンリーダーがイノベーションを採用してほかの者に伝えると、単位時間あたりの採用者の数が急激に増えるからだ」。ケラーとベリーも同様の指摘をしている。インフルエンシャルは「国のCPU（中央処理装置）のようなものだ。多くの人々を知っていて、曜日を問わず多くの人々と接触するので、大きな乗数効果を持っており、他人に何かを知ってもらいたいときはその情報を広範なネットワークにすみやかに広める」(Keller and Berry 2003, p. 29)。
19. モデルの詳細は Watts and Dodds (2007) を参照。
20. オリジナルのバス・モデルは Bass (1969) で述べられている。
21. Gladwell (2000, p. 19) を参照。
22. この結果を「インフルエンシャルは存在しない」という意味に解釈した人は多かったが、われわれはそのようなことを言っていない。すでに論じたとおり、そもそもインフルエンシャルは多種多様なので、たとえそうしたくてもそのすべてを排除することはできないし、そうするつもりもなかった。むしろ、われわれのモデルの肝心な点は、インフルエンシャルの存在を仮定し、一般の人々に比べてインフルエンシャルがどれだけ重要かをたしかめることにあった。われわれの論文は「インフルエンシャルは重要ではない」と主張しているかのようにも誤解されているが、そのようなことも言っていない。少数者の法則が述べているような役割を演じているとは考えにくいと示しただけである。定義がどうあれ、インフルエンシャルを確実に特定し、なんらかの形で利用できるかどうかは結論が出ていない。
23. 詳細は Adar and Adamic (2005)、Sun, Rosenn, Marlow, and Lento (2009)、Bakshy, Karrer, and Adamic (2009)、Aral et al. (2009) を参照。
24. ツイッターの研究の詳細は Bakshy et al. (2010) を参照。
25. キム・カーダシアンの1万ドルのツイートにまつわるエピソードは Sorkin (2009b) を参照。

5　気まぐれな教師としての歴史

1. 社会学者の多くは、歴史が独自の法則とそれを導き出すための方法を備えた科学の一分野であるはずだとはっきり主張している (Kiser and Hechter 1998)。これに対して歴史家は、自分たちの分野の科学的地位に関してはもっと慎重なものの、みずからの活動と自然科学者の活動の類似性を示す誘惑に駆られている (Gaddis 2002)。
2. ジェームズ・スコットがメティス（ギリシャ語で「技能」の意）と呼んでいるものについての議論は Scott (1998) を参照。メティスとは、公式の決定手順と非公式の経験則と訓練された直観の組み合わせであり、熟練した専門家の仕事の特徴となっていた。
3. 遅い決定論とあと知恵バイアスの詳細は Baruch Fischhoff (1982) の定評ある論文を参照。決定論的に考えようとするわれわれの心理バイアスの強さをめぐっては、哲学者と心理学者のあいだで意見が割れている。Roese and Olson (1996) が指摘するとおり、人々はよく事実に反した考えにふける――たとえば、「もし」何それの事件が起こっていなかったら、その後の展開がどうなっていたかと想像する――が、これは因果関係についての常識に基づく考え方が、無条件というより条件つきのものであることを示唆している。したがって、問題をもっと正確に述べれば、われわれは事実に反する結果に比べて実際に起こったことの可能性を決まって重く見る。しかしながら、ここの議論を進めていくうえでは、われわれが事実に反する結果を重く見ることだけでじゅうぶんである。
4. 2605 便の顚末と分析は Dawes (2002, Chapter 7) を参照。
5. 学校での銃乱射事件の詳細は Dawes (2002) と Harding et al. (2002) を参照。
6. Gladwell (2000, p. 33) を参照。
7. プリンス・オブ・ウェールズ病院とアモイガーデンの高層住宅における SARS の大量感染の詳細は Tomlinson and Cockram (2003) を参照。その後、スーパースプレッダーの観点から SARS の伝染を説明するさまざまな理論モデルが提示されている (Small et al. 2004、Bassetti et al. 2005、Masuda et al. 2004)。
8. Berlin (1997, p. 449) を参照。
9. 実際、Gaddis (2002) も同様の主張をしている。
10. 詳細な議論は Danto (1965) を参照。
11. シスコの顚末は Rosenzweig (2007) を参照。

12. Gaddis (2002) を参照。
13. この研究の詳細は Lombrozo (2007) を参照。ただし、異なる説明を比較して、それぞれの正しい可能性を簡単なことばで示されたときは、複雑な説明を選ぶ被験者の割合はずっと高かった。しかし、そのような明白な情報は現実のシナリオではめったに得られない。
14. 詳細は Tversky and Kahneman (1983) を参照。
15. 物語が自信を与える論拠は Lombrozo (2006、2007) と Dawes (2002, p. 114) を参照。実際のところ Dawes (1979) は、人間の「認知能力は物語が存在しないと停止する」と言い切っている。
16. たとえば、単純な説明を好む傾向は科学の思想に深く埋めこまれている。有名なオッカムの剃刀――この名は 14 世紀のイングランドの論理学者、オッカムのウィリアムにちなんでいる――は「必要でないのに多くのものを仮定すべきでない」と断定しており、これは単純な理論で事足りるときに複雑な理論を選ぶべきでないと言っているに等しい。現役の科学者の大部分はオッカムの剃刀に対して崇拝の念に近いものをいだいており――かつてアルベルト・アインシュタインも、理論は「これ以上ないほど、可能なかぎり単純にすべきだ」と主張したほどで――科学の歴史はこの崇拝が理にかなったものであることを示しているように思える。複雑で生硬な思想が、もっと単純で優美な表現に駆逐された例に満ちているからである。が、科学の歴史であまり理解されていないのは、最初は単純で優美だった表現が、経験的証拠という重荷に耐えようと苦闘するうちに、やがて複雑で優美さに欠けるものへとなっていった例も枚挙にいとまがないことだろう。実際のところ、理論の優美さや節減を犠牲にしてでも説明能力を追求するのが科学的方法の役割であり、そこに真の力があると言えるかもしれない。
17. 科学と歴史のちがいに関するバーリンの詳細な分析と、後者を前者のように組みなおすのが不可能であることについては Berlin (1960) を参照。
18. この適用の危うさについての警告と、実際に適用した例は Gaddis (2002) を参照。
19. Santayana (1905)。

6　予測という夢

1. Rosenbloom (2009) を参照。
2. 詳細は Tetlock (2005) を参照。

3. この分析と数多くの興味深い例は Schnaars (1989, pp. 9-33) を参照。未来学者の予測成績のみじめさを物語るさらなる証拠は Sherden (1998) を参照。1989 年の東ドイツの崩壊に代表される政治革命の予測不能性に関する議論は Kuran (1991) と Lohmann (1994) を参照。また、Gabel (2009) はアメリカ議会予算局の高齢者向け医療保険の費用予測を振り返っている。
4. 大ヒット映画をめざしていたのにアメリカでの興行収入がまったく振るわなかった数々の例は Parish (2006) を参照（もっとも、〈ウォーターワールド〉のように外国での興行収入とビデオや DVD の売上によってのちに利益を出した映画もある）。メディア業界における大誤算と惜しい失敗をめぐる興味深い話は Seabrook (2000) と Carter (2006) を参照。出版社のブルームズベリーが「ハリー・ポッター」の版権を（2500 ポンドで）買った興味深い背景は Lawless (2005) を参照。文化産業の商品についての一般的な情報は Caves (2000) と Bielby and Bielby (1994) にある。
5. 2010 年はじめのグーグルの時価総額はおよそ 1600 億ドルだったが、2200 億ドルに達したこともある。Makridakis, Hogarth, and Gaba (2009a) と Taleb (2007) は、ここに挙げた以外にも、はずれた予測を細かく述べている。ロングターム・キャピタル・マネジメントの顛末は Lowenstein (2000) を参照。
6. ニュートンの文章は Janiak (2004, p. 41) から引用している。
7. ラプラスの文章は http://en.wikipedia.org/wiki/Laplace's-demon から引用している。
8. すべてのプロセスをふたつに大別するのは、現実を著しく単純化している。あるプロセスの「複雑さ」は、数字のようなものを割り振ることができるほど、じゅうぶんに理解された性質ではないからだ。また、複雑さには恣意的な部分もあり、どれほど複雑になれば複雑なプロセスと呼びうるかについての明白な定義はない。ウォーレン・ウィーヴァーは、ロックフェラー財団の副理事長だったときに、簡にして要を得た小論を著し、組織化されていない複雑性と組織化された複雑性を区別したが (Weaver 1958)、前者は気体中の分子のような非常に多数の独立体によって構成されるシステムにあたる。組織化されていない複雑性は単純なシステムに用いるのと同種の手段によって扱うことができるが、それは決定論的ではなく統計的なものになるとウィーヴァーは論じた。これに対して組織化された複雑性は、単純でもないし、組織化されていないシステムが持っているような有用な平均性質も持たないシステムを指す。つ

まり、ここでわたしはふたつに分類することで、単純なシステムと組織化されていないシステムをいっしょくたにしているに等しい。しかし、両者は異なるとはいえ、予測を立てるという観点からは似ているので、統合しても論を進めていくうえで問題はない。

9. Orrell (2007) は、単純なシステムと複雑なシステムにおける予測について、わずかに異なる解釈をしている。複雑なシステムに関するもっと一般的な議論は Gleick (1987)、Watts (2003)、Mitchell (2009) を参照。

10. 何かが起こる確率を予測するくらいしかできないという言い方はやや漠然としている。複雑なシステムにおける予測をもっと正しく述べれば、われわれは結果の頻度の性質を予測できるはずであり、この頻度はある種の出来事が起こる確率を示している。こうしてわれわれは、たとえばある日に雨が降る確率や、ホームのチームが勝つ確率や、映画の興行収入が一定以上になる確率を予測する。同様に、ホームのチームが何点差で勝つかや、ある種の映画がどれほどの興行収入を出すかや、あるいは平均値との差を予想する。しかし、これらの予測は結果の頻度を多数抽出して統計をとった期待値として表現できるという意味で、どれも「平均性質」についてのものである。

11. サイコロを投げるときはもっと悪い。最高でも 6 回のうち 1 回があたるだけで、これは 17 パーセントに満たない。現実の生活では、ありうる結果の範囲はサイコロ投げよりもはるかに広いので——たとえば、つぎのベストセラーを予測しようとするときを考えていただきたい——20 パーセントの確率で正しい結果を予測できるだけでも御の字だろう。20 パーセントの確率で正しいということは、80 パーセントの確率で誤っているということになる。これはすばらしい成績だとは思えない。

12. http://www.cimms.ou.edu/?doswell/probability/Probability.html を参照。Orrell (2007) も天気の予測に関して有益な議論を提示している。ただし、もっぱら関心を向けているのは長期予報であり、これはずっと信頼性に欠ける。

13. とりわけ「頻度論者」は、確率の表現はある結果が実現する相対的な割合を指すのであって、コイン投げのような原理上は無限に繰り返せる事象にのみあてはまると主張している。これとは逆に、「証拠に基づく」考え方では、確率はそのギャンブルで受け入れなければならないオッズとしてのみ解釈すべきであり、それが繰り返されるかどうかは関係ないとしている。

14. 詳細は de Mesquita (2009) を参照。
15. タレブが説明しているが、「ブラック・スワン」という語は、オーストラリアのヨーロッパ人植民地にさかのぼる。現在の西オーストラリアで入植者が黒い白鳥を目撃する前は、白鳥はみな白いというのが世間一般の通念だった。
16. バスティーユ牢獄をめぐる一連の事件の詳細は Sewell (1996, pp. 871-78) を参照。また、ほかの歴史家がフランス革命に対してシューエルとちがう境界線を引いていることは指摘しておくべきだろう。
17. タレブも同様の主張をしている。すなわち、現在インターネットと呼ばれているものの発明を予測するためには、発明以後のインターネットの利用について知り尽くしていなければならなかったことになる。タレブはこう言っている。「予測できるまでに未来を理解するためには、この未来そのものからさまざまな要素を組みこまなければならない。これからなそうとしている発見について知っているのであれば、それは発見したも同然である」(Taleb 2007, p. 172)

7　よく練られた計画

1. 興味深いことに、*Time* の最近の記事によれば (Kadlec 2010)、新たな世代のポーカープレイヤーは、大きなトーナメントで勝つために、オンラインでおこなわれた数百万のゲームの統計的分析を頼りにしているという。
2. 詳細は Ayres (2008) を参照。また、Baker (2009) と Mauboussin (2009) は、大量のデータを処理する例をほかにも挙げている。
3. 予測市場のさらなる詳細は Arrow et al. (2008)、Wolfers and Zitzewitz (2004)、Tziralis and Tatsiopoulos (2006)、Sunstein (2005) を参照。また、群衆の知恵のもっと一般的な概説は Surowiecki (2004) を参照。
4. イントレードにおける価格操作の詳細は Rothschild and Wolfers (2008) を参照。
5. イアン・エアーズ（『その数学が戦略を決める』の著者）は最近のブログ記事で、ほかの方法と比較したときの予測市場の成績は「予測解析における最大の未解決問題のひとつ」としている (http://freakonomics.blogs.nytimes.com/2009/12/23/prediction-markets-vs-super-crunching- which-can-better-predict-how-justice-kennedy-will-vote/)。
6. 正確に言えば、それぞれの方法のデータ量はちがっていた。たとえば、われわれが意見調査をおこなったのは 2008 年から 2009 年のシーズンだ

けだったが、ラスヴェガスのデータはほぼ30年ぶんもあったし、トレードスポーツは2008年11月に閉鎖されたので、予測もそれまでのものにかぎられた。だから、どの期間でも6つの方法のすべてを比較できたわけではなかった。とはいえ、どの期間でも複数の方法を比較することはできた。詳細はGoel, Reeves, et al. (2010) を参照。

7. このときのモデルは、映画の公開時の上映館数と、公開の前週にその映画をヤフーで検索した人々の数に基づくものだった。詳細はGoel, Reeves, et al. (2010) を参照。ハリウッド証券取引所とそのほかの予測市場のさらなる詳細はSunstein (2005) を参照。
8. 意見調査とアイオワ電子市場を比較した研究の詳細はErikson and Wlezien (2008) を参照。
9. 皮肉にも、専門家の問題は専門家が知らなさすぎることではなく、知りすぎていることにある。そのため、素人よりも自分の推測をもっともらしい理由で飾り立てるのに長けており、権威があるように見えるが、実際には素人よりも正確なわけではない。専門家の論じ方についてさらに詳しくはPayne, Bettman, and Johnson (1992) を参照。とはいえ、何も知らないのもまずく、専門的知識が少しもなければ何について推測すべきなのかもわからなくなる。たとえば、専門家の予測についてのテトロックの研究で最も注目されたのは専門家の成績が意外なほど悪かったことだったが——専門分野内よりも分野外の予測のほうが正確だったことを思い出していただきたい——素人の被験者（この場合は大学生）の予測は専門家の予測よりもかなり成績が悪かったこともテトロックは明らかにしている。したがって、テトロックの研究が伝えているのは、専門家が一般の人々よりも予測に長けていないということではない。そのテーマについて無知であってはだめだが、一般的な知識を持っているだけで、豊富な知識を持っている人よりも好成績を出せるということである。詳細はTetlock (2005) を参照。
10. スピーロス・マクリダキスとその同僚は、数年にわたる一連の研究で(Makridakis and Hibon 2000、Makridakis et al. 1979、Makridakis et al. 2009b)、経済時系列の予想に際して単純なモデルが複雑なモデルと同じくらい正確であることを示している。Armstrong (1985) もそう主張している。
11. 単純な線形モデルと意思決定におけるその有用性に関する議論はDawes (1979) を参照。

12. 予測の改善法と避けるべき落とし穴についての鋭い議論は Mauboussin (2009, Chapters 1 and 3) を参照。
13. 最も単純なのは確率の頻度が統計学者のいう定常的であるときで、つまり頻度の性質が一定しているときである。この条件をもっとゆるやかにしたものでは、頻度の変化も許容されるが、それは変化が住宅価格が一貫して上昇するときのような予測可能な流れをたどるときにかぎられる。ただしどちらの場合も、過去は未来の信頼に足る予測変数だと見なされる。
14. モデルがはるかに長い期間のデータ——過去10年程度ではなく、過去1世紀の——を組み入れていれば、全国規模で景気が急激に悪化する可能性をもっと正確に把握できたかもしれない。しかし、そのあいだも経済のきわめて多くの面が変化していたわけだから、大半のデータは関連性がわからない。事実、当時の銀行が過去のデータの期間を限定することにしていたのも、おそらくそれが理由なのだろう。
15. 詳しくは Raynor (2007, Chapter 2) を参照。
16. 実は、ソニーは松下電器との提携をめざしたのだが、松下電器の品質問題を考慮して断念した。つまり、ソニーは製品の品質を選び、松下電器は低コストを選んだ。どちらも理にかなった戦略であり、成功する見こみはあった。
17. レイナーもこう述べている。「ベータマックスとMDに関するソニーの戦略は成功する要素をすべて備えていたが、どちらも成功しなかった。ひとことで言えば、この失敗の原因はつきがなかったことだった。ソニーがおこなった戦略上の選択は完全に妥当なものだった。結果としてまちがっていただけだ」(p. 44)
18. シナリオ・プランニングの歴史は Millet (2003) が概説している。理論面での議論は Brauers and Weber (1988)、Schoemaker (1991)、Perrottet (1996)、Wright and Goodwin (2009) を参照。また、シナリオ・プランニングは Makridakis, Hogarth and Gaba (2009a) がいう「未来の完璧な思考」にもよく似ている。
19. ピエール・ワックのロイヤル・ダッチ・シェルでの仕事は Wack (1985a、1985b) が詳しい。
20. レイナーは3種類の管理を区別している。日常業務を最適化する職務管理と、既存の戦略の実行に専念する運営管理と、戦略的不確実性の管理に注力する戦略管理である (Raynor 2007, pp. 107-108)。

21. たとえば、フォードCEOのアラン・ムラリーをとりあげた2010年の記事にはこうある。「フォードがけっしておこなわないのはふたたび方向を変えることであり、少なくともミスター・ムラリーが目を光らせているうちはそれはありえない。このCEOは、自動車産業の未来に対する自分の『視点』はぶれないと——フォードの20万人の従業員とともに——約束した。『これこそが戦略のすべてです』とミスター・ムラリーは言う。『戦略は未来に対する視点とそれに基づく決断にかかわっています。最悪の行動は視点を持たず、決断をくださないことです』」(*New York Times*, January 9, 2010)。
22. この例を最初に提示したのはBeck (1983) だが、ここの議論はSchoemaker (1991) の分析に基づいている。
23. Schoemaker (1991, p. 552) にはこうある。「シナリオをもっと深く分析していれば、この一時的な活況の原因である特別な状況（原油価格の高騰、掘削に対する税制上の優遇措置、有利な金利など）の重なりに気づいていただろう。すぐれたシナリオ・プランニングは単に高値と安値を見通すだけにとどまらない」
24. Raynor (2007, p. 37) を参照。

8　万物の尺度

1. ＺＡＲＡのサプライチェーン・マネジメントについては、*Harvard Business Review* によるこの会社のケーススタディが詳しい (2004, pp. 69-70)。さらに詳しくはKumar and Linguri (2006) で述べられている。
2. 注意すべきは、ミンツバーグが戦略計画と「運営」計画を慎重に区別していることであり、後者は既存の手順の短期的な最適化にかかわっている。戦略計画では役に立たない種類の計画モデルも、運営計画では非常に役に立つ。事実、もともとモデルが開発されたのは運営計画のためであって、このときにモデルが成功したからこそ、計画者はそれを戦略計画にも用いる気になったのだとミンツバーグは考えた。したがって、問題はいかなる計画もいかなる予測も不可能だということではなく、信頼性を持って立てられる計画と立てられない計画があるということであり、計画者がそれを区別できるようにならなければならないということである。
3. ヤフーのホームページの見直しに関する話はHelft (2008) を参照。
4. Kohavi et al. (2010) とTang et al. (2010) を参照。

5. デザインの才能にかわるものとして計量的な方法で実績を測定している新規企業の話は Clifford (2009) を参照。
6. マレット戦略についてのペレッティ自身の説明は Alterman (2008) を参照。ブランドを中心としたコミュニティでも同じアプローチが通用する仕組みと、それに関連した管理と洞察の兼ね合いに関する議論は Dholakia and Vianello (2009) を参照。
7. クラウドソーシングに関する一般的な議論は Howe (2006、2008) を参照。オンラインジャーナリズムの最近の流れの例は Rice (2010) を参照。
8. ブラヴォーの詳細は Clifford (2010) を、チーズバーガー・ネットワークの詳細は Wortman (2010) を参照。伝染性メディアと本人が設立したバズフィードについての、ジョナ・ペレッティへのインタビューは http://bit.ly/9EAbjR を参照。
9. http://blog.doloreslabs.com にはクラウドソーシングの画期的な利用法が数多く載っている。
10. ターカーの人口統計データや動機についての詳細は Paolacci et al. (2010) を参照。メカニカルタークの信頼性に関する研究は Kittur et al. (2008) と Snow et al. (2008) を参照。ターカーの信頼性を改善する方法については Sheng, Provost, and Ipeirotis (2008) を参照。
11. インフルエンザの研究の詳細は Polgreen et al. (2008) と Ginsberg et al. (2008) を参照。最近、CDC はインフルエンザの診察件数を早めに報告するようになっており (Mearian 2009)、検索に基づく調査の時間的な優位はやや失われている。
12. フェイスブックが調べた幸福度は http://apps.facebook.com/usa で確認できる。さらに詳しくは Kramer (2010) を参照。これと似たアプローチが歌詞やブログの投稿から幸福度を導き出すために使われており (Dodds and Danforth 2009)、ツイッターの近況報告も利用されている (Bollen et al. 2009)。
13. 2009 年に最もよく検索されたものは http://yearinreview.yahoo.com/2009 にまとめられている。フェイスブックも近況アップデートに基づく同様のサービスをおこなっており、ツイッターにもそうしたサービスがある。一部の批評家が指摘しているとおり (http://www.collisiondetection.net/mt/archives/2010/01/the_problem_wit.php)、こうしたリストは得てして新鮮みに欠けるので、特定の個人が関心を向けているもっと具体的な小集団——たとえば友人——に対象を絞った方が、有用で興味深いものになる

かもしれない。さいわい、こうした修正はわりあいたやすくおこなえるので、平均して最も興味を持たれている話題が意外なものでも目新しいものでもないからといって、集団の興味を映し出す能力そのものがどうでもよいものだということにはならない。

14. 検索の動向を利用して「現在を予測する」そのほかの例は Choi and Varian (2008) を参照。

15. 予測へのウェブ検索の利用は Goel et al. (2010, Lahaie, Hofman) が詳しい。

16. スティーヴ・ハスカーとわたしは、数年前に *Harvard Business Review* (Watts and Hasker 2006) で、マーケティング計画に対するこのアプローチを論じた。

17. 売上と広告の関係は、経済学者がいう内生性問題の典型例にほかならない (Berndt 1991)。

18. 実は、この手の対照実験が広告主のあいだで一時的に大人気になったことがあり、とりわけダイレクトメール業界では、いまでもこれを実行している広告主がいる。特にレナード・ローディッシュとその同僚は、もっぱら 1990 年代はじめに双方向ケーブルテレビを利用して一連の広告実験を実行した (Abraham and Lodish 1990、Lodish et al. 1995a、Lodish et al. 1995b、Hu et al. 2007)。また、ダイレクトメールの広告実験の例は Bertrand et al. (2010) を参照。しかしながら、不思議なことに、テレビや口コミやブランド広告で日常的に対照群を広告キャンペーンに組み入れる習慣は定着しなかったし、最近ではほぼないがしろにされ、「マーケティングミックスモデル」とよく呼ばれる統計モデルのほうが好まれている (http://en.wikipedia.org/wiki/Marketing_mix_modeling)。

19. たとえば、コムスコアの会長兼 CEO が *Harvard Business Review* に寄せた最近の記事を参照 (Abraham 2008)。興味深いことに、この人物は双方向ケーブルテレビの実験でローディッシュと共同研究をおこなったひとりである。

20. ヤフーと小売業者に登録している各 ID を照合する作業は第三者がおこない、実験者に個人情報は提示されなかったので、この実験のあいだ、ユーザーの匿名性はつねに保たれていた。詳細は Lewis and Reiley (2009) を参照。

21. 広告がもっと効果的になればわれわれ一般の人間にとっても好ましい。広告に動かされる可能性があるときのみ、広告を見ることになったら、目にする広告の数はおそらくずっと減るだろうし、広告に苛々させられ

ることもなくなるだろう。

22. Brynjolfsson and Schrage (2009) を参照。百貨店は昔から商品の陳列で実験を繰り返しており、同じ商品でも店によって陳列場所や価格を変え、どのような見せ方が最も売れるかを調べてきた。だが現在では、形ある商品のほぼすべてに固有のバーコードが貼られ、IC タグが埋めこまれている商品も多いので、在庫を追跡したり店や地域や時間帯や季節による変化を測定したりできるようになっている。ペンシルヴァニア大学ウォートン・スクールのマーシャル・フィッシャーのいう小売の「ロケット科学」の時代が訪れつつあるのかもしれない (Fisher 2009)。Ariely (2008) も同様の主張をしている。

23. MIT の貧困アクションラボに関する情報は http://www.povertyactionlab.org/ を参照。政治学者がおこなっている現場実験の例は Arceneaux and Nickerson (2009) と Gerber et al. (2009) を参照。労働経済学者がおこなっている現場実験の例は Lazear (2000) と Bandiera, Barankay, and Rasul (2009) を参照。国立公園の例は O'Toole (2007, p. 342) を、共有資源の管理に対する同様の考え方は Ostrom (1999, p. 497) を参照。後者は「すべての政策提案は実験としてとらえられなければならない」と主張している。最後に、現場実験のそのほかの例は Ayers (2008, chapter 3) を参照。

24. 倫理への配慮も実験的方法に制約を課している。たとえば、教育省は生徒をいろいろな学校へ無作為に割り振ることもできるし、これはおそらくどの教育戦略が有効かをたしかめる最良の方法だろうが、そんなことをすれば問題校に割り振られた生徒は苦労を強いられるので、倫理に反するだろう。何かが害をもたらすかもしれないという合理的な疑いがあるとき、たとえ確信がなくても人々にそれを強いるのは倫理に反する。何かが益をもたらすかもしれないとき、それを与えようとしないのも倫理に反する。これらはどれも当然のことだが、援助機関や政府機関が人々や地域を無作為に割り振ろうとするとき、たとえ実行は可能であっても、介入の範囲に制約を課す。

25. 原文はそれぞれ Scott (1998) pp. 318、313、316 を参照。

26. キャップ・アンド・トレード政策の長所に関する議論は Leonhardt (2010) を参照。土台となる主張は Hayeck (1945) を参照。

27. トップへの競争政策に対するジャーナリストの立場からの興味深い説明は Brill (2010) を参照。共通テストを生徒の成績や教師の質をはかる尺度とすることへの批判は Booher-Jennings (2005) と Ravitch (2010) を参照。

28. ブライト・スポットの定義は Heath and Heath (2010) を参照。よい方向への逸脱というアプローチのさらなる詳細は Marsh et al. (2004) を参照。よい方向への逸脱の例は http://www.positivedeviance.org/ に載っている。手洗いの話は Gawande (2008, pp. 13-28) からとったが、ピッツバーグでおこなわれた最初の実験がそこに述べられている。ガワンデは、最初の結果がどれほど長く持続するのか、またほかの病院にもあてはまるのかはまだわからないと注意をうながしているが、最近の対照実験は肯定的な結論を示唆している (Marra et al. 2010)。
29. ブートストラップの説明は Sabel (2007) を参照。トヨタが「ジャストインタイム」生産方式のために危機に陥りながらも、めざましい復活を遂げた話は Watts (2003, Chapter 9) を参照。原資料は Nishiguchi and Beaudet (2000) を参照。トヨタ生産方式の原則がアメリカ企業にどのように採用されたかについての議論は Helper, MacDuffie, and Sabel (2000) を参照。
30. 産業クラスターの成功原因のさらなる詳細は Sabel (2007) を、さまざまなケーススタディは Giuliani, Rabellotti, and van Dijk (2005) を参照。政府がイノベーションを奨励しようとするときの戒めを含む教訓は Lerner (2009) を参照。
31. 言うまでもなく、現場の解決策を広く適用しようとする際は、それを用いる状況に注意を怠ってはならない。特定の手洗いの習慣がある病院では有効だったからといって、別の病院でも有効だとはかぎらない。異なる資源、制約、問題、患者、文化的態度が幅を利かせているかもしれないからだ。ある解決策を広く応用できる場合がいつもわかるとはかぎらない。むしろ、この予測不能性こそが、中央の官僚や役人による問題の解決をそもそも不可能にしている。それでも、このアプローチを計画の中心に据えるべきである。
32. Easterly (2006, p. 6)。

9 公正と正義

1. エレーラはのちに市を訴え、最終的に市は2006年に150万ドルを支払った。グレイ以外にも、事故にかかわった警官の3人が免職になり、分署長を含む72分署ののべ17人が懲戒処分を受けた。深夜勤務は監督が不十分で決まり切った仕事をぞんざいにこなしているだけだということで知られていたらしく、ケリック警察本部長はその調査を開始した。ジュリアーニ市長、後任のマイケル・ブルームバーグ市長、そしてパターキ

知事もこの事件をめぐる議論に加わった。胎児だったリカルドの法的地位に関しては論争が繰り広げられ、監察医は胎児は母抜きでは生きられないのだから独立した死とは考えられないと主張し、地方検事はそれに真っ向から反論した。事故の第一報から判決が出るまで、*New York Times* はこの悲劇の記事を 40 本近くも載せた。

2. 合理的な組織化の原則と現実の社会組織の機能との関係についての議論は Meyer and Rowan (1977)、DiMaggio and Powell (1983)、Dobbin (1994) を参照。組織社会学における「新制度学派」の考え方の全般的な扱いについては Powell and DiMaggio (1991) を参照。
3. ウェンデル・ホームズの論法に関する議論は Menand (2001, pp. 429-33) を参照。
4. 心理的評価におけるハロー効果をはじめて立証したのは心理学者のエド・ソーンダイクである (cite Thorndike 1920)。Cooper (1981) はハロー効果に関する心理学の文献を概説している。ジョン・アダムズのことばは Higginbotham (2001, p. 216) を参照。
5. ビジネスにおけるハロー効果のそのほかの例は Rosenzweig (2007) を参照。スティーヴ・アンド・バリーズの成功を賞賛した記事は Wilson (2008) を参照。その後の破産についての記事は Sorkin (2008) を参照。
6. 帰属の誤りのそのほかの例は Rosenzweig (2007, pp. 54-56) を、ローゼンツヴァイクが論じている実験の詳細は Staw (1975) を参照。
7. わかりやすくするために、簡単な思考実験を考えていただきたい。「よい」過程は G とし、「悪い」過程は B としたうえで、例として G の成功確率は 60 パーセントで、B のそれは 40 パーセントだとしてみよう。たいしたちがいでないように思えるのなら、それぞれ 60 パーセントと 40 パーセントの確率で赤が出るふたつのルーレットを想像すればいい。前者では赤、後者では黒に賭ければ、短時間でたやすく大金が稼げる。同じように、金融市場で金を稼ぐ場合でも、60 パーセントの確率で出した額と同額の金を得られ、40 パーセントの確率でそれを失うのであれば、少額の金をたくさん賭ける戦略は非常に有効である。しかし、ここでルーレットをまわす――何度も繰り返せる過程――のかわりに、ほかの企業の戦略なり教育政策なりに過程が影響されるとしてみよう。これは一度しかおこなえない実験なので、確率はつぎのようになる。

[G が成功して B が失敗する確率] = 0.6 * (1 - 0.4) = 0.36

[B が成功して G が失敗する確率] = 0.4 * (1 - 0.6) = 0.16
[G も B も成功する確率] = 0.6 * 0.4 = 0.24
[G も B も失敗する確率] = (1 - 0.6) * (1 - 0.4) = 0.24

つまり、G が少なくとも B と同じくらいうまくいく可能性は、その逆の可能性より高い——これは予想どおりだろう。しかし、G が成功して B が失敗するのはおよそ 3 回に 1 回にすぎないのも事実である。半分近くはどちらの戦略も——よくも悪くも——同じ結果になり、およそ 6 回に 1 回は B が成功して G が失敗する。3 分の 2 近い確率で、よい過程も悪い過程も差はなくなり、結果は両者のちがいを正しく反映したものではなくなる。

8. 原文は Brill (2009) を参照。
9. この指摘は重要である。じゅうぶんな数のファンドマネージャーがいれば、たとえある年の成功がコイン投げで決まるとしても、だれかは何年も連続で成功するはずだとよく言われるからだ。だが Mauboussin (2006、2010) が示すとおり、コイン投げは誤解を生むたとえでもある。運用ファンドの実績は報酬で評価され、そのポートフォリオ全体は必ずしも S&P 500 を映し出すわけではないのだから、ある年に 50 パーセントのファンドが「相場に勝つ」はずだと考える理由はない。事実、ミラーの 15 年間連続勝利のあいだ、その割合は 7.9 パーセント (1997 年) から 67.1 パーセント (2005 年) までの開きがあった。このような実際の成功率を考慮に入れると、ミラーのような連続勝利が観察される確率は 230 万回に 1 回ほどになる (Mauboussin 2006, p. 50)。
10. ディマジオに関する統計は http://www.baseball-almanac.com/fur: DiMaggio's Statistics を参照。
11. Arbesman and Strogatz (2008) はシミュレーションを用い、56 試合連続安打の可能性は 20 パーセントから 50 パーセントのあいだだと明らかにした。興味深いことに、この栄誉を得る可能性が最も高かったのはディマジオではなく、したがってディマジオの連続記録は実力と運の合わさったものであったこともふたりは示した。また McCotter (2008) は、アーブズマンとストロガッツが想定したとおり、打率が安定していれば連続安打は意外なほど生まれやすいことを証明し、連続安打中の打者はシーズン平均から予想されるよりもつぎの安打を打ちやすいことを示した。連続安打の可能性をめぐってはふたつのモデルの考え方は分かれたものの、ど

ちらも成績の正しい測定基準は連続記録そのものではなく打率であると考えている点では一致している。

12. むろん、スポーツの世界でも、何が才能の信頼に足る基準かについて、必ずしも容易に意見が一致するわけではない。100メートル走者なら基準は非常に明確だが、野球ではずっとあいまいになり、ファンはどの統計データ――打率、三振率、打点、長打率など――のどれが重要かをめぐって果てしない論争をつづけている。たとえばMauboussin (2010) は、成績の信頼に足る基準は打率よりも三振率だと論じている。しかし、何が正しい基準かはともかく、スポーツではほかより多くの「試行」が可能であり、ほかより比較しやすい状況でそれがおこなわれていることが重要である。

13. チームの勝敗記録にプレイヤーが及ぼした影響の面から成績を測定した例はLewis (2009) を参照。

14. もちろん、年単位の実績のかわりに日単位や週単位の実績に目を向けることによって、データポイント数を意図的に増やすことはできる。しかし、それに応じてノイズも年間実績より増えるので、おそらく役に立たないだろう。

15. 原論文は Merton (1968) を参照。また、ランダムな過程が企業の収益に永続的なちがいをもたらしうるという、これと関連した主張は Denrell (2004) を参照。

16. Rigney (2010) を参照。また、DiPrete and Eirich (2006) は累積的優位と不公平に関する文献をもっと技術的な面から検討している。大学の卒業生の収入に関する詳細は Kahn (2010) を参照。

17. ミラーのことばは McDonald (2005) を参照。

18. Mauboussin (2010) はこの点をずっと詳しく論じている。

19. 皮肉なことに、才能を成功から離れて直接評価しようとするほどに、ハロー効果は強くなる。自分はある仕事を巧みに成し遂げたのだから才能があると主張するかぎり、実際にその仕事は巧みだったのか、またそもそも取り組む価値があったのかと他人はつねに疑問を投げかけることができる。しかし、成果が形あるものから抽象的なものになる――たとえば、重要な賞を受賞したり、名声を得たり、莫大な金を稼いだりする――と、実績を評価する個々の具体的な基準は徐々にハロー効果に退けられていく。成功した人物は、ベストセラーになった本や人気のある思想と同じように、適切な長所を発揮したのだと単純に見なされ、このとき

成功は事実上、長所それ自体の代用品になる。そのうえ、この長所には疑問を投げかけにくい。〈モナ・リザ〉が傑作であるのはXとYとZのためだと考えている人に対しては、聡明な論者ならすぐさま自分の評価基準を持ち出して反論したり、もっと高く評価されるべきほかの例を示したりできる。だが、これが〈モナ・リザ〉はただ単に有名だから傑作なのだと考えている人だと、しつこい論者がいかなる異論を唱えようとも、肝心な点を見落としているのだといういかにももっともらしい答が返されるだけだ。〈モナ・リザ〉には比類なき特別なところなど何もないと論者が詳細に弁じたところで、何かを見落としているにちがいないと相手は思わざるをえない。この作品が特別でなかったのなら、特別になっているはずがないからである。

20. http://www.forbes.com/lists/2009/12/ best- boss- 09_ Steven- P- Jobs_HEDB.html を参照。

21. リーダーたち自身がこの点を認めるときもある。だが興味深いことに、それは状況が悪いときにかぎられがちだ。たとえば、4大投資銀行のリーダーたちは、2010年はじめに連邦議会で証言したとき、会社の業績に対して個人的な責任を負おうとはせず、自分たちは経済に大損害をもたらした「金融のツナミ」の被害者だと主張した。しかし、危機に至る前に会社が大儲けをしていたころ、この同じリーダーたちは、業界全体が儲かっているだけでみずからに特別な功績はないのだからボーナスは要らないなどとは言わなかった。詳細は Khurana (2002) を、リーダーシップが重要になる場合についての実証結果は Wasserman, Anand, and Nohira (2010) を参照。

22. クラーナの文章をそのまま引用しておく。「人々は社会的、文化的、心理的な強い力のために、たとえば企業のリーダーシップと業績のあいだには因果関係があると信じる。アメリカでは、個人主義への文化的バイアスが、人間の出来事に対する社会や経済や政治の力の影響を大きく割り引くので、戦争や景気循環といった複雑な事件の説明は、その背後にある力を個人に帰す……きわめて複雑な事件に対する個人の影響力を誇張するこの作用はメディアによって大きく助長され、メディアは事件の真剣な分析をおざなりにして人々の目をリーダーの人柄に固定させる」(Khurana 2002, p. 23)

23. クラーナらの批判者が進んで認めているとおり、こうした研究はだれでも有能なCEOになれるとか、CEOの実績は重要ではないとかと言って

いるのではない。たとえば、CEO が誤った決断や無責任な決断をくだしたりして価値を大きく損なうことは、たしかにありうる。そして誤った決断を避けるのはたやすくないので、じゅうぶんな実績をあげるためにはそれなりの経験と知性とリーダーシップ能力が必要になる。だれもがこの仕事のための資質を備えているわけではないし、仕事を成し遂げる克己心や気力を備えているわけではない。多くの CEO はすぐれた人々であり、ストレスにさらされながら長時間働き、重い責任を負っている。したがって、企業の取締役会が候補者を入念に選び、その才能や時間に対して適切に報いるのは完全に理にかなっている。ここで言いたいのは、CEO 個人の実績が企業の未来の業績に多大な影響を与えるという理由で、CEO を選んだり CEO に報いたりすべきではないということである。

24. ロールズとノージックの主張の要約は Sandel (2009) を参照。原文は Rawls (1971) と Nozick (1974) を参照。
25. 世代間の社会的流動性に関する経験的証拠は DiPrete (2002) を参照。
26. たとえば Herszenhorn (2009) と Kocieniewski (2010) を参照。
27. たとえば Watts (2009) を参照。
28. そうした連鎖障害のひとつ—— 1996 年のアメリカ西部における障害——についての詳しい議論は Watts (2003, Chapter 1) を参照。
29. Perrow (1984) は著者が複雑な組織における通常の事故と呼ぶものの例を論じている。また、複雑なシステムの「強いがもろい」性質の技術的な取り扱いについては Carlson and Doyle (2002) を参照。
30. ゴールドマン・サックスがさまざまな形の政府援助から恩恵を受けた例は Tabibi (2009) を参照。
31. Sandel (2009) を参照。
32. Granovetter (1985) を参照。
33. Berger and Luckman (1966) を参照。1 章の注 16 でとりあげた熟議民主主義の文献もサンデルの主張に関係している。

10　人間の正しい研究課題

1. ポープの『人間論』の全文は、プロジェクト・グーテンベルクの http://www.gutenberg.org/etext/2428 で読める。
2. パーソンズの合理性の概念はマックス・ヴェーバーから着想を得ているが、興味深いことにヴェーバーは機能主義者でも実証主義者でもなく、社会学の解釈学派と呼ばれるようになるものを支持していた。合理的な

行動とは分析者に理解《フェアシュテーエン》できる行動だというヴェーバーの主張からこれは明らかである。にもかかわらず、ヴェーバーの研究は非常に実証主義的な理論からすぐさま支持されたのであって、その最も顕著な例が合理的選択理論である。このことは、実証主義の要求が社会科学を含むあらゆる科学に根強く流れていることを示している。パーソンズも反実証主義者とされる場合があるものの、その思想もまた、社会的行動の実証主義理論に組みこまれている。

3. パーソンズに対する批判は Mayhew (1980, p. 353)、Harsanyi (1969, p. 514)、Coleman and Fararo (1992, p. xvii) を参照。
4. 多くの社会学者——マートン以前も以後も——は、自然科学の方法ではなく形式を真似てその成功を再現しようとする試みを安易だと見なし、批判している。たとえば、古くは1940年代に、パーソンズの同時代人であるハンティントン・ケアンズが「分析の段階が進めば、ある程度の確実性を持って基本概念を選び、その上に知識の総合体系を打ち立てることも可能だが、自分たちがその段階に達したと信じられるほどの、社会学の共観的な視点をわれわれはまだ得ていない」と述べている (Cairns 1945, p. 13)。最近では合理的選択理論に絶え間なく批判が向けられているが、理由はおおむね同じである (Quadagno and Knapp 1992、Somers 1998)。
5. Merton (1968a) より引用。
6. 相対的剥奪理論と役割群理論を含む、中範囲の理論の説明は Merton (1968a) を参照。
7. Harsanyi (1969, p. 514) と Diermeier (1996) はともにニュートンに言及しているが、政治学者のドナルド・グリーンとイアン・シャピロは合理的選択理論を「人類学や社会学や社会心理学が唱える妥当な説をすべて組み入れて永遠に広がりつづけるテント」と呼んでいる (Green and Shapiro 2005)。
8. 合理的選択理論が「成功」したのか「失敗」したのかは盛んに議論を呼んでいることに注意しなければならない。合理的選択理論の支持者の主張によれば、そもそもこの理論を「理論」として評価するのは不公平であり、理論の集合体として見なすべきであって、これらの理論は社会的な結果の原因として偶然や盲従や習慣よりも目的のある行動を重視するという一点のみで結びついている (Farmer 1992、Kiser and Hechter 1998、Cox 1999)。これは現在の合理的選択理論を的確に表現しているのかもしれないが（ただ興味深いことに、合理的選択理論の支持者の一部は、習

慣を合理的なインセンティブの糸口として組み入れている [Becker and Murphy 2000])、ハーサニのような初期の支持者が意図していたものとは明らかにちがう。実際のところハーサニは、パーソンズの理論がまったく「理論」になっていないとしてあからさまに批判し、公理から結論を論理的に引き出す能力に欠けているとした。本人の表現によれば、「集産主義の文脈における社会の機能という概念そのものが、解決不能な定義と経験的同定の問題を生み出す」(1969, p. 533)。したがって、合理的選択理論がその後にもっと現実的なものに変容したかどうかは関係ないのであって、それの最初の使命がたしかに理論になることであり、その意味では以前の理論に比べて成功したわけではないことに目をつぶるべきではない。

9. 事実、Becker (1945, p. 84) がずいぶん前に指摘したとおり、自然科学者も人間の行動の予測モデルを作るみずからの能力を社会科学者に負けず劣らず過大評価している。

10. Stouffer (1947)。

11. 社会学者のみながみな、ここでわたしが主張しているようには、測定が難題だと思っているわけではないことには注意しなければならない。少なくともある学派によれば、社会理論家は世界への意味づけを助けて議論の手段を与えるべきだが、予測や問題の解決をめざすべきではなく、そもそも実用主義的な検証によって判断されるべきでない。もしこの社会学の「解釈学的な」考え方が正しいのであれば、コントにさかのぼる実証主義の試みは社会科学の本質に対する根本的な誤解に基づいており、科学の一分野として扱われるべきだという想定からはじまっていることになる (Boudon 1988b)。だから、社会学者は「アプローチ」と「枠組み」——見落としがちなものに目を留め、ほかの人々が当然と思っているものを疑うような、世界に対する考え方——の開発に注力し、物理学でなじんでいるたぐいの理論を組み立てようとするのはいっさい忘れたほうがいいのだろう。

12. たとえば Paolacci et al. (2010) を参照。

13. プライバシーをめぐる論争は重要だし、未解決の問題をいくつも生み出している。第一に、人々は訊かれたときこそプライバシーを保つのを重視していると答えるが (Turow et al. 2009)、その行動が質問調査に対する回答と矛盾しているときはたびたびある。多くの人々が非常に個人的な情報を公然とさらしているだけでなく、標準より高度なレベルのプライ

バシーを保障してくれるサービスに金を払おうとしない。支持する選好と現実の選好とのこの乖離は、人々がみずからの行動の結果を理解していないことを含意するだけなのかもしれないが、「プライバシー」というものに関する抽象的な質問が特定の条件下の具体的な得失評価に比べて意味を持たないことを含意するのかもしれない。第二に、もっと厄介な問題として、人々がみずからの特定の情報を明かすことに対して「実際には」どう思っているにせよ、第三者が情報をつなぎ合わせて、こちらの明かしたくないそのほかの情報を推測できるのかどうかは、判断がほぼ不可能である。

14. 先駆けとなった実験の詳細は Sherif (1937) と Asch (1953) を参照。小集団と大集団を比較した研究についての議論は Zelditch (1969) を参照。オンラインのネットワークで情報の拡散を追跡したそのほかの例は Adar and Adamic (2005)、Sun et al. (2009)、Bakshy and Adamic (2009) を参照。
15. 仮説を証明したライリーとルイスは同様の実験を——百貨店や電話会社や金融サービス会社などに関して——いくつもはじめている。目的は分野による差（電話とクレジットカードで広告の効果はちがうのか)、人口階層による差（年配の人々は若い人々よりも影響を受けやすいのか)、広告のレイアウトやデザインによる差（背景が青と白ではどうちがうのか）を測定することである。
16.「同類志向」のもともとの定義は Lazarsfeld and Merton (1954) を、この分野の文献についての最近の概説は McPherson et al. (2001) を参照。構造的機会の重要性に関する議論は Feld (1981) と McPherson and Smith-Lovin (1987) を参照。
17. これの理由は、社会構造がわれわれの選択を形作るだけでなく、われわれの選択も社会構造を形作るからだ。たとえば、近い将来にだれに会いたいかが、既存の社会的集団や社会的活動によってある程度決まってくるのはまちがいない。だが、もう少し長い目で見ると、われわれがほかの事柄ではなくある事柄をおこなうのは、会うつもりの人々がその事柄をおこなっているからにほかならない場合がある。例として、ビジネスの世界における「ソーシャルネットワーキング」の催し事の主眼は、興味深い人々に会える状況に自分を置くことである。同じように、親が子供を「適切な」学校に入れようとするのは、子供が受ける教育の質よりも子供が付き合うクラスメートが関係している。とはいえ、言うまでもなく、だれもがたやすくハーヴァードにはいれるわけではないし、最も

好ましい社会集団に招き入れられるわけでもない。だから、ふたたび長い目で見ると、社会構造における地位はだれと知り合えるかを制約するだけでなく、社会構造における未来の地位を決定する選択も制約する。個人の選好と社会構造のどちらが重要かという議論は、決まってこの鶏が先か卵が先かという泥沼に陥るため、データよりもイデオロギーによって答が出されがちになる。個人の選択の力を信じている者は、構造は個人がおこなった選択の結果にすぎないといつだって主張できるし、構造の力を信じている者は、見かけの選択は幻想だといつだって主張できる。

18. その後、フェイスブックから集めたデータを利用した同類志向についての別の研究が、同様の発見を報告している (Wimmer and Lewis 2010)。

19. 両極化が進んでいるとする研究もあれば (Abramowitz and Saunders 2008、Bishop 2008)、アメリカ人は意見が分かれるときよりも同じになるときが多いことを明らかにした研究もある。後者によれば、たとえば妊娠中絶のような問題に対する考え方は、銃の所有や移民などのほかの問題に対する考え方と、意外なほど相関していない (Baldassari and Gelman 2008、Gelman et al. 2010、DiMaggio et al. 1996、Fiorina et al. 2005)。

20. 実際の同意と思いこみの同意に関する議論は Baldassari and Bearman (2007) を参照。実行がむずかしいにもかかわらず、まさにこの種の研究の先駆けとなるものがおこなわれている。まず Laumann (1969) が、のちにハックフェルトと同僚がおこなった (Huckfeldt et al. 2004、Huckfeldt and Sprague 1987)。

21. もちろん、フェイスブックは万人の友人のネットワークを完全に映し出しているわけではない。だれもがフェイスブックを使っているわけではないので、親しい友人が抜けている場合もあるし、「フレンド」の多くは現実生活ではほとんど付き合いがない。共通の友人を数えれば本物の友人関係と幻の友人関係を区別するのに役立つが、この方法も完全ではなく、フェイスブックのちょっとした知り合い程度でも共通の友人が数多くいるときがある。もっと好ましいアプローチは、コミュニケーションやそのほかの関係性を表す行動（ニュースフィードのアイテムをクリックするとか、コメントをするとか、「いいね！」をクリックするとかの行動）の頻度を観察することだが、このデータはサードパーティーの開発者にはまだ公開されていない。

22. 〈フレンド・センス〉の研究の詳細は Goel, Mason, and Watts (2010) を参

照。

23. 投影は心理学でよく研究されている現象だが、ネットワークの研究全般を妨げている理由とおおむね同じ理由から、社会的ネットワークでそれを測定するのはむずかしい。投影に関する文献の概説は Krueger and Clement (1994)、Krueger (2007)、Robbins and Krueger (2005) を参照。
24. ロコミを利用するバイラル・マーケティングにおける影響についての最近の研究は Aral, Muchnik, and Sundararajan (2009) を参照。
25. E メールのデータを用いたそのほかの最近の研究は Tyler et al. (2005)、Cortes et al. (2003)、Kossinets and Watts (2006)、Malmgren et al. (2009)、De Choudhury et al. (2010)、Clauset and Eagle (2007) を参照。携帯電話のデータを利用した関連研究は Eagle et al. (2009) と Onnela et al. (2007) を参照。インスタントメッセンジャーのデータを利用した研究は Leskovec and Horvitz (2008) を参照。
26. ガン研究の進歩に関する情報は *New York Times* に連載されたすぐれた記事である「40 年戦争」を参照。“forty years war cancer” で検索するか、http://bit.ly/c4bsc9 に飛んでいただきたい。ゲノム革命に関する同様の解説は、Wade (2010) と Pollack (2010) による最近の記事を参照。.
27. わたしは別の場でもこのように述べており (Watts 2007)、ほかの著述家も同様の主張をしている (Shneiderman 2008、Lazer et al. 2009)。

本書は、二〇一二年一月に早川書房より単行本として刊行した作品を文庫化したものです。

不合理だからうまくいく

——行動経済学で「人を動かす」

The Upside of Irrationality
ダン・アリエリー
櫻井祐子訳
ハヤカワ文庫NF

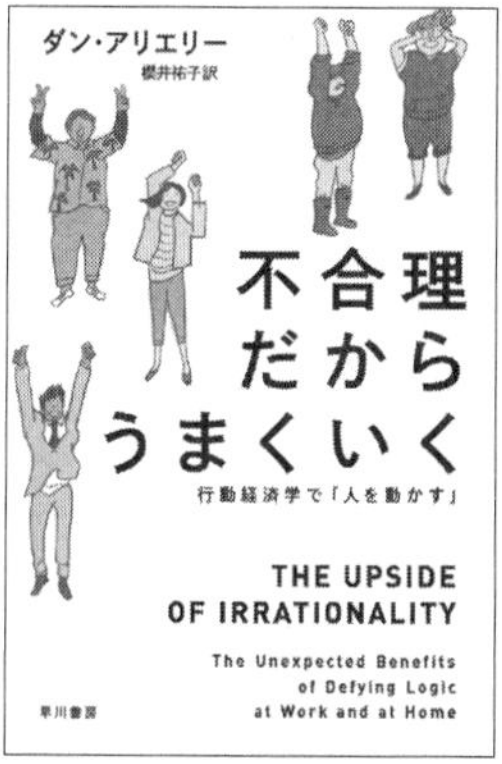

人間の「不合理さ」を味方につければ、好機に変えられる！

「超高額ボーナスは社員のやる気に逆効果？」「水を加えるだけのケーキミックスが売れなかったわけは？」——行動経済学の第一人者アリエリーの第二弾は、より具体的に職場や家庭で役立てられるようにパワーアップ。人間が不合理な決断を下す理由を解き明かす！

〈数理を愉しむ〉シリーズ

天才数学者たちが挑んだ最大の難問

——フェルマーの最終定理が解けるまで

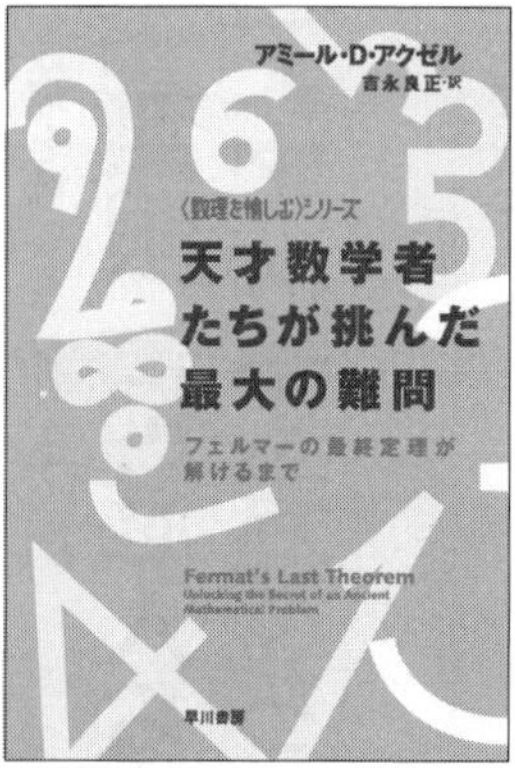

Fermat's Last Theorem

アミール・D・アクゼル

吉永良正訳

ハヤカワ文庫ＮＦ

一七世紀に発見された「フェルマーの定理」は、三〇〇年のあいだ数学者たちを魅了し、鼓舞し、絶望へと追いこむことになる難問だった。古今東西の天才数学者たちが演ずるドラマを巧みに織り込んで、専門知識がなくても数学研究の面白さを追体験できる数学ノンフィクション。

〈数理を愉しむ〉シリーズ

「無限」に魅入られた天才数学者たち

The Mystery of the Aleph

アミール・D・アクゼル
青木 薫訳

ハヤカワ文庫NF

数学につきもののように思える無限を実在の「モノ」として扱ったのは、実は一九世紀のG・カントールが初めてだった。彼はそのために異端のレッテルを貼られ、無限に関する超難問を考え詰め精神を病んでしまう……常識が通用しない無限のミステリアスな性質と、それに果敢に挑んだ数学者群像を描く傑作科学解説

〈数理を愉しむ〉シリーズ

Turing's Cathedral

チューリングの大聖堂（上・下）

——コンピュータの創造とデジタル世界の到来

ジョージ・ダイソン
吉田三知世訳

ハヤカワ文庫ＮＦ

チューリングが構想しそれを現実に創りあげたフォン・ノイマン。彼らの実現した「プログラム内蔵型」コンピュータがデジタル宇宙を創成した。開発の舞台である、高等研究所の取材をもとにした、決定版コンピュータ「創世記」。第49回日本翻訳出版文化賞受賞。解説／服部桂

それをお金で買いますか
——市場主義の限界

マイケル・サンデル
鬼澤 忍訳

What Money Can't Buy

ハヤカワ文庫NF

『これからの「正義」の話をしよう』のハーバード大学人気教授の哲学書

私たちは、あらゆるものがカネで取引される時代に生きている。民間会社が戦争を請け負い、臓器が売買され、公共施設の命名権がオークションにかけられる。こうした取引ははたして「正義」なのか? 社会にはびこる市場主義をめぐる命題にサンデル教授が挑む!

市場主義の限界

それをお金で買いますか

マイケル・サンデル
Michael J. Sandel
鬼澤 忍=訳 ハヤカワ・ノンフィクション文庫

私たちはいま先行きの見えない
"不安な時代"を生きている。
それは経済的、物質的な価値観に
とらわれすぎている結果だ。
本書は、生きることの
本当の意味を気づかせてくれる。
佐々木常夫氏推薦!
(東レ経営研究所社長、
『働く君に贈る25の言葉』著者)

訳者略歴　1973年生　東京大学教養学部教養学科卒　訳書に『愛と怒りの行動経済学』ヴィンター，『渇きと偽り』ハーパー，『黄金の時間』モス（以上早川書房刊），『〈正常〉を救え』フランセス他多数

HM=Hayakawa Mystery
SF=Science Fiction
JA=Japanese Author
NV=Novel
NF=Nonfiction
FT=Fantasy

〈数理を愉しむ〉シリーズ

偶然《ぐうぜん》の科学《かがく》

〈NF400〉

二〇一四年一月十五日　発行
二〇二一年二月十五日　四刷

（定価はカバーに表示してあります）

著者　ダンカン・ワッツ
訳者　青木《あおき》創《はじめ》
発行者　早川浩
発行所　株式会社 早川書房
郵便番号　一〇一 - 〇〇四六
東京都千代田区神田多町二ノ二
電話　〇三 - 三二五二 - 三一一一
振替　〇〇一六〇 - 三 - 四七七九九
https://www.hayakawa-online.co.jp

乱丁・落丁本は小社制作部宛お送り下さい。
送料小社負担にてお取りかえいたします。

印刷・三松堂株式会社　製本・株式会社明光社
Printed and bound in Japan
ISBN978-4-15-050400-7 C0136

本書は活字が大きく読みやすい〈トールサイズ〉です。